周加李 著

小童 绘

涉外礼仪

机械工业出版社

CHINA MACHINE PRESS

图书在版编目（CIP）数据

涉外礼仪 / 周加李著 . – 北京：机械工业出版社，2016.1（2024.8 重印）
ISBN 978-7-111-57617-4

Ⅰ.①涉… Ⅱ.①周… Ⅲ.①外交礼节－基本知识Ⅳ.① D802.2

中国版本图书馆 CIP 数据核字 (2017) 第 183963 号

机械工业出版社（北京市百万庄大街 22 号　邮政编码 100037）
策划编辑：马 晋　　责任编辑：马 晋　王 辙
责任印制：李 飞　　责任校对：马 晋
北京瑞禾彩色印刷有限公司印刷
2024 年 8 月第 1 版第 6 次印刷
184mm×260mm · 13 印张 · 292 千字
标准书号：ISBN 978-7-111-57617-4
定价：59.80 元

凡购本书，如有缺页、倒页、脱页，由本社发行部调换

电话服务　　　　　　　　　　网络服务
客服电话：010-88361066　　机 工 官 网：www.cmpbook.com
　　　　　010-88379833　　机 工 官 博：weibo.com/cmp1952
　　　　　010-68326294　　金 书 网：www.golden-book.com
封底无防伪标均为盗版　　机工教育服务网：www.cmpedu.com

受邀为周加李老师的新书《涉外礼仪》作序，我感到非常荣幸。

改革开放三十多年，中国经济经历了飞速的发展，中国的国际地位越来越高，已经从世界舞台的边缘走向了世界舞台的中央。如果问中国登上世界舞台会有什么目标，我想第一步是获得世界的关注，第二步是获得世界的尊重。目前，第一个目标已经实现了，而第二个目标还需努力。中国的国家形象还需提升，中国人的海外形象还需优化。而国家与国民形象又是相互影响的，每一位走出国门的中国人都是中国形象的代言人，一举一动不可轻视。自从 2013 年习近平主席与李克强总理上任以来，首脑外交大放异彩、成绩斐然，"夫人外交"成果卓越。那么，作为国家主体的普通公民应该有什么样的表现才能与这些令人振奋的成绩合拍？国家形象不是空的，每一位中国人都承载着国家形象的重任，因此，我常常讲一句话："你在哪里，中国就在哪里，你是什么样，中国就是什么样。"

周加李老师从提升国家形象的高度来研究涉外礼仪，并看到了公共外交与涉外礼仪的紧密联系，角度新颖、立意独特。为本书写序，我想首先谈谈我对加李老师的印象。

认识加李老师快十年了，她是一位勤奋的女士。据我所知，她曾经在艺术领域工作过，拥有多年艺术领域的实践经验并取得过出色的成绩。进入学术领域后，她依然很勤奋地学习，发表了各类论文与文章四十余篇，还专门学习了形象、瑜伽、茶道，我想她过去的经历与她勤奋的学习态度为礼仪的教学与研究打下了良好的基础。我认真看了加李老师的著作，总结一下，本书的特点主要有以下几点：

第一，通俗易懂。本书把深刻的道理寓于简单的表述，通过轻松的文字揭示一个个值得注意的规范。书中的近一百副图片与漫画增加了书籍的趣味性与可读性，使之清晰易懂；五十个鲜活的案例，让书籍生动而有趣，而这其中的许多案例都是作者的个人经历或者收集到的第一手资料，大部分我也是第一次看到，足见作者为本书下了很深的功夫。

第二，系统全面。本书所阐释的涉外礼仪并非只限于对世界各国礼仪习俗的介绍，涉外交往中可能涉及的各个方面本书基本上都包含了，从个体修养的形象提升，到与人交往的进退应对、吃穿住行、言谈举止，再到较为复杂的世界主要国家的宗教与习俗的介绍。这是我看到的"涉外礼仪"书籍中相对全面与系统的一本书。同时，我发现作者在有些内容的介绍上采用了对比性的研究，比如言谈礼仪中介绍了与欧美国家人士交谈以及与中国人交谈的规范与差异，餐饮礼仪中既介绍了西餐礼仪也介绍了中餐礼仪，饮品介绍了茶与咖啡。这种研究除了可以加深读者的理解，还可以帮助涉外交往的人士树立一种对外与对内交往需要切换交往模式的意识。

第三，较为规范。写书应该从实践到理论，再从理论到实践，如此反复多次才可能写出一本好书。加李老师治学精神较为严谨，对礼仪书籍之间表述不一致的观点，从多方寻找答案，并到实地进行调研。比如为了更深入地了解剧场礼仪，她曾赴捷克布拉格国家歌剧院、意大利斯卡拉大剧院等世界知名剧院实地调研。此外，她也远赴多国交流，从而获得第一手的资料。对于各种拿不准的问题，加李老师积极地请教礼仪界的各位前辈与同仁，我每次遇到她都要被问很多问题，这种学习的精神是可贵的。

总之，本书是加李老师多年礼仪教学和研究的结晶，也是对涉外礼仪进行的较为系统和全面的一次梳理，相信对从事涉外交流的人员会有所裨益，最重要的是中国公民的国际形象会直接影响中国的国家形象，这是涉外礼仪最深层的价值。特为序。

外交部礼宾司前代司长

中国驻斯洛文尼亚共和国首任大使　　　鲁培新

前言

在涉外交往与日俱增的今天，涉外礼仪有什么样的价值？具体表现在微观、中观、宏观三个层面。微观层面可以提升个人素养；中观层面可以促进顺畅交流；宏观层面可以提升国家形象。

如果说前辈学者们的礼仪类书籍更多是从微观和中观层面去探讨涉外礼仪的价值，那么本书更愿意从宏观层面去思考涉外礼仪的价值。因为公民是影响一国形象非常重要的要素，其价值非常值得挖掘。

哈佛大学前校长劳伦斯·萨默斯曾经提了一个自问自答的问题："21世纪世界上最最重大的事件是什么？……是中国的崛起！"然而，一个值得关注的现象是，中国实力的提升却没有获得与之相对应的国家形象的提升。如何优化国家形象成为近些年官方与学术界关注的焦点。中国官方做了大量提升国家形象的工作，这些工作不无裨益。本书认为，一国公民对所属国形象的影响不能忽视。第一，一国公民是国家构成中不可缺少的四大要素之一，相比其他的三个要素"领土、主权和政府"，"公民"要素更加具体、真实、直观。正如英国前首相撒切尔夫人所言"我看不到国家，我看到的只有人民"。外国民众往往通过接触到的中国人去直观地体会、感知和评价中国这个国家。第二，进入21世纪，经济全球化的发展使国与国之间相互联系加强，依赖加深，中国公民的身份也开始向"世界公民"的身份转变。中国人拥有越来越多涉外交流的机会，既有中国人走出国门，也有外国人走进中国，中国民众与各国民众有了千丝万缕的联系。

此外，如果个人涉外交往具有影响国家形象的意义，就具有公共外交的价值。公共外交的最终目的是提高本国知名度、美誉度和认同度，公共外交的对象是他国民众，而涉外交往恰恰是不同国家之间的公民的交往。公民要具有"公共外交"意识，培养公民的涉外礼仪素养是基础，涉外礼仪应成为培养公民"公共外交"素养的一门基础课。

本着"提升个人形象就是提升国家形象"这样一种理念，本书在撰写时，不仅仅限于对世界各国礼仪习俗的介绍，而是尝试用一种通俗、简洁的方法系统地研究与梳理涉外礼仪的一些知识。既有对普遍性——国际上约定俗成的一些国际惯例、礼仪准则的分析整理，又有对特殊性——不同国家、地区的宗教信仰、风俗习惯与禁忌的总结。在个别地方，还采用中外对比的方式进行介绍，更易于读者对内容的理解。

本书的布局是把主体内容分成非语言篇、语言篇、综合篇、宗教篇、习俗篇五个篇章进行介绍，非语言篇包含不涉及语言的全部内容，如递送名片、握手、亲吻、拥抱、小费、体态礼仪等。语言篇包含涉及语言的所有内容，如称呼、介绍、交谈、电话等。综合篇包括那些不能严格区分开语言与非语言，或者说二者相互融合的内容，如馈赠礼仪、餐饮礼仪、酒水礼仪、拜访礼仪、住宿礼仪、购物礼仪等。这样介绍的好处是把礼仪的内容拨开、揉碎，逐一解剖，专注于每一种礼仪规范的最大特点进行介绍，达到详尽分析的目的，然后再将其整合。宗教篇与习俗篇是涉外礼仪的深化篇，是对世界主要宗教和主要国家习俗的介绍。另外，个人形象严格来说属于非语言的内容，考虑到涉外交往中个人形象扮演着不可忽视的角色，其重要性越来越不容忽视，因此，把个人形象单拿出来作为一章专门介绍，主要从发型、妆面、着装三个方面重点介绍如何获得适宜、得体的涉外形象。餐饮篇严格来说属于综合篇的内容，由于餐饮礼仪比较重要，内容较多，因此也单列一章进行介绍。这是全书的构思与结构。

目前市场上礼仪类的书籍汗牛充栋。近些年，礼仪界的教师与培训师们对这些书籍反映比较突出的问题有两个：第一是一些书只讲"是什么"，不讲"为什么"；第二是很多礼仪书籍中的观点并不一致，彼此冲突。对于这两点，本人深有体会，在外交学院讲授"涉外礼仪"这门课时，只讲"是什么"，不讲"为什么"常常不能得到学生们的完全赞同与理解。而不同礼仪书籍中各异的观点也会让自己感到茫然和困惑。

针对第一个问题，本书在撰写时尽可能地采用"What"加"Why"的模式，尝试阐释"是什么"并解释"为什么"。针对第二个问题，一方面本书尽可能地严谨与翔实，我参阅了一百多本书籍，赴一些国家（如美国、英国、法国、瑞士、意大利、捷克、斯洛伐克、奥地利、德国、波兰、土耳其、南非、日本、泰国、新加坡等做过实地探访），咨询了一些专家学者，并回到实践中一遍遍演练总结；另一方面，随着研究的深入也逐渐认识到礼仪不是"黑与白"。礼仪源于文化和宗教，与文化习俗息息相关，很多时候地域变了，做法就变了；一个条件变了，结果就变了。因此，也建议大家本着包容的态度，只要书籍的作者们给出了自己的解释并符合使用者的要求就有它的价值。把一件事情绝对化，不能随着环境和条件的改变进行调整，恰恰是研究礼仪需要避免的。

最后，尽管这是一本我全身心投入去撰写的书籍，并不断在完善它，但笔者才疏学浅、个人能力水平有限，一定有很多问题与不足，期望读者不吝赐教，多多批评指正。如果本书能够为政治、商务、文化、学术、旅游等涉外交往人士提供一点点帮助，大家携手为提升我们国家形象、展现中华礼仪之邦的美誉贡献一份力量，我就已非常满足！

周加李

目录

第一章

涉外礼仪概述

第一节　涉外礼仪的意义

随着时代的发展、社会的进步以及人与人之间交往的日益频繁，礼仪成为现代人工作、生活不可或缺的重要部分。**知礼、懂礼、行礼、用礼已经成为衡量现代人士卓越与否的标准之一。**

新中国六十多年的发展成绩斐然，以邓小平为代表的党中央在 1978 年召开的十一届三中全会上确立了"改革开放"的路线，之后，中国由落后向繁荣转变，由封闭向开放转变，由边缘向主流转变。有目共睹的是中国人民生活水平迅速提高，经济跨越式发展，社会快速进步。进入 21 世纪，经济全球化的发展使国与国之间的相互影响和依赖加深，中国大跨步地发展，已经从世界舞台的边缘走到了世界舞台的中央，**中国公民的身份也开始向"世界公民"的身份转变。**中国人拥有越来越多涉外交流的机会，既有中国人走出国门，也有外国人走进中国，中国民众与各国民众有了千丝万缕的联系。据公安部出入境管理局统计，2014 年出入境人员达到 4.9 亿人次。其中，内地居民 2.33 亿人次，港澳台居民 2.05 亿人次，外国人 5266.81 万人次。[⊖]

在全球各国人民相互交流的过程中，**各种问题、误会与交流障碍也随之出现，很多问题既不是法律问题，也不是道德问题，而是涉及吃穿住行、言谈举止、穿衣打扮、待人处事等一些与日常工作生活密切相关的小问题。**忽视这些问题导致交流不畅、事情失败的案例不在少数。而这些所谓的小问题正是礼仪所规范与研究的范畴，不同肤色、不同民族、不同信仰的人民如何克服各自的习惯、背景、思维定势，遵循各国人民在历史交往中形成的国际规范与惯例就变得越来越重要，这是顺利交往、愉快交流的保证，也是各国人民在全球化与国际化过程中的一节素养必修课。因此，学习涉外礼仪意义重大，具体来说表现在以下三个方面：

一、促进顺利交往

如果说在与本国人打交道的过程中，礼仪可以提升修养、促进交流、展现风貌，那么在涉外交往中，礼仪的必要性、价值、作用则更加明显。因为，国与国之间的宗教、文化、历史、地理各异，习惯不同，

⊖ 数据资料来自：公安部出入境管理局网站，http://www.mps.gov.cn/n16/n84147/n84196/431_1409.html，2015.3.20

各国公民的交往，不论是经济、政治、文化、学术、旅游，还是其他交流，都希望过程顺利、愉悦、顺畅。如果每一个人都按照本国与生俱来的习惯来与他国人士交往，毫无疑问会出现很多问题与障碍。因为在一国是正常或谦恭的行为，在另一国却是失检或冒犯的行为的案例并不少见。经商者谈判不成功、从政者交流受阻、学者互动弄出误会、出国旅游被人轻视……

鉴于此，**世界各国人民遵循一套国际上约定俗成的国际惯例、礼仪规范就特别重要。**这套涉外礼仪规范具有普遍性和适用性，它是涉外交往的通行证，是人际交流的润滑剂，可以让来自不同文化的人们在谈笑风生之中不露痕迹地达成目的。

案例：不懂着装规范让他们尴尬整晚

20 世纪 80 年代，中国一家企业代表团受美国某公司的邀请赴美洽谈业务。一天他们被邀请参加公司举办的一个大型晚宴，请柬上的服装要求写明"Black Tie"（直译为黑色领带）。由于当时中国刚刚改革开放，中国人对国际着装惯例并不熟悉。代表团的成员全部穿西服打黑领带出席晚宴，结果派对的其他成员都用非常奇怪的眼神看着他们，中国成员们在尴尬与不自在中熬过了几个小时。后来才知道，"Black Tie"不能按照字面意思理解，而是约定俗成的一种比较正式的社交场合着装规范，应穿系领结的"塔士多礼服"或者民族服饰，其核心要点是服装应该隆重、高贵，从而体现对活动的重视。

二、减少交流障碍

涉外礼仪除了要遵循国际认可的行为准则，还有一部分内容是不具有普遍性的，如不同国家、地区的宗教信仰、风俗习惯与禁忌。它们因地而异、因人而异，了解这些是与不同文化人士打交道之前必不可少的一门功课，否则容易出现意想不到的后果。**信仰、文化、风俗禁忌是涉外交往的红线，不能犯忌，一旦触犯，很容易伤害对方从而最终损害自己。**所以，一方面要了解普遍性，另一方面也要因人而异、因地而异地了解交往对方的特殊性。

案例：一个习惯性动作差点毁掉一单生意

美国某公司和埃及一家公司商谈电子设备出口事宜，前期谈判一切都很顺利。当美国公司的老总飞到埃及准备签合同时出现了一幕小插曲，致使合同差点流产，到底发生了什么呢？原来美国公司的老总是左撇子，在埃及签合同时本能地使用左手，致使埃及方拒绝签字。左手签字在美国并无不妥，可是埃及人却不这么认为。在伊斯兰国家，左手被认为是不干净的，不能用左手触摸人或食品，用左手握手、递物品、写字、拍打对方等行为会让对方有不被尊重甚至被侮辱的感觉。在商务活动中，也不能使用左手示意、握手，更不能签合同，否则便认为是粗鲁的表现。美国公司领导的这一习惯性行为差一点把一单生意搞砸。

三、展示综合形象

礼仪除了是一套需要普遍遵循的规范，也是对一个人内在素质的要求，是个体行为规范的标准。它所包含的内容涉及个人的东西比较多，如着装礼仪、仪容仪表、餐饮礼仪等，体现的是一个人的素养。另一方面，在涉外交往中，一个人的行为举止不仅影响当事人个人，也会让所代表的单位与国家增添光彩或黯然失色。从这个意义上来说，**在涉外交往中每个人均不自觉地扮演着个人、单位与国家的形象代言人的角色。**个人形象是个人素质的体现，是单位形象的展示，是国家形象的代表。形象具有系统性，不能被忽视，应该具有主动传播与积极维护的意识。

比如国家是一个抽象的概念，除了国土范围、人口数量、政治体制、经济水平等硬性指标，还有一个重要的部分是微观的"人"——一国的公民。公民的素养、着装、言谈、举止、友好程度等对一个国家的形象起着不可忽视的作用。一个外国人到了中国，他遇到的所有中国人都会影响他对中国的直观印象，如边检警官、的士司机、酒店的工作人员、问路的路人、银行工作人员、医生护士、景点工作人员、与之打交道的直接联络人等。同样，中国人走出国门，所有的表现都会影响外国人对中国人及中国的印象。

掌握涉外礼仪与否会直接或间接地影响当事人所代表的单位与国家的形象。

案例：争吵的背后

一位中国男士在国内乘飞机与一位西方乘客吵了起来。起因是坐在前排的西方乘客在放低椅背时，用力过猛、幅度过大，致使后排正在低头看书的中国男士撞到头部。中国男士十分不悦，认为对方太粗鲁了，并且没有任何歉意。他敲敲前排乘客的椅子用流利的英语让对方放倒椅子时小心点，对方也没有立即道歉，双方互不相让，便吵了起来。中国男士最后毫不客气地说："你滚回老家去，这是中国！"西方男士一听，气得要命，无言以对，最后通过乘务员的劝阻，争吵才算平息下来。

仔细分析二人的表现，均有不妥之处。西方男士不该过于鲁莽，给别人造成不便后应该立即道歉。中国男士的行为则更加不妥，试想来者皆是客，让对方"滚回老家去"这样的话实在不应该从中国人的嘴里说出。中国是一个好客的国家，是礼仪之邦，每一个中国人无形之中都在扮演民间大使的角色，让外国友人滚回老家，这位西方人会是什么感受呢？他对中国会有什么印象呢？实在是得不偿失。

第二节 涉外礼仪的概念与内容

一、礼仪的概念

古今中外对礼仪的定义基本有两种观点：

第一种观点认为礼仪是维护社会秩序的工具。

我国古代非常重视礼，把礼提升为治国治民的根本要素，认为对民要"齐之以礼"，对国要"以礼治之"。礼不但是定名分、排长幼的依据，而且是**治理国家、处理争端的最佳方式**。对于什么是礼，**孟子认为"恭敬之心，礼也"**，对别人恭敬、尊重，是礼的表现。**荀子认为"人无礼则不生，事无礼则不成，国无礼则不宁"**，做人没有礼就不能生活，做事没有礼就不能成功，治国没有礼就不能安宁。**荀子还指出"礼者，养也"**，讲礼这种东西，是调养人欲望的。人的欲望是无穷的，而资源是有限的，主张靠礼来调节人的欲望，并详细规定于礼书中。**孔子认为"礼者，理也"**，意思是礼是关于做人的道理，还说出了**"不学礼无以立"**的经典话语，意思是不学礼就没法在社会中立足处事。

第二种观点认为礼仪是衡量文明程度和个人修养的标准。

礼仪的英文是"Etiquette"，词源来自法文。早期，欧洲的贵族们把家族的规则和礼仪书写在告示牌上，并张挂在他们居住的城堡庭院外，以便宾客注意和遵守。这种告示牌就叫"Etiquette"。《美国传统词典》（*American Heritage Dictionary*）对礼仪的定义是："由社会习俗或者权威者确定的实践与形式。人类是……受制于礼仪的仆人……"（Frederick W. Robertson）礼仪象征着文明社会的正确行为方式。《韦氏大学词典》（*Merriam-Webster's Collegiate Dictionary*）的定义是：**礼仪是由好的家教或者权威当局认定应该在社会或官方生活中遵守的行为或者程序。**

应该说这两种看法都反映了礼仪重要的社会功能。

那么，应该如何定义礼仪呢？结合以上两类解释，可以把礼仪理解为：**礼仪是以建立和谐关系为目的，一套为绝大多数社会成员共同默认的，正确与得体的吃穿住行、言行举止、待人处事的行为准则。**它是一个人内在恭敬心的外化，是一个人素养的体现。礼仪的形式是约束，但是约束的目的在于通过匡正人的行为达到教育的目的。礼仪是促进社会和谐交流的一种美好的方式。作为一种工具，一座桥梁，一个媒介，礼仪具有为人类服务的性质，是让每个人和他人相处得更加舒适与顺畅的良好方式。

二、涉外礼仪的概念

涉外礼仪是指以涉外交往为前提，来自不同国家的人民在跨国交往时普遍遵循的一套国际上约定俗成的礼仪规范。涉外礼仪的主体是来自不同国家的人，中国人与中国人交往的礼仪就不是涉外礼仪了。涉外礼仪的内容丰富，可以有涉外商务礼仪、涉外政务礼仪、涉外服务礼仪等。涉外礼仪不受地域的限制，关键看交往对象，如果中国人和美国人在交往，不论在中国还是美国或者任何地方，他们交往的礼仪都称为涉外礼仪。涉外礼仪与非涉外礼仪的差别较大，涉外礼仪除了维护秩序、促进交流、展示形象这些基本功能，还有一项很重要的功能，即缓解或消除来自拥有不同宗教信仰、民俗文化的当事人之间的沟通障碍，让沟通更加顺畅、交流充满愉悦，因为不同的文化对衡量是否合乎礼仪的标准是很不相同的。**在"此"文化中认为有礼的行为及生活方式，在"彼"文化中就可能被认为是非礼的。**

案例：你能接受这种迎客方式吗？[一]

　　世界各个国家的人民都有自己的迎客之道。有些方式在主人眼里是无比尊敬的待客方式，可在当事人眼里却是难以理解甚至是无法接受的。

　　如突尼斯的诗斐米德人欢迎客人时，是把两条蛇塞进客人的口袋里。红色的蛇表示欢迎，黑色的蛇表示友好、纯洁。而喀麦隆的萨可尼人，则是在客人就座后，把一条蛇做成环，套在客人的脖子上表示敬意。在苏丹人家做客，主人会用亲自宰杀的肥羊待客，但不给客人吃羊肉，而是把生羊敬到客人面前。主人用小刀把肝切成片，撒上辣椒和香料，请客人吃。按照苏丹人的规矩，这是隆重的待客方式。如果客人不吃，便是看不起主人，主人会不高兴的。

　　由此可见，礼仪是指人们在社会交往中由于受宗教信仰、历史传统、风俗习惯、时代潮流等因素的影响而形成的约定俗成的规范，**在相同宗教、文化的条件下，礼仪扮演得更多的是提升素养、体现文明、促进和谐的功能。**而在不同宗教、文化的条件下，涉外礼仪更重要的一个功能是增加对宗教、文化理解的功能，从而促进相互理解与顺畅的交流。

三、涉外礼仪的内容

　　任何礼仪行为都由**主体、客体、媒介、内容、时间、地点、效果七大要素构成**，它们共同构成了礼仪的内容与类别。以美国某商会邀请来美国访问的中国某企业家代表团于某月某日晚 7 点在某高尔夫俱乐部参加欢迎晚宴为例，由于这个代表团的成员素质较高，加之出国之前进行了涉外礼仪培训，专门接受了餐饮礼仪的训练，从邀请的回复、着装、吃相、谈吐、姿势、祝酒、赠礼等方面均表现非常优异，整个晚宴非常顺利。

　　分析这个晚宴，主体是美国某商会，客体是中国企业家代表团，媒介是人与人之间见面共进晚餐，内容是欢迎晚宴，时间是某年某月某日晚 7 点，地点是某高尔夫俱乐部，效果较好。

　　任何礼仪类别如政务礼仪、商务礼仪、服务礼仪、社交礼仪、涉外礼仪都无可例外地包含大致相同的内容，如言谈礼仪、着装礼仪、餐饮礼仪等。不同点体现在哪里？最大的不同是**实施礼仪行为的人不同。**政务礼仪的主客体是公务员或者行政人员，商务礼仪的主客体是商贸人员，服务礼仪的主体是服务领域的从业人员，涉外礼仪的主客体是职业不限但从事涉外交往的人，社交礼仪的主客体是职业不限，但参加社交活动的人。前三类按职业或者行业划分，后两类按交往范围划分。

○一 马保奉.外交礼仪漫谈 [M].北京：中国铁道出版社，1996：217.

抛开礼仪行为七大构成要素中的客体、媒介、时间、地点、效果，发挥**核心作用的是礼仪的主体与礼仪的内容**。它们之间的结合产生了礼仪的具体规范。为了便于理解，我们用一个坐标图来表示礼仪内容的构成。这个坐标的横轴为礼仪的类别，如政务礼仪、商务礼仪、涉外礼仪等，纵坐标是礼仪的具体内容，横坐标与纵坐标相交的点是不同行业的礼仪规范，如图1-1所示。

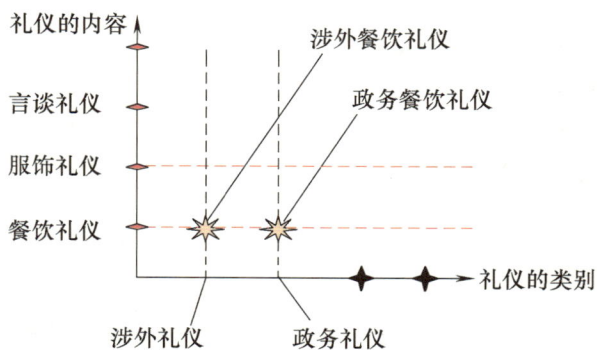

■ 图 1-1 礼仪规范坐标图 ⊖

横坐标的任一礼仪类别与礼仪内容结合就构成这类礼仪的全部规范，如涉外餐饮礼仪、涉外服饰礼仪、涉外言谈礼仪等。纵坐标的任一礼仪内容也可以与任一礼仪类别结合，如涉外言谈礼仪、政务言谈礼仪、商务言谈礼仪等。为了便于学习，我们的研究从横坐标入手，以涉外礼仪为大类，逐一分析它的不同内容与形式。

第三节　涉外礼仪的原则

一、尊重规范

为了保证涉外交往的顺利进行，交往人必须尊重和践行不同国家的人民在长期涉外交往过程中形成的规范和准则。这些规范一些是明文规定的，一些则是约定俗成的。虽然礼仪涉及的内容均与人们的工作、生活息息相关，一点就破，但不点则不容易破。对于国际公认的准则、原则与惯例，任何涉外交往的人士都有尊重与遵守的必要，这既是对对方的尊重，也是对自己的保护，**更是交往成本最低化、交往效益最大化的一个聪明做法。**

这些规范、准则的内容大部分是在英美文化的基础上形成的，如位次礼仪、着装礼仪、言谈礼仪、餐饮礼仪等。这与英美属于世界上最发达的国家之列、英语是世界上使用最广泛的语言息息相关。以位次排序为例，国际惯例是"以右为尊"，而中国传统的标准是"以左为尊"。"以右为尊"的标准来自于西方的历史与传统中，《圣经》中有多处"尊右为大"的典故，"以右为尊"成为国际交往中不成文的惯例。因此，但凡涉外交往，中国人便放弃了传统的标准，转而遵循国际规范了。以言谈礼仪的禁忌话题为例，涉外交往中，年龄、收入、健康状况、婚姻状况等均为禁忌话题，但中国是与西方不同的关系与熟人社会，能够交谈这些被西方认为是禁忌的话题往往是关系亲密、拉近距离的表现。虽然中国的年轻人逐渐接受了西方的禁忌话题标准，但我们常常还是可以从年长者那里听到他们通过询问对方的年龄、健康、婚姻状况等情况表示对对方的关心。礼仪的根源是宗教与文化，宗教与文化决定着人的外在表现。为了保证交往顺利进行，中国人在涉外交往中也只能遵循国际标准，对年龄、收入、健康状况等话题三缄其口。

⊖ 该图引自：文泉. 国际商务礼仪 [M]. 北京：中国商务出版社，2003:7.

还有一些内容不分国家、民族，为各个国家、民族所共享，属于人类共有文明价值的部分，如守时守信、尊老爱幼、举止文明、诚实善良、关心体谅、爱护环境等。试想哪个国家和民族会排斥或反对这些内容呢？这部分内容适用范围是最广的，不仅适用于涉外礼仪，也适用于其他礼仪。适用对象也是最多的，不仅适用于国内交往对象，也适用于国外交往对象，不仅适用于内部人，也适用于外部人，是现代人基本素质与素养的体现。

最后一个方面是需要区分不同国家与民族的内容。尤其是与不同宗教信仰者、不同风俗习惯者打交道，最需要注意的是不要触犯对方的宗教与风俗禁忌，否则事情会遭遇障碍。不同的宗教与风俗，其禁忌有不同表现，因此需要区别对待。这也是涉外礼仪原则之二入乡随俗会涉及的内容。

二、入乡随俗

入乡随俗的大背景是世界各国因国家、地域、民族、历史的不同形成了各自的宗教、文化、语言、风俗和习惯。这部分内容，一部分是可以妥协遵循国际惯例的，如在涉外交往中使用世界通用语言英语，放弃自身的某些文化习惯，但有些内容却是无法妥协和简单让步的，如涉及宗教、习俗与部分文化习惯的内容。**入乡随俗是建立在尊重规范的前提条件下，对与之打交道的对象不能妥协、不能让步的那部分内容的尊重与适应。**

人际沟通的重要原则是知己知彼，涉外礼仪属于跨文化沟通的范畴。入乡随俗是知彼的切实落实与践行。了解对方的宗教、文化、习俗并入乡随俗尊重对方的做法有利于交往的成功进行，减少摩擦和矛盾。礼仪的最普遍原则是体谅，即换位思考、替对方着想、以对方为中心。入乡随俗是体谅的最高表现，如果说普通交往中体谅对方能够增加好感、提升人气，做了很好，不做也不会出事，那么涉及宗教、文化、习俗的入乡随俗的重要性则大不一样，做是基础，不做是失误。因为，宗教、文化、习俗并无优劣之分，不存在一种高于另一种。不尊重对方的宗教、文化、习俗就是从根本上否定对方，不管这种否定是有意还是无意的，都可能对对方造成伤害，对自己造成损失。

需要说明的是入乡随俗还需要辩证地看，客人需要入乡随俗或称"客随主便"，主人也需要尊重对方或称"主随客便"。本质上是要求主客双方尊重对方，不把自己的习惯性做法强加给对方。如果主客双方都能为对方着想，向彼此靠近，那么交往的困难就会变小，获得成功的可能性就会提升。不管是"客随主便"还是"主随客便"，两者都是人际沟通"白金法则"的切实体现。人际沟通有两个知名的法则，即黄金法则与白金法则。"黄金法则"通俗地说就是"你想人家怎样待你，你也要怎样待人"，用孔子的话来说是"己所不欲勿施于人"，反推是"己所欲施于人"，与同文化、同宗教背景的人打交道，这种原则非常好。但在涉外交往中可能有一些问题，因为大家无法完全共享价值观，一些我们认为好的东西或者做法，对方可能会不领情，一些我们不喜欢的东西或者做法，对方反而会很感兴趣。针对这种情况，有人提出了"白金法则"，即"别人希望你怎样对待他们，你就怎么对待他们"。"黄金法则"的考量与出发点是自己，"白金法则"的考量与出发点是打交道的对方。所以，**涉外交往必须要用"白金法则"**，简单地说，白金法则即交往以对方为中心，知己知彼是实现白金法则的前提，客人的入乡随俗与主人的尊重客人则是白金法则的最好体现。

案例：一道佳肴一场病

美国某世界五百强企业的一位女性高管来中国洽谈合作事宜。为了尽地主之谊，潜在合作伙伴中国某公司的人员盛情款待美国贵宾，他们来到一家非常高档的中餐厅为女老总接风洗尘。丰富的菜肴、舒适的环境使就餐氛围好极了。服务员给每人上了一道用精美器皿盛装的汤羹，东道主邀请客人品尝，称"这是这家餐厅最有特色的一道汤"，客人用过赞不绝口，接连品尝好多口，好奇之余问道"这汤是什么做的啊？"主人打趣道："你猜猜。"女老总猜了半天也没有猜到。卖足了关子，中方人员得意地说"这个啊，这个是蛇羹。"美国女老总一听，脸色大变，反复追问是什么，主人进而解释道："是蛇做的汤羹，味道鲜美，滋阴壮阳……大补的。"女老总听完呆住几秒钟，露出了惊恐的表情，整个人感到非常不舒服，随后呕吐起来，大家慌乱成一团。中方人员意识到事情不妥，但为时已晚，整个接风草草收场。更重要的是，女老总回到宾馆并未好转，后大病一场，住了几天医院才好。

中方人员是好心办了坏事。蛇羹这道汤价格不低，对中国人而言的确是大补的佳肴，但对于西方人而言，食之会有无法形容的恐惧与恶心。问题就出在中方人员接待宾客使用了"黄金法则"而不是"白金法则"。

三、灵活有度

前面我们提到了尊重规范和入乡随俗两个原则，需要指出的是任何礼仪落实到实践中都不是铁板一块，换句话说，**礼仪应该是有生命的**。不能根据实际情况灵活变通、恰当调整，而是机械地运用礼仪的各种原则与规范，礼仪就是死的、缺少生命的。**人就会成为礼仪各种条条框框的牺牲品，被教条的礼仪规范所束缚**。因此，礼仪的灵活性就显得特别重要。

灵活有度既是对宽度的要求也是对深度的要求。宽度是指各种礼仪的内容与形式。任何礼仪书籍或者教师授课所给出的礼仪知识都是对已知条件下的状况的描述与讲解。而现实工作与生活是丰富多变的，很多时候时间、地点、人物等条件一变，原来的礼仪内容也需相应调整，否则就会有问题。

深度是指礼仪在时间层面上的与时俱进性。随着科技的进步与社会的发展，全球化程度的不断加深，人们的交往方式发生了巨大的变化，礼仪的表现形式也同样产生了变化。**一些礼仪形式逐渐被人们放弃，同时，一些新的礼仪形式却在悄然出现**。以中国人的致意礼为例，中国古人见面行揖礼，据《周礼》记载，根据双方的地位和关系，作揖有土揖、时揖、天揖、特揖、旅揖、旁三揖之分。土揖是拱手前伸而稍向下；时揖是拱手向前平伸；天揖是拱手前伸而稍上举；特揖是一个一个地作揖；旅揖是按等级分别作揖；旁三揖是对众人一次作揖三下。作揖的好处是卫生、省时、优雅。但随着时代的发展，中国曾经对传统文化的破除以及不断地融入国际社会，目前中国已经看不到人们见面采用揖礼了，取而代之的是体现男女平等的握手礼。另一方面，一些新的礼仪随着社会结构的变化和发展而出现，如乘坐飞机的礼仪、写邮件礼仪、打手机礼仪等，这些都是伴随着新式交通工具与电子媒介的出现而出现的。

四、维护形象

在与人交往中每个人都无形中扮演着形象代言人的角色，这种角色不以人的意志为转移。涉外交往中，这种角色更加明显，影响也更加深刻。形象是一个系统的概念，个人形象与单位形象、组织形象、国家形象、民族形象、宗教形象是一脉相承的。交往对象往往通过这个人的形象来理解或者判断这个人身后的形象。正因为如此，普通公民的涉外交往就具有了公共外交的价值，每一个中国人都可以扮演公共外交大使的角色。

在外交领域有一句话"外交无小事"，涉外交往是一个更大的范畴与概念，也没有小事。因此，**当事人应该具有树立形象与维护形象的意识**，从微观的个人自身开始，提升个人的素质与形象，如穿衣打扮、言谈举止、待人接物等。在与人交往时做到：无论到哪里都会受人欢迎，无论接触谁都会令人愉悦，无论办什么事都能顺利通达。这样的人传递的是正能量，展示的是优异卓越的形象，令人尊敬、羡慕和欢迎。相反，如果一个人的各方面素养不高，吃饭吃不好，穿衣穿不好，交谈谈不好，就座坐不好，到哪里都侵犯别人的利益，破坏良好的气氛，伤害别人的感情，遭受了不以为然、侧目或轻视自己还全然不知。如此，损害的不仅是个人的形象，还有自身所代表的单位与国家的形象。

案例：中国公民出境旅游陋习损害国家形象

随着中国人民生活水平的提高，越来越多的中国人走出国门到海外旅游。中国公民在海外的形象似乎并没有与"中华礼仪之邦"公民的美誉相吻合，相反，中央文明办协调组组长李小满表示："一些中国公民的旅游陋习，严重损害了中国'礼仪之邦'的形象，引起海内外舆论的广泛关注和批评，人民群众反应强烈。"

乱丢垃圾，坐公交车抢座，排队插队，大庭广众脱鞋脱袜、赤膊袒胸，吃自助餐多拿多占，遇有纠纷恶语相向等行为近些年在媒体上被频繁报道。"中国人"成了不文明、粗鲁的代名词。"中国人，便后请冲水""请安静""请不要随地吐痰"……这种仅以简体中文标出的警示牌，正在中国人出境游的主要目的地国——法国、德国、日本、泰国、新加坡等地频现。这样的出国游公民形象严重影响了中国的形象，尽管有人士指出："中国公民文明素质不高并不是作为一名游客的时候才表现出来，要提高的不是游客素质，而是全体国民的素质。"但很明显，个人形象的优劣在涉外交往中的影响的确会放大和加重，因此这就不单单是个人的素质问题了，而是事关整个国家的形象问题。

涉外礼仪有一个非常大的特点是交往的跨国性，A国公民与B国公民的交往是涉外礼仪，本国人同外国人打交道是涉外礼仪。**鉴于目前国际体系仍然是以主权国家为最基本单位的系统，人们交往时无法避免公民所具有的国家身份，因此，也就有了个人形象事关国家形象的问题，这也正是公民涉外交往具有公共外交价值的原因。**

第二章

涉外礼仪之个人形象篇

　　个人形象是一张无声的名片，每时每刻都在传递信息。别人通过我们的形象揣测我们的年龄、职业、背景、教养、民族、信仰、经济条件等信息。在涉外交往中，个人形象更加重要，因为其代表的不仅是个人，还有身后的机构与国家。如果说**涉外交往不管是政治、经贸还是学术交流，都要经历入眼、入脑与入心三个阶段**，那么个人形象是第一印象形成的来源，属于入眼的范畴，是第一阶段，从时间上也是第一步，所以我们首先进行介绍。

第一节　好形象从头开始

　　什么是个人形象？在此所指的是个人外在形象，包括发型、妆容、服饰和仪态四大块内容。如果双方在前期没有任何沟通与交流，直接见面，那在三秒钟内形成的第一印象绝大部分来自个人外在形象。而头部又是对整体形象影响很大且容易被忽视的部位，俗话说**发型是人的第二张脸**，很多时候发型一变整个人的形象全变了，所以好形象应从头开始。

　　什么是适宜的发型？标准应该是什么？不管是发型、妆面还是服装，在涉外活动中最重要的一个**原则是TSR**。TSR是三个英文的首字母，T 代表 Time（时间），S 代表 Space（空间），R 代表 Role（角色）。TSR原则运用非常广泛，意指个人形象、言行举止、礼仪表现等必须符合一定时间、一定空间以及当时个人所扮演的角色，如此才会从容得体、适宜恰当。

　　在涉外活动中什么样的发型才能既满足美丽又满足得体的要求呢？美丽与得体又是什么关系呢？谁为先谁为后？这些问题的答案与TSR息息相关，首先自问个人所扮演的角色，然后再看时间与地点。

　　人总是受制于身份、角色、时空、场合的限制，所以规范应在美丽之上着重考虑，**换句话说，涉外活动中规范性比单纯的美丽更重要**，在规范性前提下的美丽才是有价值与值得追求的。下面我们先谈规范性。

一、如何拥有规范的发型

在涉外活动中，以公务（既包括政务也包括商务）人士为例，正式的会谈会见中，对发型有一些不成文的、约定俗成的规定。款式应该大方、自然，不能奇异、过分前卫。具体来说：

（1）头发的长度　女性如果为短发应该梳理整洁、规整干净；中等长度的标准是头发不过肩部；如为长发最好扎起来或者盘起来。许多拥有飘逸长发的女性在公务场合不盘发、不束发，殊不知飘逸的长发是女性最大的性别特征，而政务、商务场合讲究的是性别平等，女性应该尽量弱化性别特征，这就是为什么一些世界跨国公司要求女性职业形象不能暴露、性感、过分女性化。**职场最重要的是展现规范性、职业感，而不是女性化、个性化**。飘逸的长发还易给人萎靡不振、不够精神和干练的感觉。最后，飘逸的长发还容易影响工作，一低头头发往往散落下去遮住半张脸，一抬头为了露出整张脸又用力甩头，一低一抬好不烦琐，会在工作中形成不便。总之，短发、盘发或者束发是公务场合标准的发式。散发、披发则成为休闲场合的发式标志，我们从很多电影电视中都能看到这样的场景：从单位下班的女士，约好与朋友共进晚餐，进入餐厅她除了脱下大衣往往还有另一个动作，就是把盘得一丝不苟的头发散落下来，让头皮彻底放松，也让自己的状态从工作中彻底放松下来。

男士头发长度最好不要超过 7cm，即大致不触及衬衫领口，口诀是前发不附额、侧发不掩耳、后发不及领。给人严谨、利落、干练之感。

（2）头发的颜色　涉外场合除了对发型有要求，对头发的颜色也要有要求。如果是公务场合，颜色应以保守为主，如果要染色，也要选择那些比较自然、保守的颜色，如棕色、深咖色、栗色等。在公务场合切记不要选择特别鲜艳、扎眼的颜色，否则，只会降低个人的档次，让人觉得不适宜、不规范、不严谨。当然，这些规范都是建立在 TSR 的 Role（角色）的基础上，如果个人角色是文艺工作者、自由工作者或者其他职业与角色者，要求可以适当调整，不能一概而论。

二、如何拥有美丽的发型

找到一款适合自己、让自己更美的发型并不容易，但也并非没有规律可循。爱美的女士选择发型时最困扰的几个问题无非是：哪种发型最能够让自己显得漂亮？自己是适合短发还是长发？直发还是曲发？前卫的还是保守的？要回答这些问题并不难，最重要的依据是个人的脸型、五官与性格。

设计发型要考虑的因素很多，但最应考虑的还是与脸型的配合。人的脸型是先天固有、不能改变的，但发型是后天形成、可以改变的。所以，好的发型应该是能够优化、美化脸型，扬长避短。按照传统美学的观点，所有脸型中最为漂亮的是鹅蛋形脸，这种脸型不长不短、不宽不窄，能够驾驭的发型款式较多，能够呈现女性温柔的美感。其他脸型在选择发型时往往以此为参照，发型选择的标准是尽可能地靠近鹅蛋形脸。当然这只是传统美学的标准，有些前卫、个性风格的人则不一定按照这种逻辑选择发型。下面介绍几种脸型最适合的发型。

1. 长方形（长圆形）脸与发型的配合

长方形（长圆形）脸型偏长，脸部长宽的比例大于 3:2。**发型选择应强调宽度而不强调高度。**所以要避免留长而直的头发、头顶高高蓬松的发型以及高高的一片云刘海，还要避免在头顶做造型或者显露全部额头，否则就会使脸部显得更长。遮住额头的刘海、头顶平顺服帖、耳朵两侧加宽的发型都比较适合长方形脸，如图 2-1 所示。

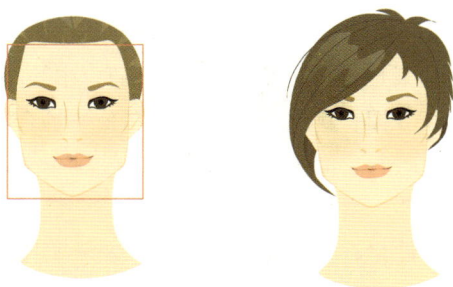

■ 图 2-1 长方形脸型与适合的发型

2. 方形脸（圆形脸）与发型的配合

方形脸（圆形脸）的最大特征是脸部长宽的比例接近 1:1，脸部呈现较宽的感觉。方形脸额角和下颌角突出，转折明显，面部方正，给人以刚毅顽强的阳刚美感。圆形脸面部的外轮廓略圆，整个面部圆润，颧骨不突出，肉感多于骨感，给人以稚气、可爱的感觉。为了达到最佳的脸部长宽比例 1:0.618，要拉长脸型，**适当地增加头部的高度。**顶部头发高而蓬松、额头露出、刘海高翻、两鬓收紧呈弧线，这些都是较好的拉长脸型的方法。如若留短发，刘海要适当地增加头部的高度；若留长发，应利用直线条的发型削弱两侧的宽度，请见图 2-2。

■ 图 2-2 圆形脸型与适合的发型

3. 正三角形（梨形）脸与发型的配合

正三角形或梨形顾名思义就是脸的轮廓犹如三角形或梨子——上面小，下面大，也就是额头较窄，下颌较宽，长宽的比例大约为 1:0.618。这种脸型因过于宽大的下颌，在视觉上会缺乏秀美之感。选择适合这种脸型的发型的原理，**即加宽上面较窄的额部，缩小宽大的下颌角部分。**例如，增加额头两侧的发量；刘海的处理也很重要，可以留得稍长一些，发量可以偏大，将较窄的额角遮盖住；耳前头发的长度要能够遮盖住宽大的下颌角，使之变得柔和。要避免留一头短而服帖的头发，这样会使三角形或梨形的脸型暴露出来。修正上小下大便是这类脸型搭配发型的原则，请见图 2-3。

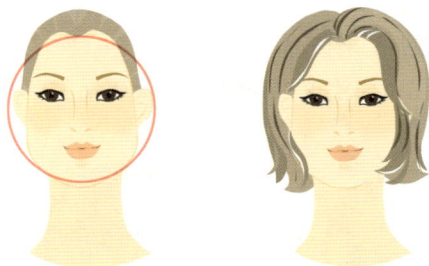

■ 图 2-3 梨形脸型与适合的发型

4. 倒三角形（心形）脸与发型的配合

倒三角形（心形）脸也叫"甲"字脸，倒三角形为直线形，心形为曲线形，脸部长宽的比例大约为 1:0.618。这种脸型脸部的外轮廓线犹如倒放的三角形或心形，又称"上镜脸"，最大特点是上大下小，额头宽，下颌偏窄并且显得略尖，给人脸型偏小的感觉，为很多女士所钟爱。这类脸型类似鹅蛋脸，驾驭范围相对来说比较宽广。只要不是那种额头两侧发量过宽、过多的发型都可以尝试，两侧发量如果过多会显得**下颌角窄，额头过宽**。在头发长度的处理上，可以落在下颌骨两侧，适当的量感可以增加下面的分量，减轻上大下小的失衡。过肩的长度也比较合适，如果是曲线形的心形脸，可把耳朵以下的头发烫卷，使发型富有层次和动感。倒三角形（心形）脸的发型选择要比正三角形脸的发型选择多，很多女士钟爱这种下颌角尖尖的脸型，又可爱又显瘦。这种脸型的发型选择可以有很多，图 2-4 只是一个简单的举例。

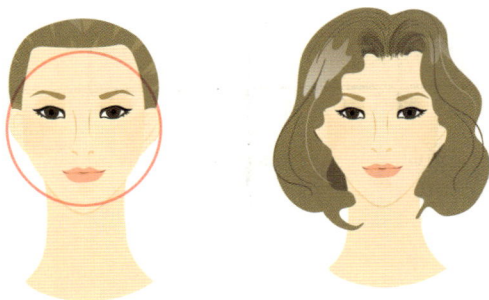

■ 图 2-4 心形脸型与适合的发型

5. 菱形脸与发型的配合

菱形脸也叫"申"字脸，颧骨突出形成面部最宽的中间区域，额头和下颌较窄，特点是上下小、中间大。这种脸型的人给人以冷酷、个性、前卫的感觉，往往具有比较立体的五官。菱形脸的发型可以参考倒三角形（心形）脸的选择，**只要用头发遮住前额，即变成了类似倒三角形（心形）脸，处理手法与这类脸型相同。**具体来说，要把耳朵以上部分的头发做出体积感，刘海是最佳的选择，头顶直发可以通过堆积头发发量来实现，或者通过烫发技巧来实现，做出蓬松感，这样就可使头顶饱满起来。高颧骨可以靠两侧的头发来掩饰，让其不那么生硬。下颌可以完全露出，只要遮挡住上面的额头部分，颧骨适当修饰，下面尖细的下颌骨可以大胆地露在外面，请见图2-5。

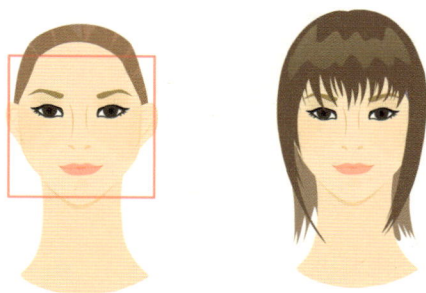

■ 图2-5 菱形脸型与适合的发型

以上介绍了不同脸型的人适合的发型，除此之外，还有几个有关发型的问题。

（1）什么人适合直发，什么人适合烫发 这个问题其实很简单，关键要点是根据个人的脸型和五官的直曲来选择发型的直曲。一般来说，**人们五官和脸型的直曲比例呈现橄榄型，绝对的直线型和曲线型都不多，如橄榄球的两端；脸型和五官直曲兼有的占大多数，如橄榄球的中间。**针对绝对直线、曲线型的人和直曲兼有的人，选择直发与烫发的思路是不一样的，所以，爱美的人首先要了解自己属于哪一种，请见图2-6。

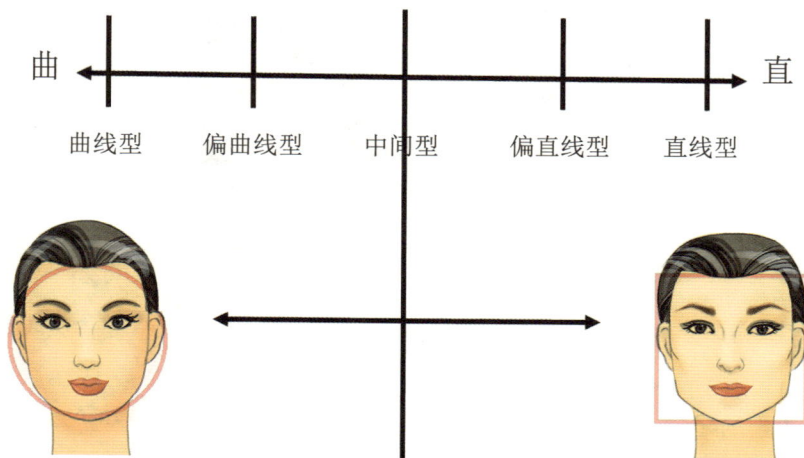

曲 ← 　　　　　　　　　　　　　　　→ 直

曲线型　　偏曲线型　　中间型　　偏直线型　　直线型

脸型与五官直曲兼有的为中间型

■ 图2-6 脸型直曲图

回答了这个问题，下一步就很容易了。一般来说，绝对直线型的人，也就是说五官和脸型都是直线型的人选择直发最合适。因为，美的最高境界是和谐，直发呼应直的脸型与五官，能够给人舒适的视觉感受，展示直线型人潇洒、帅气的感觉。此类人群不适宜满头卷发，因为，烫发后的曲线条与直线型的脸型与五官冲突，很难形成和谐感，更主要的原因是满头卷发愈加突出了过直的特征。如果直线型人想要改善硬朗的形象，可以选择局部烫发以削弱过于刚硬的感觉，如长发的发梢微微卷曲，或者整个发型烫微微的大波浪，避免小卷烫发。同理，曲线型的人选择烫发是比较合适的，烫发可以与圆润的五官和脸型呼应，体现柔美感和精致感。如果想增加帅气和距离感，选择微微的局部烫发，如刘海或者发梢。

（2）直曲兼有的人选择直发还是烫发　这里还要**请你回答一个问题，你最喜欢自己的曲线条部位还是直线条部位？**比如一位女士的脸型是直线型，五官中嘴巴、鼻子、下巴是曲的，眉毛、眼睛是直的。如果弯弯的嘴巴和下巴是她最喜欢的部位，那么，她比较适合烫发。因为，曲的烫发会呼应曲线的嘴巴和下巴，呼应产生强调，强调会吸引目光关注。美的原则是扬长避短，人就是要把自己满意的部位展示出去。

（3）什么人适合前卫的发型，什么人适合保守的发型　发型是前卫还是保守很大程度上与个人性格与职业相关。个性保守、守旧、喜爱古典的东西、不爱赶时髦的人比较适合经典、保守的发型，过于前卫的发型驾驭不了。个性前卫、时尚、易接受新事物者适合前卫的发型，从款式到颜色都可以有大胆的创新。

前卫还是保守还跟职业息息相关。如果是传统保守行业的人士，如政府部门、企事业单位、银行、保险等，适合保守、经典的发型；如果是创意产业、文艺界等非保守产业，可以采用前卫的发型，因为过于保守的发型反而会与自身的职业不符。就这一点来说，还是与TSR原则息息相关。

第二节　面部妆容与表情

在涉外交往中，女士是否需要化妆？答案是肯定的，化妆体现的不仅是美丽，更重要的是通过自我管理体现对别人的尊重和重视。既然可以化妆，那么化哪种妆，化妆的原则是什么？

一、化妆三原则

自然、协调、避人是化妆的三原则。"自然"是指女士妆面最好淡雅，高技法的化妆是似有似无，人很精致，**但没有明显化妆的痕迹。**"协调"体现在几个方面。**五官之间的描画应该舒适、和谐，**如眼影和腮红应是同一种性质的红色，如果冷暖红同时出现在脸上，就不协调了，而这些细节性的小问题恰恰最容易被忽视；眼影、肤色以及服饰的颜色是否有呼应关系，例如身着紫色的服装，眼影涂上浅浅的紫色会特别出彩；妆面是否与个人身份与角色相符，如果公务人员贴上假睫毛、涂上鲜血般的口红就非常不适宜。**"避人"是指在涉外场合女士不管是化妆还是补妆统统都要避开外人**，尤其是补妆，吃完饭很容易在餐桌上拿出小镜子补口红，这恰恰是不符合礼仪规范的，这些行为都应私下完成，如在盥洗室、无人处。

了解了化妆的原则，具体的化妆步骤是怎样？化妆品繁多，化妆的程序也很复杂。如果一个规范、漂亮的妆面花了 30 分钟甚至更多就太浪费时间了，因为**涉外交往一方面要讲究形象，另一方面也要讲究效率**。因此，我们推荐涉外场合化简易妆，最好在十分钟之内搞定。

下面给大家介绍化简易妆的四个步骤。

二、简易妆四步走

1. 修饰脸部肌肤

妆前要洁面，涂完化妆水与润肤乳以滋润肌肤之后，涂抹粉底。有的人涂完粉底就完成了修饰肌肤的步骤，有的人还有涂粉饼的习惯，但一些人认为涂粉饼过于干燥、厚重、麻烦就摒弃粉饼以一款好的粉底替代了。不管选择哪种，重要的是达到修容的目的，即让**肌肤光洁、平整、白皙以调整人的肌肤颜色或者遮盖斑点、痘痘、小皱纹等**。

2. 修饰眉毛

眉毛是传神的部位，配合心灵的窗户——眼睛成为五官中最灵动的地方。修饰眉毛的前提是修整眉毛的形状，如果眉型不好则要修眉使之符合自己的喜好和脸型。眉型可以有很多种画法，这里介绍一种最经典的画法。把眉毛分成眉头、眉腰、眉峰、眉尾四个部分，眉毛的最高处是眉峰，呈现女性的精神；眉头和眉腰最粗，眉尾最细，如此粗细、高低有致，眉毛的神韵就出来了。请见图 2-7。

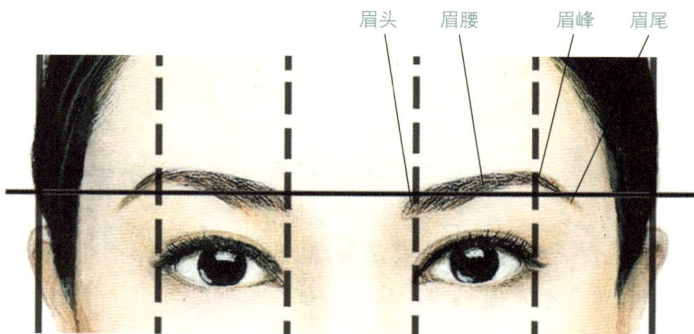

眉头　　眉腰　　　眉峰　眉尾

图 2-7　眉型结构图

有了标准就要开始行动了，有些人的眉毛可能需要修剪。修眉的方法有三种：拔眉、剃眉、剪眉。拔眉与剃眉是解决眉毛的形状问题，如果可能最好是采用剃眉法而不是拔眉法，因为眼部周围皮肤细腻、柔嫩，长期拔眉容易破坏毛囊组织，时间长了眼部肌肤容易松弛、下垂。剃眉是从外部剃除毛发，不会损坏内部结构，市面上有较多精致、好用的剃眉刀售卖。定好眉型，**修眉刀与皮肤呈 45° 在皮肤上逆向毛发生长方向剃除**。剪眉是解决眉毛的长短问题，如果眉毛长短不一致或者过长会影响眉毛的观感，则要将杂乱或下垂的眉毛剪掉，使眉型显得整齐、滑顺。修剪完眉毛后，再选择与个人眉毛颜色近似的眉笔描画。

3. 描画眼睛

眼睛是五官中内心与外界互动最多也是最敏锐的部位，眼睛的描画非常重要，可以分两个步骤：画眼影、涂染睫毛膏。有的人还有画眼线的习惯，根据个人情况而定，一般来说，简易妆两步就够了。

第一步画眼影。眼影的选择要与妆型、妆色、服饰等协调，眼影的涂抹方法主要有渐层法和平涂法。**渐层法是使用深浅不同的颜色晕染出不同的层次感。** 一般商场售卖的两色或者三色一盒的眼影均为同色系不同深浅的颜色，最适合渐层法。方法是：闭上眼睛，眼球部分有一个鼓出的明显眼窝，把眼窝分成三等分，用最浅的颜色涂抹整个眼球位置；中明度的颜色在 2/3 位置沿着睫毛根部往上晕染，涂至 2/3 位置即可；然后用最浓的颜色涂眼皮底部，紧贴睫毛往上晕染，涂至 1/3 位置即可。每种颜色之间的衔接要自然、流畅，不能有明显的阶梯感。另一种是平涂法，**即只用一种颜色做出颜色的深浅变化。** 不管使用哪种眼影描画方法，都不要忘了在眼尾的眉骨处涂画高光，这样可以凸显眼部轮廓，增加眼部立体感。

第二步涂睫毛膏。用睫毛夹夹完睫毛之后，用睫毛刷从睫毛根部往上刷，采用"之"字形涂刷方法。浓密、修长的睫毛可以增大眼睛的立体感，让眼睛有神、明亮。

有人适合画眼线，有人不适合，根据个人情况而定。如需描画眼线，描画时紧贴睫毛根部描画，眼线与睫毛根部不能有缝隙。

4. 描画嘴唇

每人对自己的五官感受不一致， 有人喜欢自己的嘴唇，有人喜欢自己的眉眼，一般来说，哪里长得较好就强调哪里。涂抹口红对很多人来说是重要的一步，最关键的一点是颜色的选择。如果条件允许就寻求一次测色服务，知道自己肌肤的冷暖，暖色肌肤就选择暖色口红，冷色肌肤就选择冷色口红。如果没有测色的机会，就寻找与自己唇色最靠近、最相融的色彩，比唇色略艳一点即可。**适合自己的口红会让肌肤光洁、明亮，** 整个人看上去精神、立体。此外，选择好口红颜色，还要注意口红颜色与身体其他部位色彩的呼应关系，如眼影、胭脂、服装、配饰。

好的妆面要满足规范、美丽、省时的三大要求，即在符合个人身份、角色的前提条件下美丽、大方，同时还能在最短的时间内完成。

第三节　深化场合着装意识

有了适宜的发型、精致的妆容，还有一项必不可少的就是服装，三者共同构成了静态的外在形象。**涉外交往中服装不仅体现一个人的良好形象，更重要的是展现一个人的品位与素养。** 场合形象是一定时间与空间条件下的产物。它为什么重要？我们为什么要研究？因为人们往往将是否注重自身穿着打扮与是否尊重交往对象直接挂钩。我们生活在一个讲究效率和速度的时代，社会的进步与发展已越来越体现在分工的细化和场合的分明上。**在什么场合穿着什么服饰已经成为衡量一个人职业化和专业化的标准之一，这体现了人的素质、涵养以及规范化程度。**此外，根据不同场合着装也是一种无声的语言，通过服装能够统一交流者的状态，建立对话平台，由此促进双方的顺畅交流。否则，缺乏场合着装意识、违反场合着装规范，则可能使人尴尬和难堪。

案例：如此着装为什么受到热议？

因自导自演影片《人在囧途之泰囧》推动了泰国旅游业，徐峥受到了泰国女总理英拉的接见，但因服装穿着随便受到广大民众的热议，有人甚至点名道姓地批评了徐峥的着装。

围绕徐峥的着装网民的反映不一。有人认为徐峥只是一名艺人，没有必须西服革履，以自己最舒服的状态着装挺好。有人认为徐峥是一位名人，代表的不仅仅是自己，还有自己的祖国，着装过于随便无法体现对泰国总理的尊重，有失个人的礼仪风度，也损害了国家的形象。

徐峥的着装到底有没有问题？应该说还是有问题的，最大的问题就是徐峥的场合着装意识不明确，着装没有符合当时的时间、空间与个人所扮演的角色，使双方的会见不在一个对话平台上，由此产生不适之感。

一般来说，得到一国总理接见乃是光荣与幸运之事。总理应是当仁不让的尊者，个人的言行举止与穿着打扮均应符合这种身份定位。服装体现一个人的态度，正式的服装在带来高贵感的同时也具有约束性，体现了对对方的尊重与重视。见地位尊贵者，应该采用"盛装原则"（Over dress is always better than down dress），即自己的着装尽量比对方正式一点，如果做不到这一点，至少不能比对方的正式度低。徐峥恰恰违背了这个原则，比总理的着装更休闲和放松。那是不是说徐峥永远都不能穿休闲服装见总理？当然不是，很多重量级的国际政治会议也是非正式的，各国领导人均着休闲装，但关键问题是之前有沟通与统一，人人都是休闲装就没有任何问题。如果徐峥与泰国总理事先有沟通，双方都穿非正式的休闲装也没有问题。现在的状况是泰国总理英拉着装很正式，而徐峥很休闲，问题就比较明显了。也有网友说："徐峥是艺人，他想怎么穿就怎么穿。"如果他不是公众人物，如果他不是去见一国的总理，他当然有着装的自由，但既然是涉外交往，且对象还是一国尊贵的总理，那就不能只考虑自己的感受了，要遵循一些国际交往的惯例与规范。

徐峥案例的核心问题是缺乏场合着装意识。场合意识既然这样重要，那么着装都要遵循哪些不同的场合呢？

对于场合的分类，到目前为止有多种分法，本书采用中国人民大学的金正昆教授的三分法：公务场合、社交场合、休闲场合，但对这种划分进行了一些调整与细化。下面我们就来看看出席不同的场合应该如何着装，并且从线条、颜色、数量、尺寸、价值和风格等几个方面来分析。

一、公务场合如何着装

公务场合主要指上班时间所处的场合。提起公务场合，人们首先想到的就是西服革履，那么**公务场合一定要穿正装吗？其实不尽然**。保守职场如政府机关、法律界、金融界、企事业等单位，属于强迫性着装管理的范畴，需要穿正装或者相对正规的服装。非保守职场如创意职场与随意职场，穿着过于正式与保守的服装反而会限制人的创作与灵感，不利于工作效率的提高，也不符合工作的性质与要求。因此，穿着有别。

随着 20 世纪 70 年代能源危机的出现，全球着装出现了两大趋势：一是着装休闲、轻便；二是着装时尚、注重品位。因此，保守职场与非保守职场也不再是铁板一块，保守职场也有人穿偏休闲一点的服装，非保守职场如果需要也有人穿偏正式一点的服装。下面，我们对"公务正式"和"公务休闲"场合着装进行分析。

1. 公务正式场合着装

这个场合主要是指公务会见、会议、会谈、谈判、签约等相对正式的场合。此处着装反映的不仅仅是个人的审美需求，还要代表工作单位、国家的形象。公务场合的基本要求是庄重保守，**公职人员的整体形象应表现出权威性、信任度及缜密感。**那么，我们应该如何着装呢？

男士最标准的公务场合服装款式是西服，女士是西服套裙（裤）。注意：按西方的标准，女士公务正式服装中套裙比裤子更加正式，中国则裤裙均可。

具体来说，**男士应穿成套的西服套装**，搭配衬衣、领带、皮鞋、皮带。西服外套质地挺括，过于柔软的面料无法体现出权威性。颜色为纯色或带细条纹的深蓝色、藏蓝色等深色系。衬衣为白色、浅蓝色、浅粉色、浅黄色、浅灰色等。注意：衬衣如为彩色，必须为冰色即浅色系。

随着着装轻便与时尚成为全球潮流，**女士着装无论是从款式还是颜色来说均表现得更加丰富。**外套为成套服装，下身可以为裤子也可以为裙子。颜色为深色与中性保守色（如果穿着者级别较高或者参加公务活动性质特殊，亦可适当尝试鲜艳的颜色，不过最规范与保守的颜色仍为深色与中性保守色）。外套还应质地挺括，里面可搭配白色、米色、浅粉色、浅蓝色、浅灰色等冰色衬衣，也可搭配无领的内衣、背心、抹胸等。相比之下，后面这种搭配近年来更加受到公务正式场合女士的欢迎，也比衬衣更加时尚。美国的政治家赖斯、希拉里、南希·佩洛西都爱选择无领内衣搭配西服外套。

图 2-8　公务类职场形象

2. 公务休闲场合着装

这个场合主要指公务参观、考察、培训及旅行等，基本要求是舒适、大方。**整体形象应既有舒适度又有规范度，不是完全的刻板也不是完全的放松**，是严谨中有休闲，休闲中有认真。公务休闲这个系列也有从正式到休闲的等级之分，那么我们应该如何着装呢？

男士偏正式一点的休闲着装是公务正式西服不系领带，衬衣第一粒扣子解开，鞋子可以搭配系带皮鞋也可以搭配不系带皮鞋，其他要求与公务正式着装相同，颜色可以为深色也可以为中性保守色。

偏中间一点的着装是西服外套不再整套搭配，上衣是单件西服，色彩以深色或中性色为主，可以是纯色也可以带各种条纹，里面可搭配各种服装，根据以下排序它们的正式度逐渐下降：有领衬衣（冬天亦可在衬衣与单件西服之间搭配毛衣）、有领 T 恤、高领针织衫、无领 T 恤（圆领）；下身搭配棉质休闲裤或卡其裤；鞋子为各种款式的无系带皮鞋或系带皮鞋搭配袜子。

偏休闲一点的场合可以穿改良版的西服外套或者单件夹克，也可以不穿外套，里面同样可以穿着有领衬衣、有领 T 恤、高领针织衫、无领 T 恤（圆领）；下身搭配棉质休闲裤、卡其裤、灯芯绒裤子、牛仔裤（有些地区与单位限制）；鞋子为不系带皮鞋、休闲平底鞋，可穿袜子也可不穿袜子。具体可参考表 2-1。

表 2-1　男士公务休闲着装正式度排序

正式度	款式	描述	图例
正式度第一	整套西服	全套西服，不系领带，衬衣第一粒扣子解开	
正式度第二	上下分身服装，内搭配衬衣	单件休闲外套搭配休闲的西裤，不系领带，衬衣第一扣子解开	
正式度第三	上下分身服装，内搭有领 T 恤（polo 衫）	单件休闲外套搭配休闲西裤，不系领带，T 恤第一扣子解开	
正式度第四	上下分身服装，内搭无领 T 恤	单件休闲外套搭配休闲西裤，无领 T 恤可以为圆领也可以为 V 领	

有一种男士单件休闲西服外套比较特别，需要单独提一下，这种休闲外套最大的特点是扣子全部为金属扣子，英文为"blazer"，中文翻译为"布雷泽"，颜色为藏青色、深蓝色，上衣款式多为双排扣也有单排扣的。裤子限制较少，可以搭配休闲裤或卡其裤。**这种西服的扣子是亮点，可有多种图案和花纹。**

女士公务休闲场合的表现更加丰富，**偏正式一点的着装是带图案的西服套装或者改良版的西服外套，**外套领型可以为各类改良西服领也可以为圆领，内搭无领的内衣、有领T恤、高领针织衫。西服外套可以全套也可以分身，质地为中度硬挺。服装颜色可以为中性色也可以为有彩色，如棕色、咖色、米色以及明度不同的红、黄、蓝、绿、紫等，黑色在公务休闲中则显得过于正式。图案可以为圆点、条纹、格子、保守的花纹等。鞋子为中跟皮鞋或低跟皮鞋，夏天可以穿鱼嘴鞋与后跟系带的皮凉鞋等。

偏中间一点的装扮是两件套的针织衫、高领针织衫、高领套头衫、有领或者无领衬衣。下身搭配裤子或者裙子（非迷你）。鞋子可以穿休闲低跟鞋、平跟鞋、坡跟鞋、双色鞋等。

偏休闲一些的装扮是：有领或无领T恤、高领针织衫，下身为裙子、休闲裤、卡其裤、牛仔裤（有些地区和单位限制）；**色彩与花纹变化较大，**可以选中性亲和的颜色或适当亮艳的颜色，如蓝、粉、绿、黄等；质地为中度垂感面料或垂感面料；鞋子为平跟、坡跟皮鞋，夏天可以穿系带凉鞋；同时可以适当地使用配饰，如首饰、丝巾、腰带等。

二、社交场合如何着装

社交场合主要指工作之内或工作之余的交往应酬，如各种典礼、节日派队、授奖仪式、宴会、舞会、音乐会、聚会及访友等。为了便于区分，我们把社交场合进一步细化，分成简易社交场合与隆重社交场合。

社交场合的服饰要求是美丽高贵，我们在这种场合可以尽情地打扮自己，美丽高贵是我们的目的。

1. 隆重社交场合着装

社交场合有隆重与简易之分。隆重社交场合主要指参加人员级别高、地位显赫、身份尊贵、活动影响大、具有非凡意义、重要性较强的场合。此外，还有一些从业者延续了过去的传统必须要穿着正式服装，如交响音乐会演奏者、国标舞表演者等。

怎样才能保证在不同的场合穿对礼服呢？在本章第四节中我们会专门介绍涉外着装规范，但这里会介绍一些体现隆重程度的标志性服装：

男士的隆重社交场合服装为燕尾服、塔士多礼服、中式礼服、民族服装。

燕尾服是隆重程度最高的社交场合服装，但由于服装较为复杂与烦琐，**基本被塔士多礼服取代了。**除极正式的皇室婚礼、加冕典礼、女王来访等少数活动外，普通的隆重社交场合基本是穿英国的爱德华八世首创的塔士多礼服。

塔士多礼服从某种程度上成为燕尾服的替代品，和燕尾服不同，塔士多礼服有多种领型，除了剑领（Peaked lapel）以外，传统的还有青果领（Shawl lapel），近代也出现了平驳领（Notched lapel），不过那是后来美国制造商改良的结果。塔士多礼服高贵、轻便，比燕尾服简便且舒适度更高。

中式礼服也受到越来越多中国人的欢迎。在隆重社交场合，选择塔士多礼服，其许多不成文的规定与烦琐的着装要求常常让中国人不知所措。加之中国的不断崛起，传统的服饰逐渐受到人们的喜爱与追捧。**男士选择中式礼服，如中山装、唐装、中华立领等，在体现高贵与帅气的同时，还展现了一丝文雅、含蓄的东方气质**，这恰恰是西方礼服无法体现的，所以越来越受到欢迎和追捧。

民族服装是当仁不让的隆重社交场合服装。不同民族有不同民族特色的服装，它是历史和文化的产物。一般来说，民族服装颜色纯度高、色彩数量多、款式较为大气和繁复。像中国的汉服、韩国的韩服、日本的和服与印度的纱丽等民族服装，在 21 世纪日益现代化的今天，如同一抹色彩注定让人们眼前一亮。

女士的隆重社交场合服装是大礼服、时装、中式礼服、民族服装。

大礼服是最隆重的标志，常常以连身裙为标志，上衣为无肩带或单肩低胸紧身高开衩的款式（保守可以穿双肩带，带边可宽可窄），裙长为拖地或者落地。

时装亦是喜爱时尚女士的较好选择，款式可以新颖，不再受连身裙的限制，可以着裤装，款式夸张或者有设计感，也可以拥有较多配饰，如丝巾、腰带、闪亮鞋子以及夸张首饰等。

中式礼服如旗袍、唐装、改良中式服装均是较好的选择。旗袍长度可以是拖地、落地，到脚踝、小腿或者膝盖以上。现在，**越来越多的女士偏爱改良旗袍，把时尚的元素融入传统的款式之中，兼具时尚与古典之美。**此外，还可大量使用配饰，如首饰、披肩、晚宴包与精巧的鞋子等。

民族服装回归传统具有深厚的历史感。女士根据个人所属民族穿着本民族的服装呈现的是大气、独特之感。因为民族的就是世界的。

2. 简易社交场合

简易社交场合为偏日常一些的社交活动，如颁奖典礼、工作之间的社交宴请、单位年会、舞会、生日宴会、家庭聚会、普通朋友聚会等。

简易社交场合的着装起源于全球着装轻便化，休闲之风也吹到了社交场合。简易社交场合着装又可细分为晚上和白天的着装。晚上的着装要比白天的正式，区分标准是深色比浅色正式，系领带比不系领带正式，有外套比无外套正式，衬衣比 T 恤正式。

简易社交场合偏正式一点的适合晚上的着装为：男士可穿深色成套西服，穿法和要求与公务正式场合基本相同，但个别地方有区别，主要不同体现在配饰上，领带颜色的弹性更大，可适当鲜、亮、艳，还有一样配饰不能忘，即西服上衣口袋里有口袋巾或鲜花，这样才有社交的感觉。此外，法式衬衣、袖扣、系带皮鞋、长度超过小腿肚的袜子等都是简易社交场合的必需品。

简易社交场合偏休闲一点的男士着装是上下分身的服装，领带可系也可不系，里面可以穿衬衣也可以穿 T 恤，下面搭配与上衣颜色不同的休闲裤。其中，比普通上下分身服装略微正式且较为经典的一种服装是被称为金属扣子的布雷泽西服上衣，里面可以穿着衬衣，领带可系可不系，还可以搭配 T 恤。布雷泽最经典的颜色是海军蓝，并拥有海军风格的金属扣。搭配布雷泽的裤子面料、颜色均与上衣不同，颜色与面料选择较多。

女士着装可为：采用与男士类似的西服套装／裙、款式考究的连衣套裙、时装套装或者里面为连衣裙外面搭配单件外套等。随着时代的发展，简易社交场合的概念在不断扩展，弹性也更大，此外，**文化、地域、国家不同，表现力也更加丰富。**为区别公务场合的着装，女士可以使用一些配饰，如漂亮的首饰、艳丽的丝巾、围巾、披肩、精巧的包包等，或者偏艳丽一些的妆面、精美的发型，还可以穿上漂亮的鞋子等。

三、休闲场合如何着装

休闲场合主要指工作之余个人活动所处的场合，包括在家休息、健身运动、观光游览、逛街购物。

休闲场合着装的特点是舒适、自然，主体是自己，不用取悦任何人，只是为自己而穿，因此服装以轻松、舒适为主。无论是色彩、款式还是面料，**都没有固定的限制，只要舒适与自己喜欢就好。**如果说公务场合要受制于职业需求，为了工作而穿，社交场合要受制于美丽，为了交流而穿，那么休闲场合就是一个属于自己的场合，一切以自己为中心，按照自己的舒适度与兴趣穿就行。一句话，做自己最重要。

男士在休闲场合可穿休闲裤或牛仔裤配 T 恤、夹克或休闲毛衣。女士休闲装面料质感可以软、轻、柔、透，款式以曲线为主，穿着舒适、放松，如针织上衣配裤子（裙子）或 T 恤配裤子。

如果是在运动场合则需要根据具体的运动项目决定相应的服装，很多运动都有相应的服装，如游泳有泳装、练瑜伽有瑜伽服，注意调整就可以了。

第四节　读懂涉外着装规范（Dress Code）

在对外交流过程中，人与人之间信仰不同、文化各异、语言有别，太多的差异性阻碍了人们之间的交往，鉴于此，一套人人熟悉共同遵循的规则与规范就特别重要，属于非语言交流的服装也逐渐成为交往规范的一部分。

如何穿对服装？除了对不同场合的基本理解与把握，**还有一个准确的信号就是活动举办方常常在请柬或者邀请函上注明 Dress Code 即着装规范（或者着装要求）。**

一个最简单的方法就是根据我们收到的邀请函上给出的着装要求穿着，只要读懂对应的着装规范就可以保证绝不会穿错，即使对方邀请函上没有写，你也可致电询问，而不用担心对方会嫌麻烦，这既是对对方的尊重，也是自我保护的行为，总比现场因着装不妥备受煎熬要强得多。

下面我们介绍最常见的西方社交着装规范与公务场合着装规范。

一、社交系列着装规范

社交系列着装规范共四种：正式（Formal）、半正式（Semi-formal）、非正式（Informal）和休闲（Casual）。需要注意的是，这里的正式与非正式是针对社交场合而言的，是社交系列的分类，不要与公务场合着装混淆，把半正式和非正式当成半休闲和不正式恰恰是很多人容易犯的错误。下面的正式与半正式归属于前面所谈的隆重社交场合，非正式与休闲归属于简易社交场合。

1. 正式

如果请柬上的着装规范有 White Tie，Cravate Blanche 或者 Full Evening Dress，就说明是要穿白领结燕尾服的正式场合。[一]

白领结礼服多用在隆重程度最高的场合，一般为皇室成员婚礼、重大慈善活动晚宴、西方上流社会庆典等晚间活动。白领结场合并不多见，为皇室贵族等上流社会人士才可能举行的场合，具体职业者包括政治家、大使、交响乐指挥等，很多人一生都不会遇上一次。

男士白领结场合必须穿着燕尾服，具体着装要求是：单、双排扣的黑色燕尾服外套（一般不系扣且多为双排扣）、搭配燕尾服的翘领白衬衣、白马甲（可以单排扣也可双排扣）、缎面的枪驳领、非翻边裤（侧缝有两条缎边）、裤子不系皮带（使用吊带或者有松紧）。配饰为：白领结（自己系）、情眼[二]插花或口袋巾、白手套（选择）、黑色漆皮系带鞋、长度超过小腿肚的黑色袜子。

燕尾服的领结除了可以使用白色的还可以使用黑色的，黑领结的正式程度比白领结要低一些。

女士的着装要求是：**穿裙装，上衣为无肩带或单肩低胸紧身高开衩的款式（保守可以穿双肩带，带边可宽可窄），裙长为拖地或者落地，配以精致发型、浓艳妆面。**配饰为：光彩照人的首饰、晚装披肩、晚宴包、皮毛、无色透明丝袜或不穿袜（不穿袜要去除腿部体毛）、华丽的高跟鞋（可包脚可露脚，露脚要涂指甲油）。

除此之外，白领结礼服一般用于晚上六点以后，白天则穿着晨礼服。

晨礼服是白天穿着的正式礼服，适宜婚礼、夏天的聚会、鸡尾酒会、英国皇家赛马比赛等。晨礼服与燕尾服的不同之处在于：外套前端只有一粒扣，且衣领到燕尾是弧线切割，而不像燕尾服或塔士多礼服为直线切割；外套为深灰色或黑色，马甲为灰、褐色，配以情眼插花、黑色或灰色高帽、珍珠袖口、灰色的手套（选择）；裤子为灰色条纹裤；衬衣里面使用较宽的禅翼领结或领带；鞋子为黑色牛津鞋。

女士的装扮是华丽的裙装，可为连衣裙也可为套装裙，裙长不短于膝盖，最长可至脚踝。包包为精致小巧的手包，鞋子为漂亮的皮鞋或者露脚面较多的靓丽鞋子。

2. 半正式

最早的无尾礼服（Dinner Jacket）是不那么正式的着装，用于俱乐部或私人家庭聚会，[三]首创者为英国的爱德华八世。当时他希望有一种比燕尾服舒适的礼服用于晚宴，于是便有了无尾礼服。它的叫法很多，英国叫 Dinner Jacket（黑领结或无尾礼服），德国叫 Smoking，美国、加拿大、爱尔兰叫 Tuxedo（塔士多礼服）。

○ Bernhard Roetzel, *Gentleman A timeless guide to fashion*, H.F.ullmann2009 printed in china, p.323.
○ 情眼又称"花眼"、"插花纽"或"俏皮眼"，是西装左侧驳领上的一个扣眼，可用于插鲜花、佩戴胸针或者小徽章，主要起装饰作用。
○ Alan flusser, *Dressing the man*, harper collins publishers Inc.2002, p.240.

如果请柬上的着装规范有 Black tie、Evening Dress、Cravate noire、Dinner Jacket、Tuxedo 则属于半正式场合。半正式场合并非不正式，而是相对于正式而言的。**以上服装都比燕尾服要降低一个正式度。**

塔士多礼服一般用于晚上的重大庆典、歌剧和音乐会首演式、慈善晚宴、基金募捐晚宴、晚六时后的婚礼、授奖仪式及节日派对等。如果说白领结场合隆重程度过高，服装过于烦琐与复杂，举办的机会较少，那么黑领结礼服适用的场合就广泛得多了，是目前使用频率最高的礼服类型，也是上层名流的最爱，一般在晚上六点以后的活动中穿着，如果白天穿着则显得不伦不类。

塔士多礼服具体着装是黑色或深蓝色塔士多外套，白色的飞翼领或下翻领，上装颜色为黑色或深蓝色，翻领为丝质的光泽感面料（可以是直纹也可以是斜纹）。至于下身的裤子，与白领结礼服最大的区别就是裤子侧缝只能有一条缎边，切不可穿错。[一] 鞋子选择黑色的漆皮舞鞋为宜。塔士多礼服上衣还可以为白色或米黄色，领结为黑色，裤子还是深色，一般在晚间露天聚会、游轮上穿。与深色塔士多相比，白色塔士多穿着较少，穿着要求与深色塔士多礼服相同。

配饰为黑领结、口袋巾、黑色腰封、法式袖扣、纯棉的白色手帕、长度超过小腿肚的黑色袜子（羊毛或者真丝）。

塔士多有单排扣及双排扣两种，单排扣的塔士多内搭配礼服背心或者用腰封来遮盖裤腰头。双排扣则无须这些东西，因为前襟要求永远扣上。**男士燕尾服与塔士多礼服都不使用皮带，裤子依靠吊带系住。**

女士黑领结的着装为晚装长裙（可带珠子、蕾丝、缎带花边装饰）、鸡尾裙。裙子的长度依据时尚与本地的习俗而定，一般来说从脚踝部位到落地。

配饰为高档首饰、闪亮装饰的高档鞋、小手袋、披肩等。

3. 非正式

如果请柬上的着装规范有 Informal，Informal Attire，International Business Attire，Western Business Attire，它们属于非正式着装规范，非正式并非不正式，而是它的正式度与燕尾服之类的比起来就不那么正式了。它属于社交的非正式场合，我们把它归类于简易社交场合，其正式度又高于下面的休闲。

它主要是指日常的一些社交活动，如颁奖典礼、工作上的社交宴请、单位年会、舞会、生日宴会、家庭聚会、普通朋友聚会等。

男士穿着成套深色西服，法式衬衣、领带、系带皮鞋、皮带不能少。为了增加社交的效果，需要几件配饰的装点，如袖扣、口袋巾或者鲜花，领带的款式与颜色的选择范围可以适当扩大，如公务场合不能或者谨慎使用的鲜艳、明亮、曲线图案等可以根据个人需要使用。此外，长度超过小腿肚的袜子亦是简易社交场合的必需品。

[一] Alan flusser, *Dressing the man*, harper collins publishers Inc. 2002, p. 248.

女士的选择范围与弹性比男性更大，从较为正式的西服套装／裙或款式考究的连衣套裙，到时装套装或者里面为连衣裙外面搭配单件外套、两件套的针织衫等，范围在不断扩大，概念也在更新。同时，世界各地因历史、文化、地域、国家的不同，表现也各不相同。但可确定的是社交场合的基调是优雅、高贵、美丽。女士可以通过精致的妆面、精美的发型以及更多的配饰达到这个目的。

4. 休闲

如果社交活动请柬上的着装规范有 Casual，Sport Coat，Sport Jacket，那说明是社交系列的休闲场合。

社交系列的休闲并不是彻底的休闲，文化衫、吊带背心、短裤、拖鞋等服饰肯定是不可取的。社交系列的休闲服一般指上下分身的服装，上衣与裤子不是成套的服装，而是组合而成的。其中，最为正式且经典的是布雷泽西服上衣，它可以在公务休闲场合穿，也可以在简易社交场合中穿。

布雷泽可以系领带也可以不系，系领带比不系领带正式，不系领带时里面可以穿衬衣也可以穿T恤。下面搭配休闲裤。中国驻美国大使章文晋与夫人张颖曾经在白宫就参加过一个着装要求为"休闲便装"的社交晚宴，而实际的着装要求是穿布雷泽。

案例：该穿什么？——中国驻美大使的一次赴宴经历

《礼宾：鲜为人知的外交故事》一书中写道，1983年初中国第二任驻美大使章文晋携夫人张颖去美国赴任，收到白宫的请柬，在玫瑰园参加大型晚宴，时间是7月1日，盛夏季节，请柬上注明"请着便装"。美国的正式宴会请柬上都写着正装，这都是针对男性而言的，女性可以自便。如果没有写正装，那便是穿西装打领带就可以了。可这次白宫宴请却写上穿便装，什么是便装呢？他们研究了一番还是不明白。因为是第一次看到这样的请柬，美国这些规矩真让人捉摸不透。商量了好一阵，大使决定穿一套浅驼色毛料的猎装。可是到了白宫玫瑰园，没有看到一位客人穿浅色衣服，更没有穿猎装的。客人们大多数还是一般西装，多数穿深色"铜扣子"（这是比较标准的便装了）。所谓"铜扣子"，不是上下身同颜色的一套西服，上衣多为藏青色、深蓝色，甚至红色，单用特制的铜扣子装饰，有多种花纹，以双排扣为多见，裤子可以随便搭配。那天里根总统就穿着深蓝色的铜扣子上装，里根夫人是短裙。这当然不是失礼，尽管那天章大使的浅色衣服吸引了许多眼球，但他们还是觉得浑身不自在，与总统夫妇握过手后，便匆匆离开了宴会。在美国有各种各样不讲究的讲究，入乡真能随俗也不容易。

5. 社交系列着装规范的大趋势——隆重程度下移

如前所述，全球着装出现轻便与时尚的趋势，这股风也吹到了社交场合。许多年前正式场合只能穿燕尾服，但是燕尾服的烦琐、不轻便让频繁参加各种社交活动的人士感觉不太方便，因此才有了爱德华八世发明的黑领结礼服，美国叫塔士多礼服。目前，只有在极正式的场合才有人穿燕尾服，大多数隆重的社交场合即使是西方人也摒弃了燕尾服而穿塔士多礼服，塔士多礼服已成为正式场合着装的代名词。如今，应该穿塔士多礼服的半正式场合有越来越多的人穿社交非正式的服装，而非正式场合有越来越多的人穿公务休闲装……**由此出现一个全球社交场合着装隆重程度下移的趋势。**

二、公务系列着装规范

1. 正式（Formal）

男士公务正式场合着装的要求是西服革履，即规范地穿好一套西服。公务正式着装在本章第三节中的公务场合如何着装已经详细讲解过，在此不再赘述。

2. 公务休闲（Business Casual）

公务（商务）休闲的出现源于能源危机，**一方面得益于全球环保意识的加强，另一方面是人们对于自由生活方式的向往。**公务与休闲原本是相互区别的两个空间，但随着时代的发展，两者逐渐交叉，已经形成你中有我，我中有你的趋势。

此类着装在本章第三节的公务场合着装中的第二类公务休闲场合着装已经详细介绍过，在此亦不再赘述。

3. 时尚休闲（Smart Casual）

如果说公务着装出现休闲的大趋势，那么在公务休闲的大家族中，时尚休闲（或为品位休闲）则是近年来频繁出现、使用非常广泛却又没有精确定义的一个着装规范。

对此是否存在业内达成广泛认可的精确定义？回答是否定的。关于时尚休闲的定义，不同的国家、不同的地区、不同的专家给予了不同的解读。这些解释分别是：澳大利亚的国家词典《麦加利词典》的定义是"精心搭配的休闲装"[一]，《牛津大辞典》定义为"整洁、符合习俗、风格上相对休闲、特别是为了吻合特殊场合的穿着规范"[二]。隶属于词典网站的《21世纪词典》的定义是"非正式但整洁的服装"[三]。加拿大广播公司的 Steven 和 Chris 对时尚休闲的解释是"以一种方便和舒适的方式去着装"[四]。

时尚休闲的宽泛定义使它的运用充满了灵活性，正如意大利的时尚高级时装店布里奥尼解释道："时尚休闲不是一个归类和分类，而是对于环境的应变知识和品位。比如在撒丁区（意大利一自治区）夏季的时尚休闲与多伦多冬季的时尚休闲的表现就不一样"[五]。正如澳大利亚一位时尚自由作者所言："时尚休闲是定义最多但最不容易理解的一种着装规范"[六]。除了不同且宽泛的定义，对于时尚休闲

[一] *Macquarie Dictionary*. Macquarie Dictionary Publishers Pty Ltd. 2013. Retrieved 30 May 2013.
[二] *Definition of smart casual in Oxford Dictionaries*. Oxford University Press. 2013. Retrieved 30 May 2013.
[三] Define Smart casual at Dictionary.com. Dictionary.com, LLC. 2013. Retrieved 30 May 2013.
[四] Sabados, Steven; Hyndman, Chris. *Decoding the Dress Code*. CBC. Retrieved July 12, 2013.
[五] *Smart Casual-Some Thoughts*. HENRY BUCK PTY LTD. 18 September 2011. Retrieved 29 May 2013.
[六] Chilvers, Simon (15 August 2009). *The smart-casual interview*. Guardian News and Media Limited. Retrieved 29 May 2013.

的具体着装表述也各不一样。英国卫报通过咨询招聘顾问试图从招聘者的视角去解释时尚休闲，招聘顾问们的解答是：第一，理解职场环境，着装既能突出个体又能融入环境。第二，通过提前准备获得职业化的公务形象，因为正统正式的公务正式着装反而比简约的公务着装更简单。第三，穿着经典的外套避免正式套装以给人初级入门者的印象，因为套装的氛围过于正式。具体包括：裁剪得当的外套、衬衣领口打开和干净的休闲裤。第四，通过配饰达到创意与重视细节的目的，但避免大量使用。第五，时尚、质朴与直线条的牛仔裤在某些地区可以接受。第六，鞋子必须干净与整洁。

全球时尚男士商务品牌 Topman 强调时尚休闲的灵活性○，指出个人的个性与服装的舒适度形成了时尚休闲的灵活性。时尚休闲是多目的的组合，适用于正式场合、约会场合与休闲的社交聚会。休闲与正式装相互组合形成了时尚休闲的组合，可以包括牛仔裤、运动夹克、毛衣、领带、拷花皮鞋、衬衣、帆布鞋。

英国的全球男性时尚杂志《GQ》试图从招聘活动的角度定义时尚休闲○。穿着牛仔裤、卡其裤、运动夹克和白衬衣，系领带也是可以的。他们认为"穿着过于随便比过度打扮更令人尴尬"。

挪威和美国的邮轮品牌皇家加勒比国际游轮，定义时尚休闲为舰上就餐适用的服装○。运动夹克、卡其裤、领带和衬衣，但是时尚休闲男士服装不包括牛仔裤与T恤，女士穿着裙子、休闲裙子、便服。

澳大利亚国家报纸《星期天邮报》对男士时尚休闲的定义是，男士在工作场合穿着的，传递的信息是"看上去不是太正式，但专业感与休闲感兼具"㉃。夹克外套、裙装、衬衣、领带、牛仔裤被认为是时尚休闲的服装。"学院风格"的条纹外套降低了正式度又体现了优雅感。细节如格子衬衣、休闲裤、条纹帆布系带白鞋都被认为是时尚休闲的特征。男士被建议如此穿着：①拥有柔和色彩的卡其裤；②精心挑选的短袖衬衣或者使用明亮的颜色；③一件非正式的夹克。

综上各种专家与机构对于时尚休闲的观点，在业界虽然没有达成精确的共识，但大的范围与方向基本是一致的。时尚休闲的着装，正如各种专家多次提到的"灵活性"，使其在搭配时更具挑战性。下面我们对时尚休闲的出现、适用场合与具体穿着进行一一介绍和总结。

• 时尚休闲的出现

时尚休闲是公务休闲家族的一道风景。它的出现源于人们对简约与美的追求。早期的公务正装过于严谨与正式，给人以高度的刻板性与距离感，且不利于环保。后来，人们开始进行一场着装革命，脱掉外套、摘掉领带、换掉系带皮鞋，甚至穿上T恤与牛仔裤。但过度的休闲使商界某些领域丧失了信任度与专业感，公务休闲应运而生。公务休闲是一个相对宽泛的概念，它的出现是满足人对于公务休闲更高层次的需求，让着装具有时尚化、品位感与典雅度。同时，时尚休闲亦是一种生活方式，不拘泥某一种刻板生活与形象，具有高度的灵活性，从而达到个性的自由。

○ Anka, Carl; Harvey, Laura (13 January 2013). Smart Casual: The Ultimate Guide. Topman Generation. Retrieved 29 May 2013.
○ Johnston, Robert. How to master smart casual. Condé Nast UK. Retrieved 29 May 2013.
○ Cruise Clothing Myth Buster. Royal Caribbean. 3 May 2013. Retrieved 7 June 2013.
㉃ Alderman, Kellie (September 18, 2011). Wise guys: Smart casual takes on new meaning. The Sunday Mail (QLD). News Ltd. Retrieved July 11, 2013.

- **时尚休闲的适应场合**

正如布里奥尼所言，时尚休闲更多的是对于环境的应变知识和品位。相应的，它的适用场合也较为宽泛，既可属于社交系列，也可属于公务系列；既可在正式场合、约会场合穿着，也可以在休闲的社交聚会中穿着。只要根据当地规范、文化、习俗着装即可。

- **时尚休闲的具体穿着**

时尚休闲是对于审美度的大考验。任何一款服装兼具颜色、款式和面料三个基本元素，如果公务正式着装从颜色、款式、面料三个方面有严格定义，时尚休闲则是对它的改良与混搭，以形成兼具舒适度、正式度与时尚度的着装，见表 2-2。

表 2-2　时尚休闲的几个特点

1	上下分身的着装（即不再穿着成套西服）
2	色彩更加多元和丰富
3	较少约束性的面料
4	重视配饰的作用
5	领带可用可不用
6	牛仔服要根据职场的性质与环境决定是否穿着

对比公务正式与时尚休闲的几个基本元素见表 2-3。

表 2-3　公务正式与时尚休闲

	颜色	款式	面料	配饰
公务正式	深色系，如深蓝色、藏蓝色等	成套标准西服	挺括、硬挺的面料	数量少、款式简单
时尚休闲（男）	中性色外套、条纹外套；彩色衬衣	上下分身服装，上衣为单件外套、运动夹克；衬衣、毛衣、卡其裤、牛仔裤（有些行业禁止）；休闲皮鞋、拷花皮鞋、帆布鞋	降低硬挺度，较少约束性的面料，如麻、羊绒、羊毛和棉等	更加讲究配饰
时尚休闲（女）	色彩更加丰富、多元，可穿着鲜艳、浅淡的色彩，亲和、精致的图案	经典的单件外套、改良单件外套（内搭有领或无领衬衣、抹胸、吊带背心）；两件套针织衫；外套搭配飘逸连身裙；简形或散开的一步裙、休闲裤、垂感裤；双色鞋、鱼嘴鞋、精致小皮鞋、皮质凉鞋	中度柔软的面料，如麻、羊绒、羊毛和棉等	有品位、有格调的配饰；数量更多、款式更别致、有设计感

时尚休闲很难有绝对的标准，这给了着装者很大的灵活度和发挥空间。从衣橱中选择自己的服装属于二次搭配，需要较高的专业性与领悟力，可以说是一门专业的学问。服装从正式到非正式说到底是颜色、款式、面料、线条之间的组合，了解了这一点，就掌握了二次搭配的钥匙。

服装从最正式到最休闲详见图 2-9。

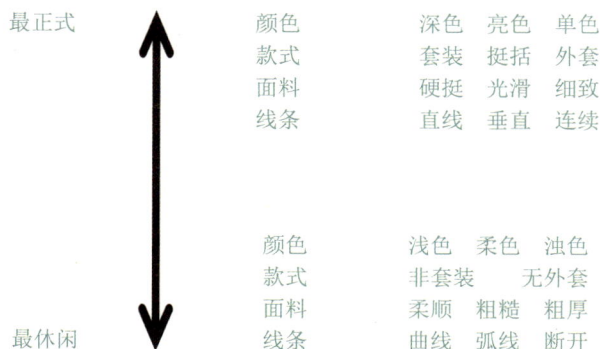

最正式				
	颜色	深色	亮色	单色
	款式	套装	挺括	外套
	面料	硬挺	光滑	细致
	线条	直线	垂直	连续
	颜色	浅色	柔色	浊色
	款式	非套装		无外套
	面料	柔顺	粗糙	粗厚
最休闲	线条	曲线	弧线	断开

■ 图 2-9 服装的正式与休闲 ⊖

时尚休闲亦是在这几大元素之间的组合与搭配。款式偏正式，可以通过不那么正式的颜色与面料组合达到休闲的目的；颜色正式，可以通过不那么正式的款式与面料组合达到休闲目的；面料正式，可以通过不那么正式的款式与颜色组合达到休闲的目的。例如款式上下分身的西服款式，搭配中性色、鲜艳或浅淡的颜色，质地柔软亲和的面料；深色系的颜色搭配偏休闲的款式与亲和面料；硬挺的面料搭配改良的外套与更多的色彩。

关于正式度，总体来讲，有外套比无外套正式，色彩深比色彩浅正式，质地硬比质地软正式。如果你想达到兼具舒适度、正式度与时尚度的目的，就在这些要素中组合吧！**正因很难量化和绝对化时尚休闲，所以艺术灵感与根据地域应变的能力就显得非常重要。**

第五节　如何穿好一套正装

涉外场合中准备一套标准的西服正装是非常必要的。西服是舶来品，有许多不成文的细节规定，一套西服不是仅仅靠名牌或者昂贵就可以了，重要的是如何把一套西服正装穿正确、穿规范、穿得体。而这些都在不易察觉的细节中。

假如你现在已经购买了一套适合自己的且色彩、款式都很合体的西服正装。下面让我们从上到下、从里到外分析如何规范地穿好一套最正式的西服正装。

⊖ 该图引自：梁艳. 衣服会说话 [M]. 桂林：漓江出版社，2011：39.

一、主体部分

1. 衬衣之内以及衬衣与西服之间能不能穿其他衣服

图2-10 西服正装外观看见的四个层次是衬衣、马甲、外套、风衣

西服里里外外到底可以穿多少件？常常可以看到一些男士在衬衣里面穿无袖背心，无袖背心是必须要穿还是无须穿着？无袖背心没有对与不对的问题，只有需不需要的问题。有一些男士爱出汗，帮助吸汗的无袖背心成了这类男士的钟爱品。还有些男士胸型突出或者胸毛较明显，无袖背心则可以帮助这类男士在严谨的场合保持矜持。

寒冷的冬天，穿西服的同时是否可以穿保暖内衣也是很多中国男士感兴趣的一个问题。如果保暖上衣无痕、贴身、轻便、颜色不会露出衬衣，领口、袖口也没有露出衬衣是可以穿的。但保暖长裤则是一个需要探讨的话题。西方人冬天穿正式西服没有穿保暖裤的习惯，最多穿一条长筒的羊毛、羊绒保暖袜。理由是，一来西方人比较抗冻，二来很多场合有暖气不会冻到。中国男士的抗寒性不如西方人，如遇到一些户外不得不穿西服的正式场合，可以特殊情况特殊对待。选择保暖但又贴身、轻便的高档保暖裤是可以接受的，但一定要注意贴身与轻便，如果保暖裤厚实、臃肿，影响了西服外观的整体挺括感，就不能选择。如果没有冷得受不了，最好还是遵循国际规范，选择长度接近膝盖的羊毛、羊绒保暖袜。

另外，保暖还可以选择三件套西服外加一件风衣，如图 2-10 所示。**衬衣、马甲、西服外套、风衣是公务正式西服的系列服装，穿者可以根据天气与需要搭配。**需要注意的是最正式的西服衬衣与西服之间不能穿毛衣，因为毛衣有臃肿感，会降低服装的正式度，但 V 领、高领的轻薄毛衣在公务休闲场合中则是可以接受的。

> 小贴士 有保暖需求的人可以遵循"3+2"原则，3是三件套基本款西服（衬衣、马甲、西服外套），2是两件内外补充，内是指衬衣里面穿上无痕的内衣，外是西服外套搭配风衣。

2. 西裤多长较适宜

男士的西裤长度到底是多少？这不能绝对化，要根据西裤的款式而定，如果是略宽的直筒裤，裤长可以适当长一些；如果是略收身的直筒西裤，长度应略短一些。**视觉上，从前面看西裤以落下一个褶子为宜，如果褶子太多表明西裤过长，视觉上不利落，如图2-11所示。**这里有一个量化的标准，以标准的三接头五排系带皮鞋为准，前面的裤边落在第二排至第三排鞋带眼（从鞋尖算起从外往里数）。后面的裤边短于鞋面与鞋跟的接缝处至少 2 ～ 3cm。男士皮鞋的鞋跟很短，如果超过接缝处包住鞋跟，就有摩擦地面的可能，一来前面褶子太多视觉上不利落，二来容易弄脏、弄湿、磨损裤边，不利于西裤的保养。

■ 图表 2-11 男士西服正装裤长

女士西裤裤长比男士略长，以搭配 6cm 高的标准公务皮鞋为准，裤边后面要盖住后跟鞋面，具体是不短于鞋面与鞋跟的接缝处，不长于鞋跟的 2/3 处。如果穿公务正装，下面搭配裙子，裙长多少也是很多女性关心的问题。一般来说，女性的裙长与年龄、资历、地位相关，年轻者一般在膝盖以上，但不得超过膝盖 6cm，过短会有迷你裙之嫌，就不得体了。年长者一般在膝盖以下，最长可以到小腿肚子中央，但最好不要超过小腿肚子中央，否则就缺少利落与干练感了。知名的女性政治家、英国前首相撒切尔夫人，她最爱穿的西服裙裙长就落在小腿肚子中央，传递了强烈的权威感与稳重感。

3. 短袖衬衣是否可以搭配西服外套

如果以一套正式西服的标准要求，答案是否定的。**短袖衬衣搭配西服会降低正式感，穿上外套也不符合规范，因为衬衣袖口无法露出 1 ～ 2cm，更无法在举手之间展示男士为数不多的配饰——袖扣。**只有长袖衬衣才能体现正式感，长袖衬衣是西服外套的伴侣。正式西服的衬衣与外套并不是独立的关系，二者搭配才能奏响优美的乐章。

4. 首次穿西服该注意什么

应该拆除商标，打开兜口。此外，西服的口袋一般为装饰用，不可以放置导致服装臃肿的物件，如钥匙、钱包、手机等。穿着西服最讲究版型挺括，所以任何导致服装变形的因素都要避免，任何导致服装失去风采的地方都要消除，如图 2-12 所示。

5. 金属配饰颜色搭配的注意事项

金属配饰是一个人身上最易吸引人的部分，如皮带扣、手表、戒指、袖扣、眼镜等，**配饰颜色的选择决定着一个人的着装品位与素养。搭配原则其实很简单——统一身上金属配饰的颜色即可，如果是银色系全部采用银色系，如果是金色系全部采用金色系。**如眼镜的镜托是银色的，皮带扣、手表、袖口、公文包上面的金属色等都要统一成银色，反之亦然。如果眼镜托是银色，皮带扣是金色，手表又是银色，给人的感觉是细节重视不够，略显杂乱。当然，并非说银色与金色就一定不能搭配，如果一种配饰兼具两种颜色，如一块手表的颜色是金、银两色，

■ 图 2-12 西服的挺括度至关重要

是可以分别与其他配饰的金色与银色混搭的，但混搭的风险较高，搭不好容易出问题。

那么，正式西服的金属配饰色到底是银色还是金色更不容易犯错呢？相比之下，**银色的适用范围更加广泛。**理由有两点：第一，与色彩本身的属性相关，银色属于冷色系，更加理性与沉稳，且正式西服颜色多以蓝色系、深灰色系等冷色为主，银色可以与之和谐搭配。第二，职场成功男性的年龄区间多为 40 ～ 60 岁，他们的头发逐渐灰白，也许比例各不相同，银色系的金属配饰可以与花白的头发和谐呼应。

男士三大件的搭配同样采用这个原则，三大件的版本较多，在此特指公文包、皮鞋、皮带。三大件不仅需要色彩统一，质地上也要统一，如果是棕色就都是棕色，如果是黑色就都是黑色。

二、细节部分

1. 西服的扣子如何系

西服款式不同，扣子多少也不一样，如何正确系扣子是让很多人头痛的问题。正确系扣首先要看西服款式，如果是双排扣西服一般情况下都要系，但现在也有这样的趋势，如果最右边有两粒扣眼，亦可只系上面那一粒而不系下面那一粒，英国王储查尔斯王子就喜爱这样穿。但如果右边只有一粒扣眼，则必须要系。

如果是单排扣西服，也有好几种款式，如一粒扣、两粒扣、三粒扣，该如何系呢？**三粒扣西服的系扣口诀是有时、总是、从不原则，**即有时扣上第一粒，总是扣上第二粒，从不扣第三粒。两粒扣西服的口诀是总是、从不原则，即总是扣上第一粒，从不扣第二粒。一粒扣西服的口诀是总是原则，总是扣上。

这里所说的情况是站立时的使用法，如果需要坐下，则无论是几粒扣都要解开。西服穿着最讲究挺括与服帖，如果坐下不解开扣则可能限制人的自由，同时稍一挥手或者抬动手臂，西服上衣就很容易形成 X 形皱褶。所以，男士最好养成站立系扣、坐下解开扣的习惯。

礼仪趣闻：西服最后一粒扣为什么不系？

很多人好奇西服的最后一粒扣子为什么要解开，据传这与英国历史上的一位传奇国王亨利八世相关。亨利八世是 16 世纪英格兰与爱尔兰的国王，他从小受过良好教育，懂得拉丁文、法文、意大利文和一些西班牙文、希腊文，爱好诗歌音乐，擅长马术、射箭、摔跤和皇家网球。他是音乐家、作家、诗人。

传奇的亨利八世一生共有六次婚姻。第一任妻子凯瑟琳是西班牙的公主，也是亨利哥哥的遗孀，由于不能生下男性继承人，亨利八世决定休妻，另娶新皇后，但遭到当时的罗马教皇反对。在没有获得教皇许可的情况下，亨利八世秘密与第二任妻子结婚，罗马教皇即宣布将亨利驱逐出教。作为报复，英国国会随即立法脱离罗马教廷，从而双方反目。此事直接导致了英国的宗教改革，亨利八世通过一些法案使自己成为英格兰最高宗教领袖，权力达到顶峰。

权倾一时的亨利八世喜爱享乐，他把大量时间花在比武、打猎、宴会、玩乐上。一次在晚宴中，体型较胖且酒足饭饱的亨利八世继续尽兴用餐，衣服变得越来越紧，他开怀大笑时上衣最后一粒扣子竟然崩掉了。亨利八世觉得最后一粒扣子没有挺好，于是，养成坐下解开最后一粒扣的习惯，其他人员纷纷效仿，故逐渐流传至今。

女性正装系扣规范是否与男性一致？相较而言，既有同也有异，由于女性天生的含蓄性，站立时无须解开，就座时如果影响了服装的版型与个人的状态，可以解开，但不如男性那么严格。

2. 单排扣西服哪种款式正式度最高

单排扣西服有很多种款式，如一粒扣、两粒扣、三粒扣，几粒扣的款式最正式、最不易犯错？**经过研究发现，两粒扣综合了一粒与三粒扣的优点，包容性最强，很多国家元首都偏爱两粒扣西服。**另外两种款式各有特点。三粒扣较传统，由于第一粒扣位置较高，衬衣与领带露出面积相应较少，比例上更加适合身材中等或者瘦小的男士，由此形成身材比例上的均衡。此外，三粒扣有视线上移的特点，身材可以显得高大些。相比之下，一粒扣较时尚，且更加适合体型高大的男士。由于西服衣领较宽、领型较长，一直延伸到近腰部的位置，衬衣与领带露出面积较大，具有视线下移的特点，所以，一粒扣更适合个子高大、魁梧的男士。

图 2-13 两粒扣西服最正式

如果男士又矮又胖该如何选择呢？两粒扣还是最佳的选择，可以综合一粒扣与三粒扣的优点且克服了它们的缺点。所以，从整体上说，两粒扣西服的正式度最高且对身材的包容性最强，如图 2-13 所示。

3. 衬衣与西服的领、袖是何关系

一般来说，衬衣的衣领要高出西服外套的衣领 1～2cm，同样，衬衣的袖口在手臂自然下垂的情况下也要长出外套 1～2cm。**这种搭配法既美观又实用，衬衣领子与袖口长出西服外套 1～2cm 使服装拥有了完美的层次感，**如图 2-14 所示。同时，搭配精致的袖扣也给了男士为数不多的配饰展示的机会。从

图 2-14 衬衣领子与袖子需露出西服外套 1～2cm

实用的角度来说,衬衣衣领如果没有高出外套,外套直接接触皮肤与头发将不利于外套的保养和养护,同样,袖口直接接触手部皮肤除了不利于保养,也会显得过于懈怠,利落度不够。

> **小贴士** 我们建议不要将 1～2cm 绝对化,主要参考点是个人的身高比例,如果身材高大、雄壮、魁梧,高出 2cm 更合适,如果身材矮小则 1cm 更符合人的视觉审美需求。

4. 衬衣的领型如何选择

在种类繁多的领型中最常见的有三种:标准领、尖领与八字领,如图 2-15 所示。

标准领　　　　　　尖领　　　　　　八字领

■ 图 2-15　衬衣的领型

■ 图 2-16　带扣领衬衣

通常来说,**标准领适合所有脸型,包容性最大。尖领与八字领是特殊领型,有顺应与弥补两种功能**,可以产生两种效果。首先是顺应,从审美的角度来说,想要衬衣与脸型完美呼应,最好用衬衣的领型呼应脸部形状。脸部清瘦、较窄的人选择窄小一点的尖领,这样能够产生和谐效果。脸部宽大、偏胖的人选择宽大一些的八字领,宽大开阔的领型能够呼应宽阔的脸型。其次是弥补,从完善脸型的角度出发,尖领由于领尖向下,具有竖线条的延伸感,能够产生显瘦的感觉,如果脖子偏短、体型偏胖的人希望自己看上去挺拔、纤瘦一些,尖领是较好的选择,但要避免过宽的脸型选择过尖的领型,因为对比过大会产生突兀感。八字领领尖横向延伸,能够产生左右拉长的视觉差,如果脖子细长、体型偏瘦的人希望自己看起来魁梧、健壮一些,这是较好的选择。同样,瘦脸与八字领的对比不宜过大,否则会产生相反的效果。

除了前面提到的三种最常见的领型，还有一种常见的带扣领衬衣。带扣领衬衣的正式度不如无纽扣的，但如果一定要采用这种衬衣搭配西服外套，一定要把纽扣全部扣上，否则就不规范、不正式了，如图 2-16 所示。

5. 领带的颜色如何选择

巴尔扎克曾说过"领带是男人的介绍信"，领带是男性衣橱数量最多的一款配饰。女人常常拥有满柜子的衣服却感觉无衣可穿，男人拥有数条领带，同样面临无合适的领带可用的尴尬情况。如何挑选合适的领带，颜色是重中之重。下面介绍三条原则，可以解决领带搭配的问题。

第一，呼应原则

领带和什么呼应呢？**领带的颜色与衬衣或者西服外套呼应都可以。** 水平更高的搭配还可以实现多层呼应，如领带的底色与西服呼应，领带中图案的某一种颜色与衬衣呼应，如图 2-17 所示。当然，呼应还可以延伸，如果是集体行动可以与同行者呼应，情侣装的亮点也体现在呼应上。

■ 图 2-17 领带中的蓝色条纹与蓝色衬衣呼应

第二，动静原则

在图案的搭配上，最好实现动静结合。我们把条纹、格子、花纹等具有跳跃感的图案统称为"动"，把单一的颜色称为"静"。如果领带为条纹、格子、花色等是"动"的体现，那么衬衣与西服最好为单色"静"。一般情况下，**西服、衬衣与领带尽量避免全部是条纹或者花纹的搭配，反之亦然。** 动静结合符合人的审美要求，着装就像作画，必须有主有次，有动有静，绿叶搭配红花才协调。当然，全部"动"或者全部"静"不是不可以，而是搭配的难度更大，动静结合是最经典的搭配。

比如图 2-18 中这两款领带与衬衣的搭配都是动静结合的典范，左边这一款粉色衬衣是"静"，领带圆点是"动"。右边这一款蓝白相间衬衣是"动"，纯蓝色领带是"静"。"动静"的理解不能绝对，它是相对的，比如右图的蓝色领带如果搭配纯白色的衬衣，那么，蓝色领带就是"动"而不是"静"了，因为相比白衬衣，蓝色更具有跳跃感。

■ 图 2-18 动静结合的完美呈现

第三，直曲原则

领带的图案不计其数，但无非由两种线条构成——直线与曲线。直线条代表着干练、刚毅、规矩、勇敢，如果用一个字描述就是"阳"，能强化人的阳刚、严谨与专业度。曲线条代表着柔美、亲和、休闲、体贴，用一个字描述就是"阴"，能体现一个人的亲和力、包容度与放松感。公务正式的领带不适宜用花朵、枝条等大幅度的曲线，但小面积的曲线如圆点、水滴等是可以的。直曲传递的信息各不相同，你可以根据自己的需要选择领带图案的直曲。**如果你希望呈现亲和力可以选择曲线的圆点、水滴型领带，如果你希望呈现严谨度与专业度，最好选择直线、斜线的领带**，如图 2-19 所示。

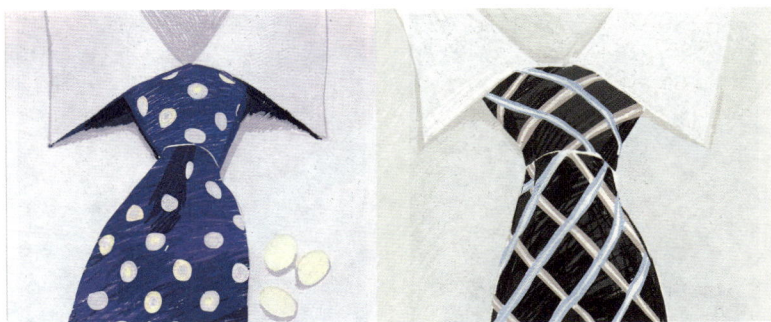

图 2-19 左边的圆点领带呈现亲和力，右边的斜线领带呈现严谨度

6. 领带多长为宜

领带的长度是一个细节，常常为男士所忽视。公务正式西服的领带长度为皮带扣的中间，即不短于皮带扣的上限，不长于皮带扣的下限，如图 2-20 所示。

图 2-20 第二副为合适的领带长度，第一幅与第三幅为不适合的领带长度

7. 男士正装袜子长短的秘诀

搭配男性正装的袜子该多长？这是很多男士容易忽视的细节。**袜子长度的标准是任何活动都不能露出皮肤，欧美国家的男士正装袜子的长度接近膝盖。**这对于亚洲人来说是相当夸张的，但如果长度只到踝骨上一点肯定是不规范的，因为，男士通常有跷二郎腿的习惯，如果再配合偶尔的抖腿，裤子自然会上扬，小腿皮肤则会露出来，有人还有重重的体毛，这样男士的风度、素养就荡然消失了，如图 2-21 所示。所以，男士袜子的长度应不短于小腿肚子中央，许多男士抱怨中国不易买到这种袜子，只能到国外去淘宝，但如果这种穿法成为趋势，相信产品的售卖就会越来越多，毕竟需要决定供给。

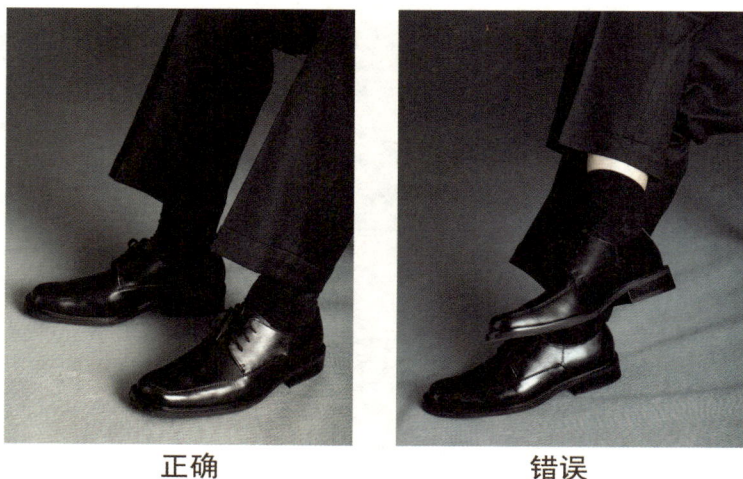

正确   错误

■ 图 2-21 袜子的正确与错误穿法

8. 正装袜子的颜色如何选择

男士袜子颜色可以与鞋子颜色一致也可以与裤子颜色一致。一般来说，**与裤子颜色一致效果传统、保守，与鞋子颜色一致效果时尚、美观。**如果男士正装的颜色是深蓝色，搭配黑色皮鞋，袜子颜色可以与裤子颜色一致，如深蓝色，也可以与皮鞋颜色一致，如黑色。

女士如果下身为裤装，袜子长度与男士标准相同。如果为裙子最好穿连裤袜，而不是长筒袜，因为长筒袜容易滑落，一旦滑落女士就会本能地往上提，这些小动作无益于优雅的形象。颜色选择上，如果是裤子，标准与男士相同，如果是裙子，可以选择肉色丝袜（任何套装都可以搭）、黑色丝袜（黑色、红色服装适宜），以及与服装颜色相类似的丝袜（具体颜色具体对待）。连裤袜的颜色不能鲜艳、突出，也不能穿珠光袜、艳色袜、网眼袜、吊带袜及任何有性感特点的袜子。

9. 正式度最高的皮鞋是什么款式

目前市面上流行各种款式的皮鞋，那么哪一种款式是搭配公务正装的呢？**最经典、最正式的皮鞋是三接头系带的黑色皮鞋。**如今大多数男士偏爱的盖鞋其正式度达不到公务正式，只能在公务休闲中穿着。而在众多的系带皮鞋中，正式程度也不同，图 2-22 中的两款系带皮鞋，哪一款最正式呢？

你能看出二者的差别吗？它们最大的不同是左边一款是鞋面压鞋帮，右边一款是鞋帮压鞋面。右边的鞋子穿着更加舒适，左边的鞋子约束度更高；从视觉上看，鞋面压鞋帮的皮鞋更加规范、干净，严谨度更高。人们常常讨论与正式休闲的区别，也许我们能提出很多量化的学术标准，其实有一种通俗易懂的理解，就是正式度高意味着约束度更高，休闲度高意味着约束度更低。

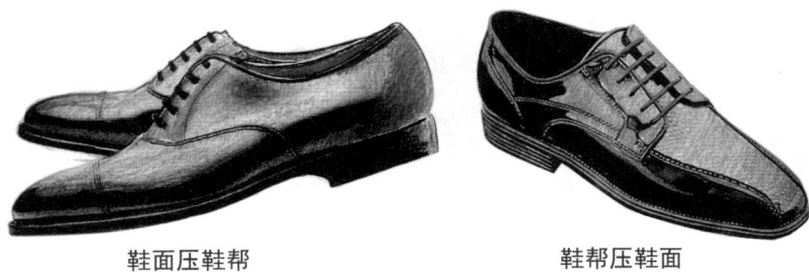

鞋面压鞋帮　　　　　　　　　　鞋帮压鞋面

图 2-22　男士皮鞋

当然，随着时代发展，人们对正装皮鞋的颜色包容度也变大了。目前，棕色系带皮鞋也逐渐为人们所接受，成为正式度较高的代表，尤其是欧洲的男士非常喜欢穿着棕色系带皮鞋，不管服装是蓝色系还是其他色系。

女性的公务皮鞋款式是椭圆头的 6cm 跟高单鞋，质地为高档的皮质，鞋跟粗细中等。鞋尖过尖、鞋跟过细、过高的皮鞋显然被排除在正装鞋之外。公务正装皮鞋的颜色比男士的选择更多，黑色、咖啡色、米色都是不错的选择。

以上从诸多方面讲解了如何穿好一套西服正装。需要指出的是，西服是舶来品，目前已经被世界各国所接受，成为公务场合的服装通行证，如果在一个非常正式的场合，需要我们把一套服装穿得很正式和规范，除了挑选适合自己的款式与面料，注意从头到脚的细节亦是非常重要的。这一节既从整体又从细节上进行了介绍。

第六节　好仪态胜过好脸蛋

在对外交往中，人的形象至关重要。见到一些人，我们常常会被他们与众不同的风采和魅力所吸引和折服，他们身上具有某些难以言传的美感与韵律。就外表而言，很可能那种文雅、高贵感是源自举止与仪态，这一点常常为很多人所忽视，而把注意力放在脸蛋上。

脸蛋的确是人形象当中的重要组成部分，第一眼看人，大多数的人会把眼光投向人的脸部。但更长时间的交流，仪态、体态则发挥了脸蛋无法替代的作用。

案例：世界上最优雅的女人为什么是她？

你可知世界上最优雅的女人是谁？尽管众口难调，奥黛丽·赫本还是于2004年6月被无异议地评为历史上最美丽的女人。赫本的美是无法复制的，她被人们称为永恒天使、凡间的精灵、优雅的公主、千年难觅的瑰宝、史上最美的女人。虽然逝世多年，她的那种难以言传的美至今让人惊叹。《ELLE》杂志称："她是落入凡间的天使，她的身上有一种独一无二的美丽。"在天使面前，任何矫情的文字都显得太单薄。

赫本为何能脱颖而出？这与她小时候学习芭蕾的背景息息相关，她那深邃的眸子、高昂的下巴、纤长的脖子、下压的双肩、修长的双腿诠释的就是一种高贵、脱俗的美。如果没有出众的仪态，美丽显然很难超越平凡。

一、仪态礼仪的原则

涉外交往中个人仪态要符合"轻、稳、正、美"四大原则。

第一，轻。动作要轻。举手投足、进出要控制声音，避免莽撞发出噪音惊扰他人。比如走路如果不抬起脚，拖着鞋底走路就会发出噪音，**一方面干扰了别人，另一方面会给别人留下自我控制、自我管理较差的印象。**比如进入室内，开关门也要轻声，不论开关，都要手部控制门直到闭合。

第二，稳。动作要稳。不论站、坐、行、蹲都要平稳，与人交流时保持大致稳定的状态，避免频繁晃动和改变姿势。频繁晃动会给人一种不稳重、不成熟之感，如要改变姿势尽量自然和缓慢，动作太快、太猛易产生慌乱之感。

第三，正。动作要正。正是正气的代表与象征，方方正正的动作、舒舒缓缓的仪态传递正气与正能量。动作不正，如眼光斜、头斜、肩膀斜、身子斜、腰斜、腿斜……就会给人负面印象。每个动作到位、舒展、端正是好仪态的基础。

第四，美。动作要美。光有轻、稳、正还不够，因为好的仪态应给人如沐春风的美感，美的仪态除了应如挺拔的松树、稳稳的洪钟、飘逸的春风，还应传递优雅感、风度感与力量感，符合人的审美需求。

二、好仪态的审美性

美的仪态是指人不论是站、坐、行、蹲、卧，还是举手投足均能传递美丽，**给人以穿越时空的自在美感。**如何优雅、俊朗地站、坐、行、蹲已经有许多专家在各种书籍中详细介绍，在此不再赘述。本书想从反面着手，分析哪些行为、仪态是不符合人的审美需求的，一旦不注意则会使优雅、俊美的感觉消失殆尽。

第一，失去控制不美。站、坐、行、蹲、举手投足均有一些规范要求，如站如松、坐如钟、行如风，达到这些规范需要对自身的骨骼、肌肉有一定的控制。通过对头、手、身、腿、脚的训练形成骨骼与肌肉的记忆从而实现美丽、优雅、自如的体态。

　　站立要挺拔，挺拔是自身的一种控制，女性应是亭亭玉立，文静优雅；男性应是刚劲挺拔，稳健大方。不控制则易弯头、驼背、挺肚子、人的重心下垂，这种站姿传递的是负面、消极的信息，无美丽、无活力、无能量。

　　坐要美丽，"背、腿、脚"是关键，不控制则背易驼背、腿易分开（女性优雅大忌），脚未与膝盖形成斜线。

> 小贴士 脚与膝盖的角度大小与身份、职业、场合相关。角度越大传递的性别特征越明显，越女人。角度越小越阳刚与正式。这是女性坐姿的专利，男性不能采用这种坐姿。但站立与坐下时双腿分开则是男性的专利，女性不易采用。

　　行要飘逸有力，肩部、手臂、双脚是控制的关键，除了基本的要求如提臀、收腹外，行走时如果双肩不平整（一高一低）、耸肩、双臂摆动幅度不一致、男士没有走平行线、女士没有走一条线不容易传递美感。

> 小贴士 女性走一条线，最关键的是这条线是在脚的什么位置。位置不同传递的信息不一样，这同样跟身份、职业、场合相关。总原则是左右脚交叉得越多，传递的女性化信息越明显；交叉得越少传递的正式、严谨的信息越明显。以中线为准，如左脚踩在线的中间甚至右边，传递的是妩媚的信息；左脚踩在线的左边，传递的是严谨的信息。一般来说，如果是公务场合，女性左脚内侧踩在中线的左边即可，右脚反之亦然。

　　第二，失去韵律不美。培根说："相貌的美高于色泽之美，优雅合适的动作美又高于相貌的美，这是美的精华。"仪态无论是静止还是运动时都是有韵律的，内在的韵律感恰恰能带来美不胜收的视觉美。

　　就"立、坐"而言，虽然表面上是相对静止的，但骨骼、肌肉无时无刻不在随着呼吸运动，优雅、美丽的站立与端坐犹如一幅画、一道景。静中有动，正气十足。如果缺少韵律则立、坐无形，心神杂乱、烦躁不安。

　　就"行、蹲"而言，运动最能体现韵律感的重要性，行走时，能感受很强的节奏感，无论是肩膀、双臂还是双腿都是在节奏中和谐运行的，行走时应提臀、收腹、抬脚、迈步，双臂自然摆动。如果缺少韵律感，会给人一种拖沓、懒散、无专业度与信任感的印象。如何使自己的行姿具有韵律感？这里有一个简单的办法，**随着音乐的节拍原地踏步，步子一定要与音乐的节拍合拍，练到合拍时再行走，如果行走时也能符合音乐节拍，练到娴熟时把音乐关掉，在脑子里保持音乐的节奏继续行走，反复练习，把音乐刻画到脑子里，无论走到哪里音乐跟到哪里，步子快时音乐节奏加快，步子慢时音乐节奏放慢。**练到此，基本就解决行姿韵律感的问题了。还有一个检验的办法，女性如果穿高跟鞋，聆听皮鞋的声音，如果声音是有节奏感的，那行姿一定是有韵律的，如果皮鞋的声音是杂乱的，那行姿肯定达不到有韵律感的要求。

蹲的韵律感体现在行、蹲、起、走四个环节。每个环节放松、自在。行、起、走符合行姿规范，下蹲时膝盖与臀部弯曲，蹲下时两条腿的弯曲幅度不一样，女士可采女交叉式和高低式蹲姿，但男士不宜采用交叉式蹲姿。

总之，要获得良好的仪态更多是靠练习，让骨骼与肌肉拥有良性记忆，仅仅靠理论的学习是远远不够的。美国前总统夫人劳拉·威尔士·布什五十五岁成为美国第一夫人，由于劳拉之前从事的是图书管理与教师的工作，加之关注于相夫教子，个人形象并没有杰奎琳·肯尼迪那么优雅、南希·里根那样高贵，刚成为第一夫人时许多人批评她着装土气，不够高贵和时尚，之后五十五岁的劳拉苦练仪态，每周接受两次仪态训练，功夫不负有心人，一段时间后，劳拉的仪态有了显著的改变，年过六十的劳拉走起路来后背笔直、行姿生风、仪态万方，如图2-23所示。

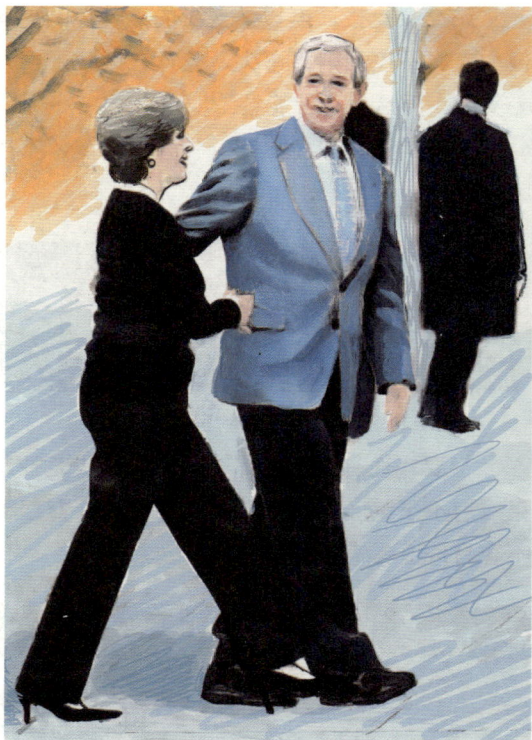

图2-23　年近60岁的劳拉背部挺直宛若小姑娘

三、好仪态的文明性

好的仪态不仅要优雅、美丽，还要符合文明规范的要求。仪态文明是一个人素养、教养、受教育程度的综合体现。仪态文明的要求是不给对方带去困扰，不给对方增添麻烦。那么哪些是不文明的仪态呢？

不文明仪态可以从两个方面分析：视觉不文明与听觉不文明。仪态的视觉不文明包括与人交流时眼睛不看对方，当众抠鼻屎、挖耳朵，随地吐痰，不遮掩地打哈欠、打喷嚏、打嗝、放屁，随处躺卧，单脚直立，严肃场合跷二郎腿，女性双腿叉开站立、叉开就座，女性双腿分开下蹲或者膝盖直立下蹲，递送物品时扔给对方而不双手呈递等。这些行为都会让别人侧目，要尽量避免。

听觉不文明是指仪态行为发出噪音干扰了别人。比如进出门手不扶门，任其自然闭合发出大声。走路时脚不离开地面，拖地行走，任凭鞋子摩擦地面发出较大噪音。在公众场合如会议、就餐、听课时，睡觉发出鼾声干扰了其他人。在公共场合与他人交谈时，大声不加控制地笑闹。在行走时身上的钥匙、小物件发出叮叮当当的声音。

以上是比较明显的违反仪态文明的一些行为，还有一些是不易察觉的。如在安详、幽静的公共场合神色慌张地奔跑，与人交谈时只把脸部对着对方身子侧向另一边，随意地拍打对方，与人交谈时脚底不经意地对着对方等。当然，以上说的是正常的状况下，如果发生危机则另当别论。

第三章

涉外礼仪之非语言篇

人际交往的形式由两大部分组成，一个是语言的，一个是非语言的，二者形成了交流的大部分内容。本书也采用这种逻辑，把涉外交往中的语言与非语言进行分类介绍。这一章主要介绍与梳理涉外交往中涉及的非语言层面的礼仪。

第一节　涉外名片礼仪

在涉外交往中，名片意味着寻找机会、推介自我、认识新友。名片是一个人的代表与象征，对于递送名片者与接收名片者，有一些事项是需要注意的。

一、名片的递送

1. 名片上应包含哪些内容

名片上应该包含个人的基本信息。对于有工作单位的人，一般来说应该包括如姓名、所属单位（Logo）、工作职位（职称）、联系方式这几项。曾经有人的名片只有姓名与手机号码两项内容。这种名片所提供的信息不全面也不是太规范，因为，一个人的名字仅仅是一个代号，**了解一个人的姓名是不够的，交往对象往往有更多的期待。一个人的社会背景，如工作单位、职务与职称决定了这个人在社会上的位置，是不能缺少的信息。**

关于联系方式，一般会有办公电话、传真号码、电子邮件、网址、通信地址这几项，手机号码是否写上可以根据个人意愿。

关于语言，在涉外场合建议采用双语名片，一面为中文一面为英文。好处是方便中外人士阅读。名片背面如果为英文的，中文姓名该如何翻译，是采用中国习惯，还是西方习惯？对这个问题的处理是，如果按照西方的习惯应该是名在前姓在后，**但是随着中国不断地崛起与发展，保留中国人的习惯把姓标在前名标在后的做法越来越多。**国家领导人出访均沿用中国式称呼，如国家主席习近平的翻译，不是近平习，而是习近平。所以，这两种方法都可以，**一般政务、事业单位、军事系统建**

议与高层一致，所以可以译为姓在前名在后。其他单位可以根据自身情况选择，如图 3-1 所示。

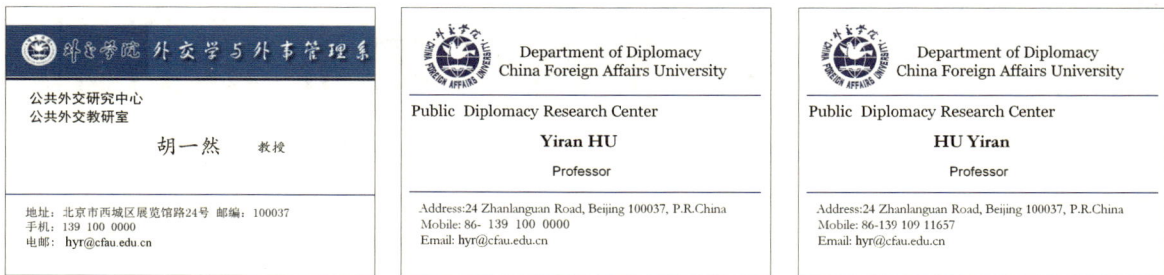

图 3-1　名片中英文的展示

以上这两种英文译法，左边这张符合西方的称呼习惯，右边这种译法符合中国人的习惯。不管哪一种都建议"姓"全部为英文大写。如果有英文名字的人可以放英文名字，方法同上。

2. 名片递送的顺序是怎样的

一般而言，递送名片的顺序应该遵循尊者优先的原则。方法是首先确定尊卑，然后卑者给尊者递送。如在主客之间，主方人员应先递名片；在职务高低之间，低职人员应先递名片；男女之间，男士应向女士先递名片。当然，这些递送的顺序何时用哪种应根据场合而定，因为，场合不同尊卑的标准就不一样，公务商务场合一般以职务的高低作为第一参照标准。社交场合则不再把职务高低作为第一参照标准，而是遵循性别标准，女士为尊，或者年龄标准，年长为尊等。

需要注意的是，如果多人一起交流，赠送名片应该一视同仁全部赠送以示尊重，不应厚此薄彼，只赠送其中一位或者两位是不太礼貌的。

3. 名片如何递送

良好的姿势应该满足如下要求：身体前倾、面对微笑、双手递送、适当寒暄、字朝对方。

双手递送是东方人以示恭敬的常用做法，欧美人士有单手递接名片的习惯，如果对方如此，我方也可以单手递接，一般是右手递左手接。当然，如果对方是尊者，我方双手递送也可以。"字朝对方"是为了体现对对方的尊重，以便让对方在第一时间看到信息，**这符合"把方便留给别人，把困难留给自己"的礼仪精神。**关于这一点其实可以做一些引申与推广，工作与生活中很多东西都要递送，凡是涉及有正反面顺序的物品，如文件、手机、书、U盘、公文包、眼药水等，都应该遵循"正面给彼"的原则。

4. 附寄、附带名片的方式

一般而言，在涉外场合中，如需馈赠礼品，尤其是当事人不在场时，如赠送书籍、鲜花等时，要附带名片。在附带、附寄名片时，首先，要在英文名片最上方书写"With compliments of"或者用汉语在右下侧书写"谨赠"表示某一样东西是由名片主人赠送的。其次，如果可能可以把名片放在白色专用小纸袋内，然后再贴在礼品上或者夹在礼品中，以便让受礼方知道礼物是谁赠送的。

二、名片的接受

1. 接受名片的要求

接受名片后最好先仔细看一下并轻声念出某些核心信息，如"赵一然，嗯，这个名字很好啊"或者"商务部，啊，这是好单位！幸会幸会"，然后放入名片夹或者顺序摆放在会见会谈的桌面。

2. 回赠名片

所谓来而不往非礼也。如果接受了对方的名片，应该在第一时间回赠名片以示尊敬。**任何只收名片不回赠名片的行为都是傲慢和不尊重的。**如果实在没有携带可以向对方适当解释，获得对方的谅解，并且找一些补救措施，如手写一张名片，或者给对方发送一个自我介绍的短信，最尊敬的做法是回家后给对方一封自我介绍与致歉的邮件。

3. 如果对方名片上未标手机，是否可请对方写上？

一般来说不可以。**手机号码与家庭电话号码、家庭住址一样属于个人隐私，任何直接的询问都是不礼貌的。**如果你觉得对方对你来说非常重要，很害怕今后联系不到，可以非常含蓄地提醒对方，最佳的方式就是提示对方："我的名片上面给您留手机号码了吧？"一般来说，对方一听过就会明白，如果对方立即反应"啊！来，我也给你把手机号写上，方便联系！"那正中下怀。如果对方听完这句话没有任何反应，说明对方内心并不愿意留手机号码，不可以直接问："可否把手机号码写给我？"**与人交往最讲究察言观色，凡事留三分余地，任何可能会冒犯对方的询问都要非常谨慎和小心，这既是尊重对方也是保护自己的聪明做法。**

4. 名片如何收置

收到名片以后，如何放置也是一个值得注意的环节。可以放在名片夹、西服外套的内口袋，如果名片较少还可以放在西服外套的外口袋。如果同时收到很多名片，尤其是在谈判、会谈的场合，可以将名片一一对应地放置在桌上，以便在交流当中及时地称呼对方。但离开时要及时收置，遗忘名片、遗失名片等都是非常不妥的做法。还要避免轻率收置的行为，如放在裤子臀部的后口袋，可能造成折叠的裤子前面的小口袋，也不太建议大家放在钱包内，最佳的还是名片夹。

第二节　涉外迎送礼仪

在涉外交往中，迎送客人的环节很重要，迎送事关第一印象与收尾工程。有人第一印象没有搞好影响了后面的交往成果，有人收尾环节没有弄好影响了前面的付出。可见一头一尾都不能被忽视。**正如写文章、谱曲、形象塑造一样，头和尾（脚）从来都是重点。**

一、迎送的规格与表现

对于大多数的日常活动而言，迎送礼仪中最重要的问题是确定迎送规格。而迎送规格由哪些方面来体现呢？

1. 迎送宾客的地点

地点体现着尊敬的程度，**一般来说，迎得越远体现的尊敬程度越高，迎得越近体现的尊敬程度越低**。具体从远到近可以分为三种情况：①来宾抵达的机场、港口或车站，适合于正式的、重要的迎送活动；②来宾临时下榻的地点。在迎送重要宾客尤其是来自异地的宾客时，可采用此种方法；③主方的办公地点或会谈地点。主要适合迎送本地客人。

> **小贴士** 在礼宾中，涉及国家元首的迎接，最隆重的迎接地点不是在机场，而是在东道国的领空。2015年4月，中国国家主席习近平访问巴基斯坦，巴方即派出了8架枭龙战机护航，给出了最隆重的迎宾待遇，可见中巴人民的友谊之深厚。

2. 当事人的级别

东道方迎客人员的级别、资历等越高，规格越高。东道方迎客人员的级别、资历和社会名望是一个重要的规格标志。虽然一般来说交往遵循对等原则，主席对主席，董事长对董事长，校长对校长，如果为了体现对来访者的尊敬，**高一级别人员出面是体现重视与尊重的一个重要表现，称为"升格接待"**。

3. 迎送宾线的类型

小型的迎送宾仪式应该包括**排迎宾线（送宾线）、铺红地毯、挂横幅、献花、合影等**。下面我们专门介绍迎送宾线的排列。迎宾线是迎接贵宾时，为了表示隆重之意，同时便于主客双方相互致意，而由主方人员列队组成的一条欢迎线。送宾线即为欢送贵宾时，主方人员排成的一道送别线。

迎送宾线主要有南飞雁型、领头羊型与平行线型三种，这几种类型主要是根据东道方人员在迎宾线中所占的位置以及人数的不同而相互区别的。

（1）南飞雁型 在这种迎送宾线中，欢迎者队伍呈大雁模式排开，主人居于迎送宾线的中央，我们把这种类似大雁南飞的模式称为南飞雁型，如图3-2所示。主方其他人员的安排主要依据"以右为贵"的原则，按照职务高低，从主人右侧到左侧顺序依次安排位次。选择这

图 3-2 南飞雁型迎送宾线

■ 图3-3 领头羊型迎送宾线

种安排时，主方人员一般为单数且希望刻意突出东道方一号。在迎宾时，主人上前与主宾握手，其余主方人员按职务高低鱼贯上前与主宾相见。在送宾时，一般在主宾上车之前，由主方人员自动排成此列，举手送别。

（2）领头羊型　领头羊型是目前在各类场合中使用最广泛的队形。领头羊型迎送宾线中站在最前端的，往往是主方职位最高的人员，给人以头羊领着羊群之感。**这种排列方式在政务、商务中用得最多且不受单双数的限制，如图3-3所示。**

（3）平行线型　平行线型适用于东道方人员较多，且不会刻意突出东道方级别最高的一号人员的情况。东道方人员的队形排列成平行线型，一号位站于右，二号站于左，三号站于一号后面，四号站于二号后面，以此类推。平行线型适合东道方人数为双数的情况，如图3-4所示。

■ 图3-4 平行线型迎送宾线

4. 迎送宾客的位置

迎宾或者送宾时，主方主要领导或者成员应站在迎宾线或者送宾线上迎接或者送别宾客。主方成员站立位置排列有没有讲究？迎宾和送宾时的位置需要变化还是没有变化？

主方成员迎送宾的位置排列是没有变化的。迎宾时主方成员的站立位置遵循职位从高到低的次序排列，也就是说主方最高领导排在队首，贵宾第一个见到的是主方的最高领导。送宾时仍然保持与迎宾时同样的队形，也就是说，最后一个与贵宾握手的仍是主方的最高领导。很多人以为送宾时客人第一个握手的是东道方级别最高的，这种安排在实际操作中有一些困难。如果按照这种思路，与客人最后一个握手的是东道方级别最低的，试想客人可以就这么一走了之吗？常理上是不行的，应该与东道方级别最高的人道别寒暄了才算是真正的道别。就如同吃西餐，女主人招呼大家开始用餐，晚宴才能算真正开始，女主人宣布结束才能算真正结束。迎送宾线同理，客人来与去时见到的第一个和最后一个均应该是东道方级别最高者。

二、引领员礼仪

引领员一般是单位级别不高的前期联络员。**引领员的角色定位应该是绿叶、配角，所以不可以过度展现个人，弱化身份非常重要。**

1. 引领应该注意的事项

（1）配合适当的话语　引领时要不时回身，同时配合富有磁性的话语："请慢走""请小心台阶""楼下请""楼上请"……

（2）配合适当的手势表情　引领时步子要轻盈，招呼贵宾前行、上行、下行时要辅以适当的手势。如平行前进时，手势在中间部位；往上行时，手势往上；往下行时，手势往下。同时，脸部表情要亲切、真诚，不可面无表情，表情僵硬，也不可过于热情，过于活跃。总之，**尽量弱化自己的角色，给人一种舒服、亲切的感觉就可以了。**

（3）配合适当的距离　不可太近，否则有侵犯对方空间安全之嫌；也不可太远，否则有疏远宾客之嫌。与客人保持大约1.5m的距离，英美为主的西方国家的人对个人空间距离的要求比较高，可以大于等于1.5m，东方国家的人对个人空间距离的要求略低，可以小于等于1.5m。**除了文化，名气、身份、地位、影响力等因素也会影响个人空间距离的要求，一般身份地位越高的人对个人空间距离的要求越大。**

2. 不同场所的引领

（1）走廊　一般情况下，引领员是在贵宾的左前方1.5m左右引领。采取以右为尊的原则引领。同时，靠墙、靠里的位置可以保护贵宾的安全，以防被迎面来的人撞到。这个原则同样适用于大厅、马路等场所。

（2）楼梯　普通楼梯，如果宾客是首次来访，不熟悉情况，东道方代表应先行带路，下楼梯亦然。如果已经熟悉了环境，上楼梯时可请位尊者走前面，引领员在后面。下楼梯时请位尊者走后面，引领员走前面。如果位尊者是一位女士，穿着裙子，上楼时希望走在引领员的后面，尤其是男引领员，这时，引领员不应该坚持，而应该尊重贵宾的要求。爬楼梯时，如果楼梯是逆时针旋转的，同样不要坚持以右为尊的原则了，应该让贵宾站在楼梯的内侧，也就是引领员的左侧，因为这样可以少爬一些楼梯，还有扶手可用。当然，如果楼层较少，就不用调整，总之，礼仪要活学活用，切不可生搬硬套。

（3）电梯 如果有电梯操作员，位尊者先进，先出。如果无电梯操作员，引领者先进，然后一手控制电梯开关，一手挡住电梯门，请位尊者进门，以免被电梯门卡到；出电梯时，同样一手控制电梯开关，一手挡住电梯门，让位尊者先出，引领员后出。

三、迎送礼仪的原则

中国古人向来重视礼仪规范，在迎送宾客方面总结出一句口诀：迎三送七。从数字可以看出，送比迎更重要，遵循这个原则可以很好地体现对贵宾的尊重，获得对方好感从而维护良好友谊，**这个原则也是中华文明礼仪对世界礼仪的贡献。很多人会花心思和工夫在"迎"而忽视"送"，这恰恰是容易丢分的地方。**

迎三送七不能机械地理解为迎三步到三米或者送七步到七米，而应从整体比例上理解二者的关系。**很难把迎的距离绝对化，因为迎宾的位置可能远也可能近，但有一点值得注意，就是送的重要程度绝不亚于迎，甚至比迎更重要，不可轻视。**如果可能，送得越远越好，如果做不到，至少要目送客人离开，直到客人在视线中消失。因为主客相送，寒暄完毕，客人转身离开时可能随时会回头，主人过早消失是不符合礼仪规范的。此外，有些人在办公室或者家门口送客，由于缺少迎三送七的意识，没有目送客人离开，急匆匆地关门谢客，**"砰"的关门声传入了转身没走几步的客人耳朵里是非常刺耳且失礼的**，也会产生负面效果，给客人一种"不欢迎自己""讨厌自己"的负面感受。

第三节 涉外握手礼仪

世界各国习俗各异，致意礼仪各不相同。目前比较常见的有握手礼、拥抱礼、亲吻礼、合十礼、鞠躬礼、握手贴面亲吻礼等。所有这些致意礼节中，世界各国使用最普遍的是握手礼。握手礼不仅是国人在国内使用最多的，也是跨国交往的人们使用最多的致意礼节。看似简单的握手可以传递诸多信息，想要在第一印象上打高分，了解握手的诸多细节与要求是非常必要的。

一、伸手的顺序

握手的规范从伸手开始，谁先伸手比较好？**总的原则是"位尊者或者强势方"先伸手。**具体来说：上下级之间，上级先伸手；长晚辈之间，长辈先伸手；男女之间，女士先伸手；未婚与已婚之间，已婚者先伸手；主人与客人之间，主人先伸手，但是在客人告辞的时候，应该客人先伸手，否则如果主人先伸手就有逐客之嫌。

　　然而，对于谁先伸手这一点，不可僵硬与机械地理解，在商务、政务、学术场合，应遵循"握手比不握手更重要"的原则。如果我们把握手当成一种致意礼节就好理解了，握手是一种和微笑、鞠躬一样的致意礼节，谁会讨厌别人对自己微笑呢？同样，一般人是不会反感别人发出的握手邀请的。如果过分纠结于谁先握手这一点，双方都纠结于谁该先伸手时也许就错过了最佳的握手时机，这是遗憾之事。因此，有些场合"握手比不握手更重要"。

　　什么情况下需要遵循谁先伸手的原则呢？①如果尊者与卑者的身份、地位、名望等诸多方面差距较大，可以遵循这一点。例如，一次美国知名政治家基辛格博士访问中国某大学，与该校师生召开了一个小型的研讨会，每位学生都想与基辛格博士握手与照相，此时就应严格遵循尊者先伸手的原则，如基辛格博士不主动提出握手与照相，学生主动提出是不太符合礼仪规范的。如遇皇室成员、宗教领袖、高级政治家等，同样适用这个原则。②如果就场合之间进行比较，"位尊者先伸手"原则更适用于社交场合。如女性可能不愿意与某位男性握手，身份地位较高的人可能不愿意与某些级别身份不高的人握手，这时要尊重他们的选择。

二、握手的姿势

　　握手的姿势有诸多细微的要求，**良好的握手姿势可以体现一个人的礼仪素养、精神面貌与综合素质**。具体来说有如下几点：

　　第一，身体前倾。与人握手时身体要微微前倾，身体前倾是积极体态语，否则会给人傲慢、轻视、冷淡的感觉。

　　第二，虎口相接。有了前倾的姿势，随之是伸出手掌，拇指张开，四指并拢，与对方虎口相接，双方虎口相接后，角度与地面是垂直的。不正确的姿势是双方没有虎口相接，一人手心向上，一人手心向下。手心向下的手部体态语是非常强势的，意为权威、控制，给人一种压迫感。手心向上的手部体态语则过于软弱，意为妥协与退让，给人一种软弱感。

　　第三，四眼相对。握手时眼睛要有互动与交流，不看人，或者在与对方握手时与第三人说话都是不礼貌的行为。

　　第四，两手握紧。握手时双方的两只手要握紧，有的人握住了对方的手掌，但四个手指头过松没有包住对方的手部，也是不规范的，只有双方的手不论从手掌到手指都全部握住才是规范的。

　　第五，及时分开。握手一般要上下轻摇几下（3～5下），两手相握时间不宜太长，一般不超过5秒钟。握完手要及时分开，很多人都有这样的体验，如果双方握完手不及时分开到最后就分不开了。谁也不好意思分开，十分尴尬。

三、握手的力度

　　握手的力度是容易受到忽视但却十分重要的事。因为，人通过五大感觉器官接受信息，手的力度由五觉中的触觉感知，力量的大小适度与否会直接影响一个人留给别人的印象。

　　力量太大会给人强势、野心的感觉。力量过小会给人自卑、缺乏诚意或高傲的感觉。力量过大或者过小都不行，**只有力量适度才能传递专业、诚恳、热情的正面印象。**问题是如何知道自己的力量是过大还是过小呢？最佳的办法是多与别人握手，然后请对方反馈，告知自己力量是否适宜。

有些女士为了表示矜持或者优雅，会采用"蜻蜓点水式"的握手法，既无虎口相握也无上下摇动，更没有用自己的四个手指包住对方的手部。这种握手法与最令人反感的"死鱼手"握手方式类似，冷冰冰、软绵绵，像一条死鱼一样，让对方感觉不到热情与欢迎。**在 21 世纪的今天，尤其是在公务与商务场合，特别讲究男女性别平等，弱化女性的性别特征，"蜻蜓点水式"或者"死鱼式"的握手已经不符合时代的潮流。**大大方方地虎口相握、用适度的力度上下摇晃才是正确的握手方式。当然，如果女士是在社交场合或者当事人是身份地位非常高的女士，可以采用适当矜持的握手方式。

四、握手的注意事项

握手时的注意事项主要有：

第一，戴着手套、墨镜、帽子与人握手都是不太尊敬的（除非军人，其余人均应脱帽）。美国前总统小布什因为戴着皮手套与斯洛伐克领导人握手受到了批评，相反，英国女皇伊丽莎白二世在日本参观机器人展览时，用摘了手套的手与机器人握手受到了赞誉。可见小小的握手也可以展现形象与体现素养。

第二，冷手、湿手、汗手、脏手、拿东西的手不要轻易与人相握。要处理好再握手，刚出卫生间也不宜与人立刻握手。女性冬天手部过冷，与人相握时最好能事先提醒对方"不好意思，我手有点凉"，以便给对方打打预防针，以免让对方不适。

第三，男性与女性握手是全掌相握还是只握女性的四根手指？在职场的公务与商务场合中，我们推荐弱化性别差异、体现男女平等的全掌相握姿势。什么时候可以握四指？关于这个问题的回答是社交场合。握四指的方式是一种较为优雅和高贵的方式，很多欧洲的皇室成员与贵族仍保留了这种握手方式，但年轻一代则偏好全掌握。**所以，在社交场合，不能一概而论，全掌握与四指式目前都存在且正确。如果你想体现优雅与绅士的贵族感可以尝试握女士的四指，如果你想体现平等与热情的现代感可以采用全掌握。**

第四，与基督教徒握手应避免形成十字架。何为十字架？即两人在握手时另外两人从两边过来在二人的手上部握手，由此形成了十字架形状。十字架对于基督徒来说是非常特殊的形状，信徒在祈祷时要先划十字，耶稣是在十字架上面被钉死的，十字架是救赎、忏悔的标志，具有灵魂永生的含义。握手形成十字架被视为不吉利，所以要避免形成这个形状。

第五，与阿拉伯人及印度人握手不能辅之左手。**握手虽然都用右手，但有时人们也会用到左手。**哪些情况下会用到左手？比如一个人如果见到自己特别尊重、敬仰、喜欢的人，觉得一只手不足以表达自己的感情，往往会辅之左手，用两只手与对方相握，但左手的位置非常讲究，只能握手背、手腕周围。左手上移则含义会发生改变，例如右手相握时左手轻拍对方的大臂或肩膀则有尊者对卑者（晚辈、职位低者等）的含义。总之，**左手越往下表达的是卑者对尊者，或者对对方非常尊**

重与重视的含义。左手越往上表达的是尊者对卑者，或者对对方鼓励与提携的含义。需要注意的是，与阿拉伯人、印度人打交道时，切忌辅之左手，因为他们认为左手是不洁的，辅之左手会冒犯对方。

案例：谁给谁颁发证书？

2009 年 5 月 22 日，美国总统奥巴马出席了著名海军军官院校安纳波利斯的毕业典礼并对在场的包括毕业生和家长在内的 3 万名听众发表了讲话。奥巴马总统竞选时期的对手亚利桑那州参议员麦凯恩也位列其中，因为他的儿子杰克·麦凯恩也在毕业生之列。发表完演讲，奥巴马向部分毕业生颁发了学士学位证书，杰克·麦凯恩也从奥巴马手中接过学位证书并与奥巴马握手拥抱。有趣的一幕是与美国总统奥巴马握手时，杰克采用了比较强势的左手辅助式握手，且左手的位置是在奥巴马总统的大臂处，难怪有人从体态语解读，好像是杰克在给奥巴马发毕业证而不是奥巴马给杰克颁发毕业证书，如图 3-5 所示。

图 3-5　谁给谁颁发证书？

第五，与大多数伊斯兰国家的异性不要握手。伊斯兰教法规定，穆斯林妇女禁止与无关系的男子握手。所以，与伊斯兰教信仰者打交道千万要记牢这一点，否则可能闹出尴尬和不快，实际上，这样的事情并不少见。

第四节　涉外致意礼仪

致意礼节是表达情感的一种方式，除了最为常见的握手礼，还有一些致意礼节也是涉外交往中会出现的。下面我们一一介绍。

一、拥抱礼

拥抱礼是欧美国家常见的一种致意礼节。一般是老友重逢和送别，或者与新结识的朋友在一起一段时间快分离时，为了表示喜悦、感激或不舍之意而行的礼。**陌生人第一次见面一般情况下不会行拥抱礼，除非是特殊的关系。**

目前世界最常使用的拥抱礼是欧洲大陆式的，拥抱的姿势要点如下：

- 伸出双臂
- 左手在下右手在上（左臂搂住对方腰部以上的位置，右臂搂住对方的后肩或右肩）
- 热情拥抱可以轻拍对方的右肩头
- 女士之间拥抱时还可以贴面
- 顺序是右→左→右（每人先用自己的右侧贴对方的右侧）
- 一般3～5秒钟

行拥抱礼时忌讳躲避或尖叫，非情侣关系的男女拥抱时距离过近，拥抱得过紧、过久，同时，也不要过于急促地伸出手臂，尤其是男性对女性的拥抱，以防拥抱遭拒。

二、亲吻礼

什么人之间会实施亲吻礼？一般来说，老朋友、好朋友和亲近的朋友会行亲吻礼。亲吻礼的正确姿势是：

- 双手扶住对方的手臂
- 用自己的右脸颊贴住对方的右脸颊
- 同时亲吻对方（确切的是亲吻对方脸颊旁的空气，嘴唇不要接触对方的皮肤）
- 同时发出亲吻的声音"啵"
- 亲吻的次数可以一次、两次、三次，越多越正式
- 传统的欧洲大陆式亲吻的顺序是右→左→右
- 但也有个别欧洲国家省略了第一次，直接从左边开始亲吻

亲吻礼的注意事项有两点：第一，两人在行亲吻礼时最好弄清楚当地亲吻的顺序，如果是传统的右→左→右，一定要先伸自己的右脸，切忌正脸对着对方，也不要首先用自己的左脸对着对方，否则会撞脸。**第二，不要用自己的嘴唇亲吻对方的皮肤，而是亲吻对方脸颊旁边的空气**，否则就是失礼了。

亲吻礼还有一个变式即"握手、贴面、亲吻礼"，**与亲吻礼唯一不同的是行礼双方的双手不是抱住对方的手臂，而是握手**。在握手的同时行贴面、亲吻礼，也就是贴面、亲吻时保持握手状态不松开手。

握手贴面亲吻礼是一种介于握手和亲吻礼之间的礼节。往往是西方异性之间或女性之间见面或送别时行的礼节，男士之间非常少见，但也不是没有，意大利和阿富汗的男士与男士之间也行此礼。行此礼时，要大方热情，不必扭捏作态，但也切记不要热吻、真吻。最后，前面提到不管是拥抱礼、

亲吻礼还是握手贴面亲吻礼，一般陌生人之间是不行的。但特殊关系与情况例外，比如女孩子首次带自己的男朋友回家见父母，虽然双方首次见面，但他们之间行拥抱、亲吻或握手贴面亲吻礼是完全可能的。需要说明的是，作为礼节的亲吻礼是亲密、友好、亲热的体现，同一个场合行亲吻礼时要一视同仁，否则得罪了人都不知道呢。

案例：法国总统希拉克的漏吻风波

2007 年 1 月法国总统卷入了一场漏吻风波。1 月 25 日在巴黎举行的援助黎巴嫩国际大会上，作为大会的发起者，希拉克依次接见了来自数十个国家的元首。由于前来参加会议的部分国家代表是女性，希拉克按照法国的传统礼节，一一与她们进行了颇有绅士风度的"吻手礼"。目击者称，希拉克先后对美国国务卿赖斯、加拿大国际合作部长乔西·维尔纳女士、奥地利女外长乌苏拉·普拉斯尼克、希腊女外长多拉·芭科亚妮等人进行了吻手礼。

然而令人意外的是，轮到英国女外交大臣玛格丽特·贝克特时，希拉克的热情竟一下子消失得无影无踪。不知道是有意还是无意，面对贝克特主动伸出的右手，希拉克压根就没动嘴的意思，只是冷淡地握了一下。随后，希拉克动作僵硬地略弯了下腰，算是致意。当现场录像曝光后，希拉克这一"不公平待遇"在英国引起轩然大波。许多人都对女大臣遭到的这种"不公平待遇"感到惊讶，认为希拉克至少在这种国际性场合应当"一视同仁"。也有一些人推测，希拉克显然是在"借吻发挥"，以此暗示他对英国政府的不满。

三、合十礼

合十礼也叫合掌礼，源自印度，流行于东南亚国家，如泰国、缅甸、老挝、柬埔寨、尼泊尔等佛教国家，用于见面打招呼、感谢、道歉和告别。在泰国，行合十礼时，一般是两掌相合，十指伸直，指尖朝上，举至胸前，同时，伴有双腿轻微下蹲姿势，头微微下低，口念"萨瓦滴卡"。"萨瓦滴卡"系梵语，原意为"吉祥如意"。

双手合十时的位置与双方身份息息相关。在相对范围内，双手举得越高、身体高度下降幅度越大，表示的尊敬程度越高；双手举得越低、身体高度下降幅度越小，表示的尊重程度越低。

以泰国的合十礼为例，具体来说，按照尊敬程度可以分三级：第一级是普通人对地位较高的人行礼，如佛祖、和尚：低头，双手合十，双手指尖略向外倾斜，拇指尖落在两眉心位置。第二级是对长者行礼，如父母、老师等：微低头，双手指尖略向外倾斜，拇指尖落在鼻尖位置。第三级是对比自己稍年长的人或者客户行礼：轻微低头，双手指尖略向外倾斜，拇指尖落在下巴位置。以上三种合十礼，还可以配合降低身体高度表达尊重，降低身体的幅度越大，表达的尊重程度越高。平辈之间的行礼，双手位置比第三级略低，不用降低身体高度。合十礼的回礼是双手放在胸前合十，不用降低身体高度。国民参见皇室成员时，女生行屈膝礼、男生行鞠躬礼，或者根据情况行合十礼与跪拜礼。目前，在生活中一般泰国人行合十礼没有那么讲究，就是直接拜，也常常免去了下蹲，可能是因为又简单又快捷吧。

四、鞠躬礼

鞠躬礼目前在日本最为常见。鞠躬有一定的讲究，鞠躬的角度可以分成四种：15°、30°、45°、90°，鞠躬的角度越大，表达的感情越强烈。15°为"轻度行礼"，适用于同事、熟人早晚见面，以及擦肩而过时轻微示意的礼节，时间为1～2秒。30°为"一般行礼"，是见到上司、迎送客人、接待长辈时经常使用的礼节，时间为2～3秒。45°为"尊敬行礼"，强调尊敬之意，用在拜托别人、接待重要客人，以及表达深度感谢和致歉时，时间一般为3～4秒。90°为"隆重行礼"，是程度最高的鞠躬度数，一般为深度道歉或者致哀时使用，时间为4～5秒。

鞠躬的姿势有如下表现：女士以立正的姿势站好，脚跟并拢，脚尖微微打开15°，男士双腿略微分开，平行站立。女士双手放在身前，右手握左手，男士双手紧贴裤线。不论男女，身体后背背部挺直，以髋部为轴上身向前倾斜。目光随着上身鞠躬而相应下滑视线，落到地面距离自己脚跟0～3m处，如图3-6所示。

鞠躬时还要配合呼吸。低头时吐气（有时鞠躬还需要配合话语，如感谢或者问候的话），起身前要屏住呼吸略微停顿一下，起身时吸气。最后目光要与对方眼神接触，有始有终，如此才完成了一个完整的鞠躬礼。

双方见面致意礼节非常重要。**致意礼节的目的是传递感情、体现身份，非常重要且很微妙，"度"把握不好就容易出问题。**

五、鼓掌礼

在人际沟通与交流的过程中，鼓掌会经常使用。我们会给别人鼓掌，别人也会为我们送来掌声。掌声除了能表达感谢、支持、鼓励、帮助，还有活跃气氛和调节氛围的含义。

鼓掌看似简单，其实包含着一些不成文的规矩与规范。正确的鼓掌可以产生响亮的掌声、聚拢人心、活跃氛围、明确地表达感情，不正确的鼓掌则达不到这些效果。

从鼓掌者来说，正确的鼓掌姿势要求如下：

第一步是双手五指对五指自然伸直合拢。

第二步下拉右手四指指尖至左手手指靠近指尖的第一道指纹线的位置，两手一高一低，因为双手完全对准难以发出清脆的声音。

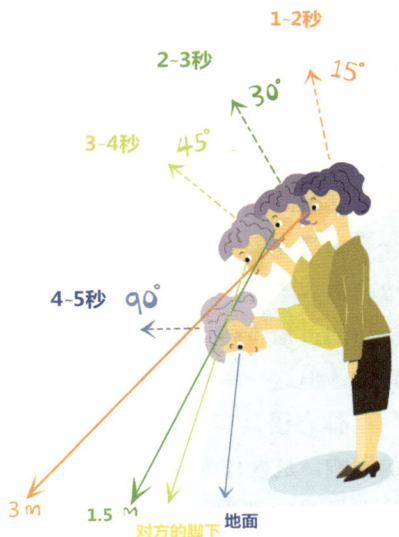

图3-6 鞠躬的度数、时长与目光落点

第三步左右手略微扭动，左手往外，右手往里，完全对合的鼓掌动作会像小朋友一样略显幼稚。

第四步左右手适当放松呈弯曲状，弯曲的双手才能发出较大的声音，过于僵直的手发出的声音较小，且沉闷有余清脆不足。

最后，鼓掌要协调一致，不可稀稀拉拉，断断续续，这种情况给人一种冷淡、不欢迎、不在乎的消极含义。一般来说，**掌声越热烈，表达的积极含义越明显。掌声越稀疏，表达的负面含义越明显。**

> **小贴士** 除了手部的姿势，还有一点需要注意的就是掌声送给谁，身体就要朝向谁，眼睛要看着对方。常见的情况是很多人在鼓掌时，身子不朝向对方眼睛也不看着对方，这是不规范的。

鼓掌不仅是鼓掌者的事情，对于受礼人来说也有一些要求和规范。最重要的一点就是要还礼，不能若无其事、毫无反应。还礼的方式不限，可以通过点头、挥手、拱手、鞠躬、抚胸的方式还礼，**但不要通过自己参与鼓掌的方式还礼。西方欧美国家的情况是，收到掌声者无须参与鼓掌。**

除了这些常见的致意礼节外，在不同国家还有包括拱手礼（作揖礼）、抚胸礼、吻手礼、吻脚礼、碰鼻礼，以及点头、举手、欠身、起身、注目等各种不同的致意礼节。这些礼节相对简单，在此就不再一一介绍了。

第五节　涉外体态礼仪

良好的体态不仅可以展示美感、体现修养，还有传递信息的功能。阿伯罗比亚说过："我们用我们的发声器官发声，却以我们的整个身体交谈。"美国著名心理学家艾伯特·梅拉比安（Albert Mehrabian）等人撰写了《沉默的语言》一书，分析人们在交流过程中传递信息的方式。结果发现，一个信息完整地传递给对方，55%靠视觉符号传达，38%靠的是副语言（演说方式，而非内容），而语言内容本身，只占到7%。雷·博德维斯特尔（Ray Birdwhistell）在《你的身体会说话》这本书中，提出通过语言传递的信息只占35%，非语言方式占到65%。尽管这些数字未必精确，或者放之四海而皆准，但这一串数字告诉我们绝对不能小觑体态在交流过程中的重要作用。

体态语具有生物性与社会性两大特点。生物性是指是与生俱来的本能表现，这种表现不受文化的影响，是人作为生物本能的一种表现。例如，人们在紧张时心跳会加速，无论各色人种都是如此。除非经过特殊训练的人，心跳、呼吸速度、体温、瞳孔大小和身体战栗等都是很难由意志控制的。**社会性（或文化性），是指人类有一部分体态语是后天习得、世代相传的，为一社会群体内的成员所共同享有，构成了该群体文化的一部分** [一]。

[一] 关世杰. 跨文化交际学——提高涉外交流能力的学问 [M]，北京：北京大学出版社，1995：264.

由于体态的可信度比语言高得多，很多人会根据交往对象的体态做判断，因此，对于从事涉外交流的人来说，适当地了解一些体态礼仪就显得非常重要，它可以让我们无须对方开口就获知对方内心的想法，这样可以让我们永远跑在最前面。在现实的工作与生活中，体态语还没有获得它应受到的重视。除了信息的功能，从涉外礼仪的角度来说，使用积极体态语、不用或者少用消极体态语是一个人拥有较高礼仪素养的体现。下面，我们从本能的层面分析哪些是消极体态语，哪些是积极体态语。

一、消极体态语

人有时会本能地呈现一些消极体态语，原因是多方面的，如个人的焦虑、烦躁或对某人、某事、某物的讨厌、反感、抵触等。消极体态语会让与之打交道的人感觉到不受尊重或尊重度不够。人在厌倦、排斥的时候可能不自觉地把双手在胸前交叉。人在得意、放松的时候可能臀部坐满整个椅子。本能的体态语虽然不受个人意志的控制但却可以缓解和化解。了解那些可能会给对方形成负面印象的体态语，就可以帮助我们去回避和减少这些做法。

本能层面的消极体态表现丰富，最为常见的几种表现在：

1. 头部表现

眼睛是心灵的窗口，而友善的面部表情让人有如沐春风的感觉。常见的头部消极体态表现为眼睛无视、斜视、盯视、透过眼镜看人，表情傲慢、僵硬，没有微笑或假笑，交谈时脸部不正对着对方，下巴高扬等。脸红和冒汗常常代表着准备不足、缺少自信或者情绪失控。瞳孔突然改变，突然变小或者突然变大都有可能是消极的，需要注意的是瞳孔变大并非都是消极的，人遇到高兴、兴奋的事情瞳孔也会变大，那么哪种属于消极含义？这就需要结合"体态语群"综合判断，体态语的判断永远是综合的，而不是孤立的。

2. 四肢表现

双手紧握或者越握越紧、用中指指人、用手心朝下的方式伸手与人握手、双手手臂胸前交叉、就座时双手头后交叉。手部频繁触摸眼睛、鼻子、嘴巴、后脑勺、脖子等地方，可能意味着有疑问、不认同、不自信或者心中有鬼。与人交谈时坐姿呈起跑状、一只脚踩在外呈离开状、就座时跷二郎腿且上面那条腿的方向与交谈者呈反方向、抖腿、脚心对着对方、站立时一只脚缠住另一只脚等。

3. 躯干表现

与人交流时身体后仰，与人交谈时头部面对对方但身子转开，请对方讲话时手势与身体不在一个方向，就座时臀部坐满整个椅子，与多人交谈时身子只面向一人，表达某种信息时说话的内容与躯干、肢体语言不一致。

以上简单地介绍了本能层面的消极体态，这些表现的消极程度从低到高不等，传递的都是不自信、不欢迎、不尊重的含义。因此，在涉外交往中应注意避免这些消极的体态语。

二、积极体态语

积极体态语在涉外交往中可以呈现欢迎、友好、重视、尊重的含义，下面主要介绍最重要的几个方面：

1. 头部表现

如果交往对象与我们交谈时表情轻松、面带微笑、目光专注且认真倾听，这种感觉是非常美好的。每个人都渴望受到重视和尊重，这些恰恰能产生美好的感觉。什么是头部积极的体态语？**呼吸平缓不急促、目光柔和不傲慢、微笑自然不做作、专注倾听不走神、情绪稳定不异常**。做到了这些，不成为受欢迎的交谈者都难。

2. 四肢表现

双手需要指人、唤人、引领示意时采用手心打开的开掌式，开掌式具有积极的体态语含义，手心是心脏的代表，手心打开代表着坦诚、奉献、开放，是善良和美好的象征。世界上最规范的握手方式是国际公平式，这种握手的标志之一就是伸手时手部与地面呈垂直90°，而不是手心向下或者手心向上的伸手方式。双手手臂在胸前交叉是一种消极的体态语，如图3-7所示。很多人知道它是消极的，为什么还是难以避免？因为这是人的一种自我保护的本能表现。婴儿饿了、渴了、疼了会通过哭的方式获得大人的关注，母亲往往会抱起婴儿安慰抚摸并试图找出原因。人成年了仍会遇到令人不愉快的事情，当人无法获得母亲的拥抱和抚摸时会本能地自我触碰，由此缓解紧张与不快。那么，如何化解这个矛盾？**最佳的方式是一只手抓住自己的另外一只手臂，这种方式既能缓解压力又能缓解过于消极的信息**，如图3-8所示。

图 3-7　负面含义的双手在胸前交叉式　　　　图 3-8　胸前交叉的调整式

就座时如果要跷二郎腿，上面的那只腿最好对着交谈者，这是一种认同、欣赏、亲近的体态语。就座时臀部、双腿、双脚要稳实，不能给人一种急匆匆、马上要离开的感觉。

3. 躯干表现

与人交流时身体略微前倾、全身的姿势最好协调一致。与多人交谈时，身子、脸部要全部转过去朝向交谈的那个人，不要身体与头部的方向脱节。同时，愉快的站立交谈往往会出现双方脸部表情轻松、面带微笑、逐渐伸开胳膊、展开手掌甚至解开外套的扣子动作，气氛轻松而愉悦。就座时较为尊敬的方式是臀部坐椅子的3/4或者2/3，伴随身体略微前倾，以示恭敬和尊重。

以上简单地介绍了本能层面的积极体态语，这些表现的积极程度从低到高不等，传递的都是尊重、愉悦的含义。因此，在涉外交往中应注意多使用这些积极的体态语。

三、文化解读体态语

某些体态语会受到文化的影响，在一种文化中属于中性或者积极体态语的体态语在另一种文化交往中却是消极体态语的现象在跨文化交往中并不少见，对于涉外交往的人来说，这种情况是最容易遭遇冲突的。

1. 头部表现

对于东方人来说，直视对方的眼睛是不尊重的表现，尤其是受儒家文化影响较大的中国人、日本人、韩国人，为了表示对对方的尊重而较少与对方有直接的眼神交流。**英美人有句格言："不要相信不敢直视你眼睛的人。"在西方人看来，缺乏目光交流就是缺乏诚意、感到内疚、对话题不感兴趣、为人不诚实或者逃避推托的表现，这一点需要我们注意。**庆幸的是随着中国的国际化程度越来越高，越来越多的年轻中国人接受了眼神互动体现尊重的做法。关于下巴对于愤怒的表达，中西方人也不一样，西方人下巴前伸，以示隐藏在内心的愤怒，突出下巴表示此人具有攻击性行为。东方人正相反，内心隐怒收下巴者居多。见到尊者个人头部的表现也有差异，欧美人士习惯用抬头正面交流体现对尊者的尊重，中国人避免高昂的下巴，通过略含头部这种谦逊、内敛的做法体现尊重。在全球大多数的国家，点头等于"Yes"，摇头等于"No"，但一些国家如印度、巴基斯坦、斯里兰卡、尼泊尔、保加利亚、阿尔巴尼亚、孟加拉与非洲有些国家，他们用类似摇头的姿势表示"Yes"，类似点头的姿势表示"No"。

2. 四肢表现

O 形手势相当于英语的"OK"，即"好了""一切妥当"等意思，中国人也如此理解，但并不是在全世界都共享这个含义。在法国南部和比利时 O 形手势表示"零"或"一无所有"。在德国与巴西则要特别小心，是粗俗和下流的含义，希腊人与俄罗斯人也视它为不礼貌的。

V 形手势：形成如英语字母"V"的形状，表示"胜利"的意思。需要注意的是，**如果将手心向内做出这样的手势，在英国和澳大利亚、新西兰等国，就成了一种猥亵侮辱他人的信号，意为"Up yours"（叫人闭嘴或者叫人滚开）**。在中国，可以使用类似的手势表示数字"2"，在欧洲各地及美国这一手势也用来表示"2"。

在中国、美国和加拿大跷大拇指都有积极含义，向下则表示反对和不满。大拇指向上，在澳大利亚是粗鲁的手势，在希腊急剧跷起大拇指表示"滚蛋"，马来人认为大拇指表示不吉利和罪恶，在日本大拇指表示老爷子，在英国则是路边的人用来请求搭车的信号。在中国小拇指则表示一点点蔑视的意思，在日本小拇指则表示情人。在表示数字时，意大利人用大拇指表示"1"，食指表示"2"，而大多数美国、英国和澳大利亚人用食指表示"1"，大拇指代表"5"。

与人握手时受儒家文化影响的国家认为双手相握是一种积极的体态语，表示对对方的尊重、重视，而在伊斯兰国家与印度，握手时辅之左手是一种不能接受的行为，带有侮辱对方的含义，因为左手在他们眼里是肮脏、不洁的。

捏拽耳垂这一动作在不同文化下也有不同含义。在南斯拉夫表示对女人柔弱行为的藐视，在土耳其则表示对恶意目光的"回敬"，希腊人却以此表示警告，苏格兰人以此表示不相信，马耳他人却以此指告密者。

3. 躯干表现

躯干弯或直在不同文化下有不同的含义。受儒家文化影响的东方国家人士常常用略微含胸、身体前倾的方式表达对尊者的尊重,走路时也应谨慎、低调,这种谦逊的方式有时不能得到西方人的理解,认为站立不够挺直,走路时则畏畏缩缩、羞羞答答。

英语国家的人重视挺胸收腹、强调躯干挺直,有的中国人会把这种体态语理解成态度傲慢的表现。美国长期从事外语教学的布罗斯纳安在中国调查时, 问一名中国学生对英语国家的人行为举止最反感的是什么, 这位学生冲动地说:"最气愤的是英语国家的人走路时胸腹高挺,大摇大摆,好像整个世界都归他所有一样。"

同样,在致意的礼节上,日本人、中国人、韩国人喜爱欠身、鞠躬这种弯曲躯干、降低高度的方式表达敬意。而西方人对于欠身、鞠躬的动作则用的少得多,他们更喜欢平等的握手、拥抱。

中西方人士在看待站、坐的态度也是不太一致的。双方交流时,在中国如果一人坐着、一人站着,那么往往是级别低、年纪轻的人站着,而级别高、年纪长的人坐着。在西方社会,往往是站着的人对谈话起支配作用,要么地位高、要么年长、要么更有权威性。中国人在交流时更偏爱就座,有一句老话是"请到我家来坐坐"。但西方人对站着有一种偏爱,在很多场合西方人是站着喝酒、聊天甚至开会。西方的酒会基本是不设置椅子的,这一点中国人就很不习惯。**总之,同一种躯干的动作在不同文化中常常会有不同的含义。**

第六节　涉外位次排序礼仪

一、位次排序的重要性

位次在国际交往中非常重要,它是一种无声的语言,随时随地体现尊卑。何为位次排序?位次排序即在国际交往与活动中,人或者物体的位置与排列顺序,这种位置与顺序是按照某些规则和惯例进行排列的,**体现的是尊重与秩序,本质是通过位次排序来保护人们的利益,维护整个系统的有效运行。**

位次排序的范围非常广泛,几乎涉及了生活与工作的方方面面,迎送、行走、会谈、乘车、宴请、照相、旗帜的摆放等,位次排序可以说无处不在。

一般来说,场合越正式、人员的级别越高、人员的数量越多、活动的影响越大,位次排序的重要性越高,也越受到重视。私底下,几个朋友小聚,吃饭时挑个座位随便坐,不按位次就座可能没有人介意。如果是在正式的场合,坐错了位置,轻者可能会引起个人的不满,重者还会引起纠纷。因为,位次排序代表的是个人、单位或者国家的身份、地位与尊严,不是简单的坐在哪里或者站在哪里的问题,在外交领域,不乏因位次导致外交纠纷的案例,还有因此导致战争的情况。

案例：他们为什么发生了械斗？

1661 年 9 月 30 日英国为瑞典新大使到任举行入城仪式，邀请各国驻英大使参加。当瑞典大使登上英国皇家马车，准备入城时，西班牙和法国大使的侍从，为争夺第一个紧随皇家马车之后入城的位置，发生了械斗。经过一场搏斗，西班牙大使的马车抢占了首位。事发后，法国国王大怒，责令西班牙驻法国大使立即出境，并以宣战相威胁，要求西班牙驻外任何使节的位次都不得高于法国大使。当时，西班牙因国力不及法国，只得屈服，这才平息了这场闹剧。

这个案例虽然极端，但却深刻地反映了位次的重要性。难怪位次问题不能轻视，弄错位次从某种程度上说是对当事国或者当事人利益的侵犯与损坏。

有人可能会说位次排序在国与国的交往中更重要，其实，在现实工作与生活中，位次排序仍然重要。**就美国而言，不论公司还是家庭，每逢举行盛大的派对晚宴，如何排位次是东道方或女主人最重视的一件事情，如何让每一位客人尽兴、满意，既符合身份，又兼顾公平；既不被冷落，又能交到新朋友；既融入其中，又彰显等级，实在是一门艺术。**

二、位次排序的原则与标准

位次排序的原则有以下几点：

第一，客方为尊原则。在涉外交往中，自然会出现主方（东道方）和客方（来访方）。通常来说，如果是双边交往，主方会把客方安排在尊位。如果是多边交往，尊位又变成了主方的专利。而尊位如何体现将在位次排序的具体适用场合里进行介绍。

第二，职位高低原则。位次排序的目的之一就是彰显身份与地位，突出主方对客方的尊重。任何公司企业内部人员都有自身级别的排序，位次排序的原则之一就是根据职位的高低排尊卑，职位从高到低，位次从尊到卑。这种原则在涉外交往中尤其是官方、企业的排序中使用较广泛，亦不容易引起歧义，是使用比较广泛的原则之一。

第三，平等公平原则。位次排序的目的是彰显身份与地位，但又不能过分地强调等级感，也就是说，位次排序一方面要强调等级，另一方面也要强调平等。要照顾级别低者、身份卑者、弱者和不便者，让每一个参与者都受到平等的尊重与对待。所以，位次排序也是一门平衡等级与平等的艺术。

位次排序的标准大致有以下几点：前与后相比，前面为尊，如照相时前后两排站立，肯定是前排比后排更加重要。中间与旁边相比，中比旁尊，如一排人站立，当然是中间的位置比旁边的更加尊贵。外与里相比，里面比外面尊贵，如宴会厅排放了很多宴会桌，靠里面的宴会桌肯定比靠外的位置更加尊贵。左与右相比，右比左尊贵，这是国际通行的惯例。总之，一般而言，**视野开阔、行动便利、处在视线中央以及有良好寓意的位置，都可能会成为尊位区域。**

三、位次排序的具体适用场合

1. 会见

根据国际惯例，会见时，一般要将主人和主宾的座位安排在面向出口的位置，同时让客方人员坐在主人的右侧，如图 3-9 所示。如果有翻译，一般安排坐在主人和主宾的后侧或者各方紧挨本方主人一边的位置。

■ 图 3-9　主客双方代表会见的位次排序

2. 会议（主席台）

会议主席台如果只有主客双方两人，**还是按照会见时的"主左客右"的国际惯例就座，同时保证面门就座的位次排列。**

如果主席台人数超过两人，假设是三人，一号位是中间，二号位在一号位的右边，三号位在一号位的左边。如果有主客双方，一般来说主人坐一号位，主宾坐二号位，依次排列。但有时如果客人地位非常尊贵，或者是主人非常重要的人，可以按"荣誉特例"处理，即主人让出一号座，让客方主宾坐一号座，以示对主宾的尊重。

如果主客双方人数较多超过两人，可以有两种排列方法：

第一种是主方人员从高到低排列坐在左侧，级别高或者尊贵者坐中间，低者坐边上。客方人员同样按照从高到低排列，坐在主人的右侧。如图 3-10 所示，深色为客方，浅色为主方。这种方法比较适合总人数为双数的情况。

6	5	4	3	2	1	1	2	3	4	5	6

客方	主方

图 3-10　主客双方人数为两人以上，主席台的就座排位法（双数）

第二种方法是主客交叉排列。主客交叉排列比较合适总数为单数的情况，一般是主方一号坐在最中间，客方一二号分别坐在主方一号的右边和左边，然后按照主客交叉的原则级别从高到低排列，座位最靠边的人员恰好是主方的人员。这种排法的好处是每一位客人左右两边都有主方人员陪同照顾，同时显示了主方一号的显著优先位次。如图 3-11 所示，深色为客方，浅色为主方。

6	5	4	3	2	1	1	2	3	4	5	6	7

主客交叉就座

图 3-11　主客双方人数为两人以上，主席台的就座排位法（单数）

3. 会谈（谈判）

在涉外礼仪实践中，一般在举行双边会谈或谈判时，如果会谈双方是面对面而坐，会谈桌从进门的角度看是横向摆放，也就是说，主客双方一方必须面门而坐（A），另一方要背门而坐（B）。此时，尊位应是坐在朝向门的位置，称为"靠墙面门为上"（A）。主方应坐在背门的位置（B）。这就如同乘车，朝门的位置如同坐在汽车的正面，背门的位置如同坐在汽车的反面，前面发生什么情况都不知道。这种排法也符合人的心理需求，试想古代两国交战，双方损失惨重，最后两国决心和谈，如果东道方把对方国派来的谈判代表团成员安排在 B 的位置，由于每一位成员都

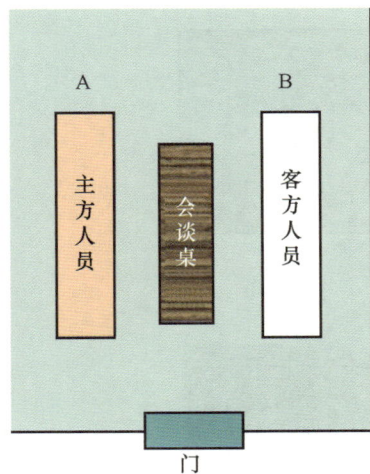

图 3-12　进门后会谈桌横向摆放的排位法

是背门而坐，他们的心理始终是忐忑不安、紧张焦虑的。此外，坐在门口时，人员进进出出对客人也是一种干扰，所以要"面门为上"，如图 3-12 所示。

并不是所有的会谈室格局都是前面的样子，还有一种常见的格局是进门后会谈桌的位置是竖向排放的，与会谈室的门成直角关系。这种格局尊位在哪里？位次排序最重要的一点是找参照点，如果会谈室没有什么突出的标志可做参考，那么，一般应让客人坐在进门靠右的一侧。参照点是门，进门的右手边是尊位，这是一种遵循国际上"以右为尊"惯例的做法，如图 3-13 所示。

图 3-13　以门为参照点的排位法图

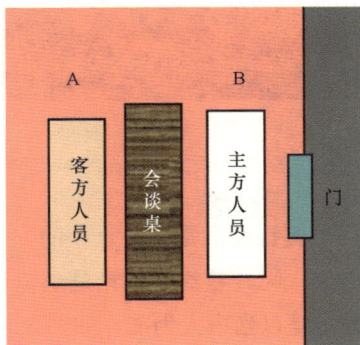

如果会谈室有一些其他的标志可供参考，则需要另行考虑尊位。如正对门的墙壁上有国旗、国徽，或者特别精美的屏风、装饰物等，或者会谈桌的上方放有主席台，那么参考点就变成了这些东西，它们的右边为尊，那么 A 应该让给尊贵的客人，主方坐 B。还有一种情况是，如果会谈会见的级别非常高、活动非常重要，媒体人员会参加，要拍摄照片和录制镜头，那么位次还是按照客 A 主 B 的位次就座，因为，记者通常来说站在门口拍摄照片，正常情况下，拍照时主客双方会扭头朝镜头合影，二人合影的位次正好符合客右主左的国际惯例，如果新闻审查非常严格，则必须要这种排位法才符合要求，如图 3-14 所示。

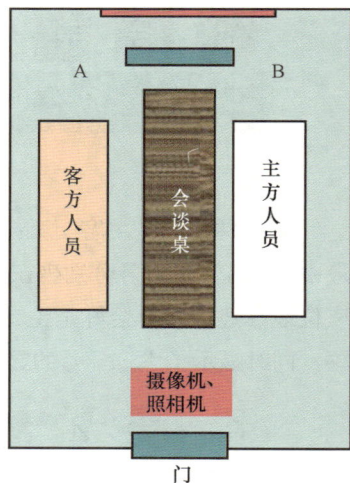

3-14 以主席台、国旗、国徽、摄像机、照相机为参照点的排位法

> 小贴士 需要注意的是，如果记者要为图 3-13 中的会谈双方拍摄照片，那么拍照的位置就不应该是门附近了，而应走到门对面的墙壁处拍照，这样才符合主左客右的国际惯例。

4. 签约

签订合同是涉外合作的一个法律起点，签约是一种重要的形式与仪式。那么，在签约时该如何排位次呢？**签约时不论是坐位还是站位依然遵循国际惯例，请客方坐在右，主方坐在左边，左右的判定是以当事人为准**，如图 3-15 所示。

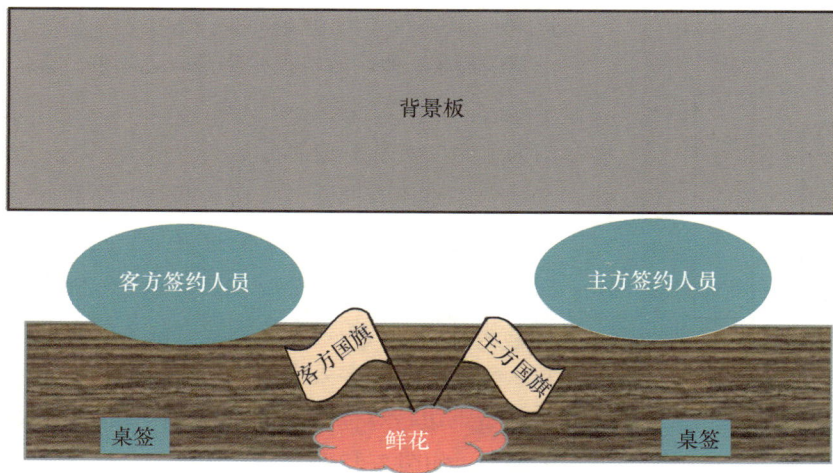

图 3-15 两国双方签约时的位次排序

签约时台上并非永远只坐两人，偶有也有坐三人的情况。比如中国某公司与另外一个国家的公司签合同，但另一个国家的公司由两个单位组成，也就是说签约台上将有三方代表，这种位次的排列如何解决呢？对于这个问题，首先要看签约是双边还是多边，显然这是一个双边的签约。因此，在排位次时应该将签约台一分为二，左边由东道方中国的签约代表就座，右边由另外一个国家的代表就座。依据主左客右的方式，客方两个单位的代表坐在右边，再将签约桌的右边一分为二，至于谁坐在靠近东道方的位置，则要看两个单位谁更重要或者说谁更尊贵，如图3-16所示。

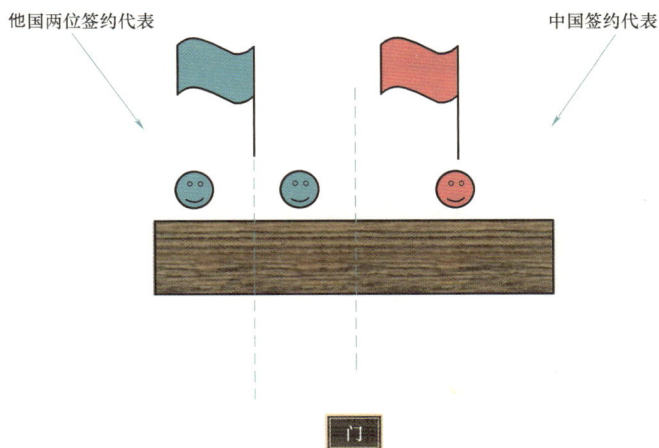

他国两位签约代表　　　　　　　　　中国签约代表

门

■ 图3-16　两国三方签约的位次排序

5. 宴会

宴请的位次排序主要考虑两点：排桌序和排座次。

首先是排桌序。 如果宴会厅内有很多宴会桌，尊桌的标准主要有两种：第一是靠入口来确定，面朝出入口的中央位置可以作尊位；第二是靠主桌的位置来确定，主桌右边的为尊，依次往下，如图3-17所示。在这种情况下，一般至少需要两桌以上席位。如果只有两桌，则右边的桌子为尊，如图3-18所示。

门

■ 图3-17　宴会厅超过两桌的桌次排位法

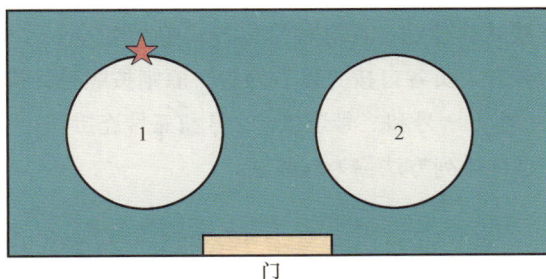

门

■ 图3-18　包间内两桌的桌次排位法

其次是排每一桌的位次。一般来说靠墙面门的位置为主人位，主人位的右手是第一客人的位置，主人位的左手是第二客人的位置。以后依次按序排列。

关于桌子的形状，中西方的习惯并不一样，中国喜欢圆桌，欧美国家喜爱长条桌，形状虽然不一样，但位次排序有很多共同之处。下面我们一一讲解。

- **圆桌排位法**

圆桌上，主客方人员的排位有三种最基本的方式，即之字式排位、交叉式排位和连线式排位，如图3-19所示。

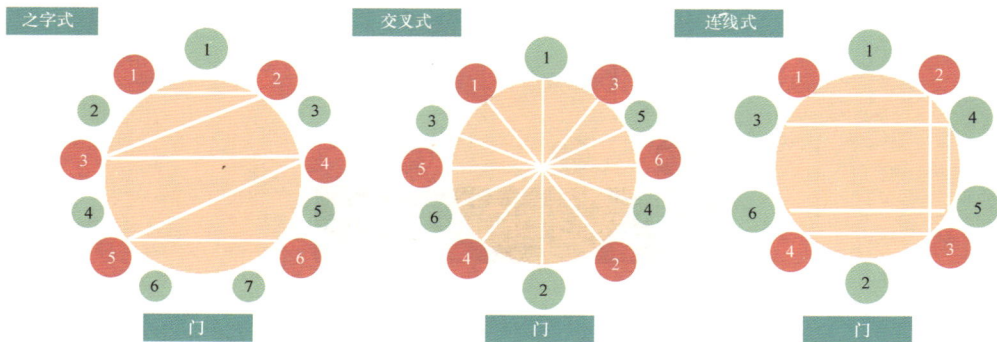

图 3-19 圆桌排位法

以上三种圆桌排位法，绿色代表主方人员，红色代表客方人员。需注意的是不管哪种排列法，主客方人员都是间隔就座。

之字式排位法：在本排列法中，以主方一号（主人）为中心，主方其余座位和客方人员各自按"以右为尊"原则依次按"之"字形形状排列，同时要做到主客相同。

交叉式排位法：在本排法中，主方一号（主人）和二号（副主人）相对而坐，其余人员按照"以右为贵"的原则以此类推，如三、四号相对而坐，五、六号相对而坐，每组两相坐的人员与其他组相交叉。客方人员相同操作。这一排法的一个特点是餐桌上半部分全为奇数位席位，下半部全部为偶数位席位。

连线式排位法：在这种排位方式中，主方一号（主人）和二号（副主人）相对而坐，主方其余座位和客方人员各自按"以右为贵"原则按顺时针排列，同时要做到主宾相同。由图3-19中的连线式可见，客方一号和二号连接，二号和三号连接，三号和四号连接。主方三、四、五、六号连接，因此，我们把这种排列方法称为连线法。

三种排位方法的应用场合

三种排位方法，每一种都有其独特的含义和讲究，那么三种排位方法的区别在哪里？

一般来说之字式排位法在中国比较常见，这种排位法适合单主人的情况，且接待方最高级别与最低级别有一定差别，适宜体现等级观。最大的特点是主客方人员全部以主方一号为中心，按照以右为尊原则从大到小众星拱月一样排列。

交叉式排位法和连线式排位法比较适合双主人的排法。

交叉式排位法是男女主人共同宴请或第一、第二主人职位相差较小情况下的首选方法。主方一、二号相对而坐，如果是男女主人宴请时，男主人位英文称为"Host"，女主人位称为"Hostess"，此时国际上通行的惯例是男主宾安排在女主人右侧，女主宾安排在男主人右侧。中国官方的做法是将女主人与女主宾，男主人与男主宾排在一起。

连线式排位法适合于第一和第二主人均为同性别人士或正式商务场合下宴请时。在这里，主人位用英语称为"Host"，第二主人或副主人称为"Co-host"。第一客人称主宾，用"Guest of Honor"表示。这种排位法也比较适合第一、二主人职位相差较小的情况，但是差别比交叉排位法略大一些。所以，很明显，客方一、二号由主方一号相陪，客方三、四号由主方二号相陪。

• 长条桌排位法

长条桌排位目前国际上常见的有英式排法与法式排法两种。

> **小贴士** 长条桌英式与法式的排法与圆桌的交叉式排列规律一致，只不过桌子的形状不同。

英式排法：级别最高者坐在长条桌的两端，如果是家庭式的邀请，第一主人通常是女主人，而不是男主人。但所有商务、公务场合则没有这一规定，是以级别定尊卑。如果东道方一号主人是公司的董事长，董事长即使携夫人出席，主方一号位也应由董事长就座。下面我们列举家庭宴请的位次排序。

女主人坐在靠墙面门的位置，男主人坐在女主人正对面。其他位置的排序是女主人右边为一号位，男主人右边为二号位，一二号交叉。女主人左边是三号位，男主人左边是四号位，三四号交叉，以此类推。欧美国家排位讲究性别交叉，所以，男主宾通常坐在一号位，女主宾通常坐在二号位，如图3-20所示。

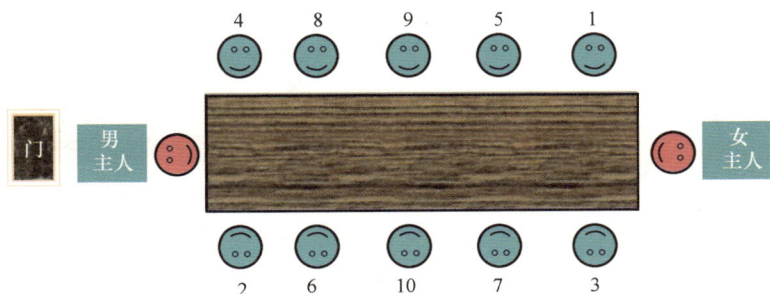

■ 图3-20 长条桌英式排列法，男女主人出席（英式）

如果宴请没有女士参加，属于公务或者商务类，那么，桌子一端最好的位置应为一号主人的位置，对面是主宾的位置，其他顺序按照前面的交叉法和以右为尊的原则排序，如图3-21所示。

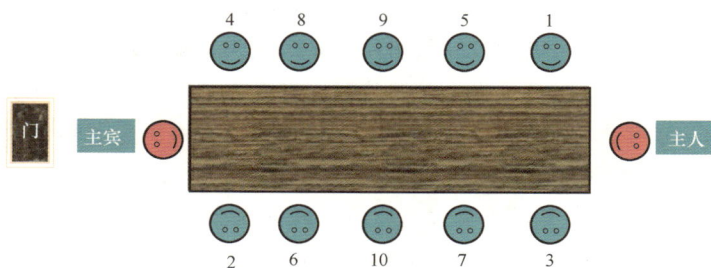

■ 图3-21 长条桌英式排列法，单主人出席（英式）

法式排法：级别最高者坐在长条桌的中间，如果是家庭式的邀请，餐厅的格局是靠墙面门，通常女主人坐在最佳位置，男主人坐在女主人正对面。其他位置的排序是女主人右边为一号位，男主人右边为二号位，一二号交叉。女主人左边是三号位，男主人左边的四号位，三四号交叉，以此类推。同样按照性别交叉排序，即女主人右手坐主宾，男主人右手坐主宾夫人，如图3-22所示。

如果宴请没有女士参加，属于公务或者商务类，那么，桌子中间最好的位置应为一号主人的位置，对面是主宾的位置，其他顺序按照前面的交叉法和以右为尊的原则排序，如图3-23所示。

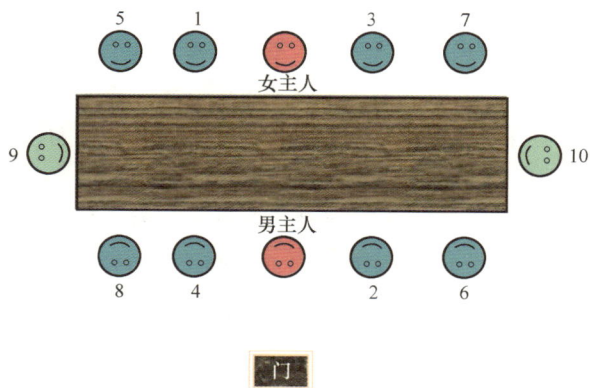

■ 图3-22 长条桌法式排列法，男女主人出席（法式）

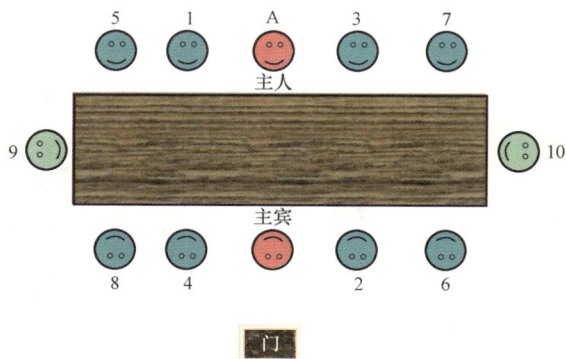

■ 图3-23 长条桌法式排列法，单主人出席（法式）

英式和法式排法的优缺点

英式与法式排列各有长处和不足，英式排列有利于形成两个不同的谈话中心，但桌子两端的人不管是男主人和女主人还是主人和主宾都相隔较远，不太利于交谈。

法式安排的好处是双主人或主人、主宾各坐长条桌中央的部位，双方之间的距离相对很近，利于交流，所以在涉外活动中法式安排越来越常见。总之，英式和法式各有其长处和不足，应该按照活动和参加者的具体情况，妥善选择其中一种形式。

6. 照相

照相中的位次排序同样重要且不可忽视。若有几排站立，那么前高于后。如果一排多人站立，若照相的人数为奇数，则最中间的是一号位，二号位在一号位的右手，三号位在一号位的左手，依次排列，如图 3-24 所示。如果人数是偶数，规则也一样，同样按照奇数的顺序排列，最后一位落在哪里就是哪里。排完之后，偶数排位有一个口诀以验证正确性：主人右侧多一席。也就是说如果一排有六个人合影，主人的右手边应该有三个人，而左手边只有两个人，这也符合以右为尊的原则。

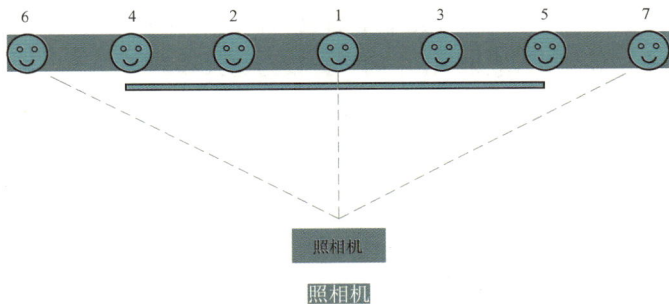

图 3-24 多人合影位次排序

7. 乘车

位次排序无处不在，汽车就座也有位次。位次排序在车内的原则是右高左低，除驾驶座那一排外，前为尊，后为卑。

以最常见的双排五座的小汽车为例，分主人开车和专业司机开车两种。其中，专业司机开车，在左舵右行国家，其排位顺序是：后排右座为一号位，后排左座为二号位，前排副驾为三号位。在右舵左行的国家，这种排法，一、二号位正好对调。一般后排不安排三人就座，尤其是比较正式或正规的涉外场合。

如果是主人驾车，那么一号座变成前排副驾的位置，二号为后排右座，三号为后排左座。**尊位在司机的斜后方，其参照点是便利性，便于尊者上下车。如果是非常重要的贵宾，东道方可能要铺红地毯、排迎宾线、在门口迎接、为贵宾开门，如果车辆到达，门童或者东道方人员打开后侧靠右的车门后出来的理应是第一尊贵的客人，否则具体操作起来非常不便。还有一种观点认为一号尊位应该在司机的后方，这种排序的参照点是安全性，根据统计数据，人在最危急时刻，司机本能保护**

的还是自己这一边，因此，司机后面
的位置最安全。综合比较便利性和安
全性，由于安全性因素只是偶然性因
素，而便利性因素则每次出行都要面
对，**因此，通常情况下，会以便利性为
第一参考要素，即把司机斜后方的位置
作为第一尊位。**

　　如果是三排及三排以上的汽车，尊
位的排序则略有不同。与二排五人座小
汽车的最大不同是上、下车顺序不一样。
二排五人座上车的顺序为位尊者先上车

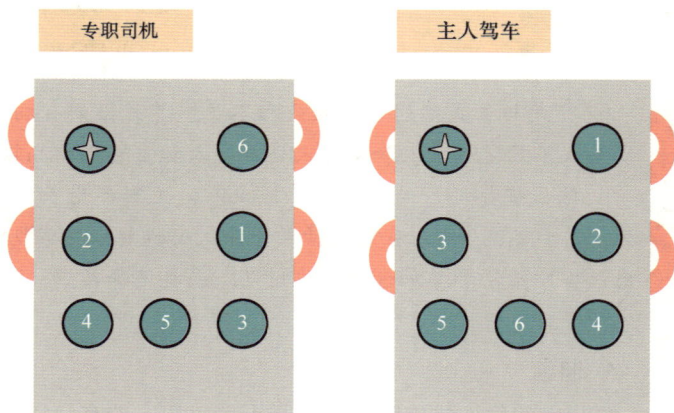

■ 图 3-25　别克 GL8 商务车位次排序

后下车。先上车是要保证位尊者的优先性，后下车是为了给助理或者
接待方人员开车门的机会。而三排或者三排以上的汽车意味着人数较
多，越往后的位置越拥挤和颠簸，更重要的是不能让位尊者先上车等
诸多后上的人，因此，二排以后的乘车者应该请位尊者后上车，下车
时如果遇东道方列队欢迎，从二排开始首先下车的也应该是位尊者。
如此类推，如果是三排七座轿车，一般来说，中间一排较为宽大和舒适，
而后排相对拥挤，第二排的舒适度要优于第三排，同一排中的右优于
左。因此，位次排序时第二排靠右的位置为最尊贵的位置。另一个原
因如前所述，二排靠右的位置上下车方便，东道方隆重迎接时二排以
后首先下车的应是级别最高者。

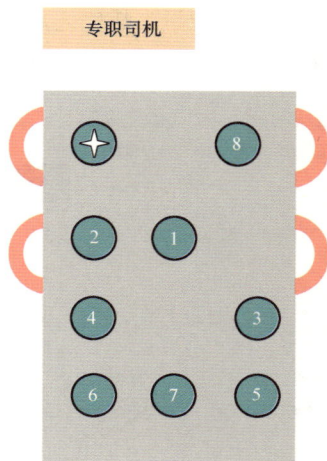

图 3-26　四排九座
■ 面包车位次排序

　　以别克款的 GL8 豪华商务车为例，有专职司机的与主人驾车的情
况如图 3-25 所示。当然，也会有一种情况，比如把三排或者四排车
型进行特殊改造，把司机后面的位置改成了贵宾位，贵宾位前面有一
个小桌板用于放置物品，如遇这种情况，司机后面的位置是毫无疑问
的尊位。

　　如果是四排九座、五排十一座甚至排数更多的面包车，一般情况下均有专职司机驾车，同样遵
循除司机那一排外越前越尊，右比左尊的原则，理由同上，如图 3-26 所示。

　　需要补充的是一排中的尊位没有那么严格的限定，也可以把司机后面的位置当成尊位，需要根
据就座人偏好、安全性因素、上下车顺序等具体情况判定。

　　如果是多排多座大型轿车，很少有主人亲自驾车的情况。一般来说，有专职司机的情况下，车
内位次排序整体遵循的原则是除司机那一排外前比后尊，顺序是先下为尊、后上为尊。那么一排当
中左、中、右哪个位置为尊？参考的标准是"靠窗为尊""以右为尊"，也可以离走廊近的"便利
为尊"，还可以按照"以中为尊"，鉴于此，一排不再细分高下，而是依据就座者个人的兴趣和偏好，
如图 3-27 所示。

专职司机　　主人驾车

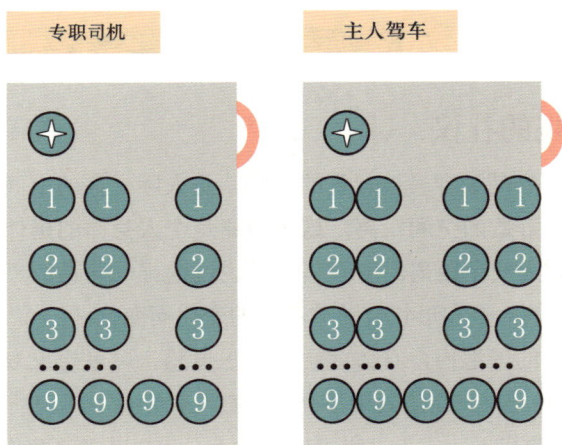

■ 图 3-27　多排多座大型轿车车内位次排序

8. 旗帜

一般在双边关系的礼宾活动中，坚持"以右为尊"的惯例，即客方的国旗摆放在主方国旗的右侧。主客关系的确定，以谁为主办而定，而不是以在哪个国家举办活动而定。如果是多边关系，有多国的旗帜排放，则采用东道国为尊的原则，即东道国的国旗摆放在多国国旗的最右侧、最中间、最前面。

在涉外活动中，**如遇需挂两国国旗时，国际惯例是东道方旗帜在左，客方国旗在右**，与站、坐的位次排序一致。例如德国国家元首访问中国，德国国旗将置于中国国旗的右边，如图 3-28 所示。

如果是外商投资企业在中国如何悬挂相关旗帜？按照"国务院办公厅关于加强对外商投资企业升挂和使用国旗管理的通知"第三条规定："外商投资企业同时升挂中国和外方所属国旗时，必须将中国国旗置于首位或中心位置。"外商投资企业在中国的院内有两个旗杆，在同时升挂中国和外方所属国旗时，应将中国国旗置于尊位，即中国国旗在右，外方国旗在左。如果院内有三个旗杆，可以悬挂三面旗帜且旗杆的位置是中间高，左右两个旗杆略低时，应将中国国旗置于中间，外方国旗置于右边，企业旗帜置于左边，如图 3-29 所示。外商投资企业的几种类型如中外合资经营企业、中外合作经营企业与外商独资经营企业都适用这种原则。

> **小贴士** 国旗的位置从正面看和反面看左右是不一样的，该以什么为标准？该如何看？正确的参照点是旗帜自身，中间为尊，右边是其次，左边排最后。

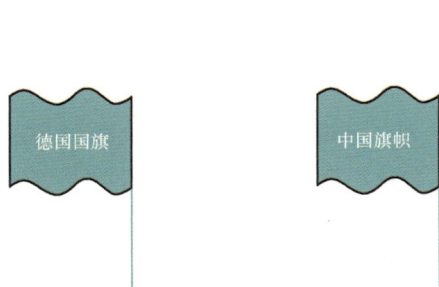

德国国旗　　中国旗帜

外方国旗　中国国旗　企业旗帜

■ 图 3-28　德国国家元首访问中国两国国旗的摆放　　■ 图 3-29　外商投资企业旗帜的摆放

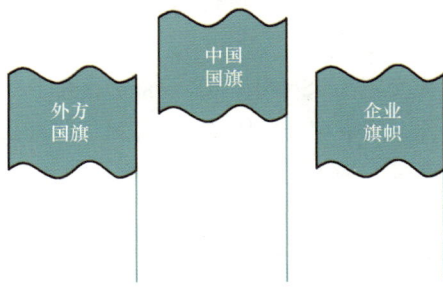

第七节　涉外空间距离礼仪

一、最容易被忽视的礼仪

在涉外交往中有一项内容是最容易被忽视的，那就是人际交往的空间距离礼仪。**每个人在与人交往时都有一个让自己感到舒适的空间距离，这个距离是个人身体的延伸，仿佛个人随身携带的大气泡，我们把这个大气泡称为安全距离。**卡耐基曾经说过这样一句话："每个人都有一个属于自己的'空间气泡'，这个气泡的大小和形状会随着环境的变化而变化。"

一旦交往对象闯入个人的气泡内，身体就会产生压迫感。可以想象双方交往时，如果一个人的身体有不适感、紧张感、压迫感，交往的效果不会好。如果双方并不熟识，一方采取较近的交流距离，另一方是很难启齿提出"请离我远一点""我可以离您远一点"或者"我们保持远一点的距离好吗"这样的要求的。同样，如果双方交流时一方保持的距离过远，另一方则会产生不受欢迎的疏离感，认为自己遭到冷遇。同样，这种不适感受也无法说出口。所以，在涉外交往中我们可能已经侵犯了对方或得罪了对方，自己还全然不知。这必然会影响交往的效果。

实际上，个人空间距离与人的关系息息相关，空间距离与亲密度成反比与陌生度成正比，换句话说双方的关系越亲密空间距离越近，双方的关系越陌生空间距离越远（当然是在一个有限的范围内）。很明显，不同的距离体现着不同的含义。那么，按照国际礼仪规范，不同的关系之间究竟应该保持怎样的距离呢？

二、人际空间距离标准

不同关系的人之间交流时到底应该采用什么样的距离？其大致标准是什么？显然，不同国家不同文化的标准是不一样的。西方对空间距离研究较早的是美国哈佛大学的人类学家爱德华·霍尔，他提出了人际交流四种距离。经过霍尔教授的系统研究，他发现美国、英国和加拿大的白人，新西兰和澳大利亚的中产阶级的空间距离圈大致相似，他按照距离与人的亲密关系划分了四个距离圈，如图 3-30 所示。

亲密距离（Intimate distance）：介于 0 ～ 0.45m，以亲密感情为基础的双方主动靠近。这种距离基本是父母与孩子、配偶、情侣之间保持的距离。

个人距离 (Personal distance)：介于 0.45 ～ 1.2m，是友谊聚会、鸡尾酒会、生日派对以及办公室等场合人们彼此保持的距离。发生在朋友、同学、同事之间。彼此关系越近距离越近，关系越生疏距离越远。

社交距离（Social distance）：介于 1.2 ～ 3.6m。这种距离还可以进一步细化，分成 1.2 ～ 2.1m 的办公室同事相处的距离，与 2.1 ～ 3.6m 陌生人的距离。总体来说这是一种"事本主义"的关系，即以"事"为中心，公事公办的一种关系。如果是陌生人距离，交往的人们彼此之间不一定熟识，一般也不需要知道对方的姓名，比如到商店买东西、去邮局寄包裹、到医院去看病、到银行取钱、到酒店住宿等。同时也是高级政治官员的会谈和较正式的谈判的距离。

公共距离(Public distance)：介于3.6～7.5m或更远，表示公共关系。一般是参加较大型的活动，如中大型教室的教师授课、公共演讲、各类球赛或者是在较宽阔的公共场所人们保持的距离。

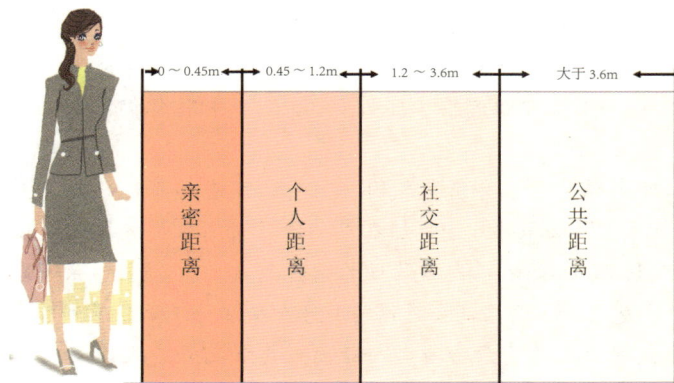

■ 图3-30　美国人类学家爱德华·霍尔提出的人际交流四种距离

绝大部分的商业、公务、学术等，就涉外交往而言，一般都是在个人和社交两个距离范围内进行的。

这四种距离划分与人的关系息息相关。人与人交往，有什么样的关系就保持什么样的空间距离，已经成为人的一种本能需要与社会规范，并且被固定和延续下来。正因为如此，涉外交往应该遵循的距离原则是"**根据关系决定距离**"。

然而，在实际操作中，仅仅遵循这个原则是不够的。在跨文化交往中依然会面临诸多与礼仪距离相关的问题，造成诸多误会，**关键是人们对"不同关系应该保持的礼仪距离"的认定并不一样**，原因是多方面的，如文化背景的差异、成长环境的人口密度、受教育程度、经济发展水平等。就涉外交往而言，主要问题出自文化背景的差异。

三、影响"空间距离"的最大因素

前面介绍了爱德华·霍尔提出的欧美大多数国家人士在人际交往中保持的四种距离。然而，在现实情况中，操作起来比较困难，有的人对于国际标准并不清楚，有的人知道国际标准但具体操作时又本能地按照自身文化习俗的标准与对方交往。因为，来自不同文化的人对交流过程中"不同关系者所持的空间距离标准"的认可度是不一样的，这就会出现很多问题。

案例：问题出在哪里？

一对年轻的丹麦夫妇因为工作关系从丹麦移居到悉尼。为了尽快融入当地的生活，他们参加了当地商会发起的一个俱乐部，他们不但非常积极地参加俱乐部的各种活动，还热情主动地与俱乐部的会员交流。但几周以后，出现了一些小问题，一些女会员向商会的组织者抱怨，那个新来的丹麦男人想勾引她们。与此同时，一些男会员也向商会组织者抱怨，那个新来的丹麦女人老是用非语言的方式表示，她愿意同他们发生更亲密的关系。

之后，商会组织者找到了这对丹麦夫妇，并委婉地将这件事情告诉了他们。两人听完商会组织者的话后惊诧不已。丹麦夫妇委屈地抱怨："天呐，怎么会这样？"男主人随后问道："你认为我们是那种人吗？"商会组织者摇了摇头，说道："我相信你们不是，这里应该有什么问题，今天请你们来就是想找出问题。"

这究竟是怎么回事呢？为了弄清楚原因，商会组织者和年轻的丹麦夫妇找了相关专家咨询。谜底终于被解开了，原来那对丹麦夫妇在参加活动时闯入了被澳大利亚人视为"亲密地盘"的距离之中。在澳大利亚，0.45m以内被认可为亲密距离，而在丹麦，亲密距离被定为在0.25m以内。所以当这对丹麦夫妇跟俱乐部会员保持0.3m左右的距离且感到非常放松和自在时，这已经大大突破了澳大利亚人的"亲密地盘"距离，再加之丹麦人比澳大利亚人更喜欢在交往时用眼睛凝视对方、使用更多手势等积极的体态语，因此产生了误会。

涉外交往的人们来自不同的文化背景，而不同文化习俗所认可的个人空间距离标准并不一样，这是造成误会的主要原因。那么，如何才能在涉外交往中避免误会呢？大致了解世界不同文化对于空间距离的不同标准是非常必要的。

诸多学者对此进行了研究与分析，最简单且实用的办法是把世界各民族的文化形态分成"近体性和非近体性"两类。**属于"近体性文化"的人们在人际交流时使用比非近体性文化的人们更近的距离，同时，往往直接面对面，相互注视和身体接触较多，说话声音也更大。而"非近体性文化"则相反，交流距离略远，且肢体语言更少。**

联合国是代表各种文化形态的人们汇聚的场所，人们常可见到，"非近体性文化"形态的人与"近体性文化"形态的人对话造成既尴尬又好玩的场景，前者被后者逼着，一个劲后退，直到走廊尽头。这是因为"近体性文化"形态的人要保持对自己来说较为惬意的对话距离，不断前进；而"非近体性文化"形态的人要保持对自己来说较为舒适的间距，不断后退。这样一来，随着对话的持续，两人就从大厅的一边移到另一边了。那么，"近体性文化"与"非近体性文化"各有哪些国家呢？他们各自的表现又有哪些呢？

表3-1 "近体性文化"国家与"非近体性文化"国家及其表现

	"近体性文化"形态的国家	"非近体性文化"形态的国家
国家	拉丁美洲、南欧（特别是意大利），西欧中的法国以及阿拉伯国家	东亚国家（特别是中国、日本、泰国、菲律宾），西欧国家（特别是英国、荷兰），中欧国家（特别是德国），美国、加拿大等北美洲国家和澳大利亚
表现	缺少排队的习惯与传统，交流时距离更近，有更多的肢体语言	对话时与对方保持更大的距离，自觉按序排队，把排队行为看作文明教养的表现

　　从表 3-1 可以看出，中国被列入了"非近体性文化"国家。可是，中国在世人眼中，就排队与交流距离而言似乎更加倾向于"近体性文化"。曾经有德国学者用图阐释了中西方文化的巨大差异，其中有一张图是关于排队的，德国人在排队时有序、规范，中国人则没有排队的习惯，拥成一团。因此，把中国归为"非近体性文化"，这一点似乎与事实不符。如果站在更长远的角度，从传统文化的视角分析，中国当然应该属于"非近体性文化"。中国自古就是礼仪之邦，深受儒家文化的影响与熏陶，儒家文化历来倡导君子风度。每个人都应依照个人的身份与角色行事，人与人之间交流必须保持适度的距离，个人要控制自己的言行举止，不能放纵与散漫，排队等候这样的良好习惯历来都是儒家文化所宣扬和倡导的。但是，中国几经社会动乱转型，再加上受教育程度不同等其他原因，目前，在许多情况下，中国人在这方面的表现更倾向于"近体性文化"形态，令人惋惜。因此，学习涉外礼仪的同时，还要从传统文化中吸收精华与营养，继承与发扬中国传统文化。

第四章

涉外礼仪之语言篇

俗话说"口为心之门户"，我们所说的"话"代表了我们的积累、修养与层次。**说话是世界上最简单的事，也是世界上最难的事情，如何把话说好？除了一些说话的技巧，还有很重要的一个方面是熟悉语言使用的礼仪。**下面我们从称呼、介绍、交谈、通信工具使用等几个方面介绍涉外交往中语言的礼仪规范。

第一节　涉外称呼礼仪

称呼是良好语言沟通的前奏，称呼不恰当会影响交往，涉外交往中如何才能称呼恰当？越是正式的场合，如商务、政务、社交场合，称谓越重要。一旦记不住名字或者称呼错误，就会引起尴尬，所以弄清楚不同场合下如何称谓很重要。

一、记住对方的名字

一个人的名字绝不仅仅是一个抽象的符号，在心理上人们对自己的名字都很看重，它是最动听的字符，负载着一个人的荣誉及价值。**美国社会心理学家戴尔·卡耐基曾说："请记住别人的名字，这等于给了别人一个巧妙的赞赏。"**在世界上许多国家，法律很重视保护公民的姓名权，把姓名权看作公民人身权利的重要方面。与人相见，却叫不出曾经相识人的名字，或者张冠李戴，难免让人产生怠慢的感觉。

记住对方的名字是一个挑战，尤其在人数较多的场合。尽管如此，还是有一些方法与技巧的。

第一，事先做功课。参加一些较正式的活动，一般事前能够拿到活动的议程、手册，里面通常会有参与者的名单及职务，这为我们事先做好功课提供了素材，花一点点时间预览可以帮助我们事先了解与熟悉潜在的交流对象。

第二，保持有效倾听。如果对方介绍完自己的名字，刚转身我们就忘记了对方的名字，那很可能是对方在报名字时，我们的专注度不够，没有采取有效倾听。有效倾听是指投入我们的身体、感情和智力努力获取与理解信息的过程，它是主动的而非被动的，是摒除一切杂念全身心投入的倾听。如果在介绍时碰巧分心了，那我们就应该请对方再说一遍自己的名字，自己再重复一遍，一来确认自己的发音是否正确，二来加深脑海中的印象。

第三，联想记忆。联想记忆法可以帮助我们轻松地记住人名。联想的方式可以有人物联想、特征联想、颜色联想、地名联想、物体联想、风景联想、活动联想等。比如一位女士叫杨桂芬，可以联想唐朝美女杨贵妃，发音有两个字是雷同的，通过杨贵妃很容易记住杨桂芬；一位美国男士叫Doug Johnson，Doug 的发言跟Dog（狗）很像，就通过Dog（狗）联想记忆Doug。一位男士叫小林秀雄，身高185cm，可以通过特征联想，身高185cm的小林show（秀）他雄伟高大的身材。

第四，多次重复。与对方交谈时多次重复对方的名字，可以在心中重复也可以在口中重复。为了避免遗忘，在心中默念对方的名字五六次，并在合适的时候称呼对方，这样反复复述，便能迅速而准确地记住别人的名字了。

第五，借助工具。在人多的场合，要记住很多人的名字是不容易的，我们必须借助工具，比如交换完名片落座后，可以把名片一字排开放在桌子上，名片最好与对方就座的位置一一对应，这样方便随时复习对方的基本信息。

二、称呼的主要分类

称呼的表现形式非常丰富，就类型来说可以分成四大类：

第一，职务称呼。职务称呼主要指与所从事的职业相关的称呼，它既可以是职业也可以是职业中的职务。职业称呼包括医生、护士、老师、法官、律师、记者、导演、教练、裁缝……这些称呼最大的特点是把称谓与对方所从事的工作挂钩。职务称呼是指具体的工作岗位，比如董事长、总经理、总裁等，以及公务系列的职务称谓：总统、国家主席、总书记、部长、司长、局长、处长等，还有军队系列的军衔等级：上将、中将、少将、大校、中校、少校、上尉、中尉、少尉。这一类称呼的特点是职务变换或者职业生涯结束，这些称呼就不再适宜使用了。

第二，荣誉称呼。**以上提到的称呼受职业职务的影响，但有些称呼是不受此影响的，一旦获得可以终生使用，这就是荣誉称呼。**职称称呼就属于此类，它是指专业技术人员的专业技术水平、能力以及成就的等级称号，表明他具有何种学术水平或在何种工作岗位，象征着一定的身份。高校职称从上至下分为教授、副教授、讲师、助教。工程师序列的职称从上至下分为高级工程师、工程师、助理工程师。一个人的职称越高，称呼的荣誉性就越强。另外，一个人的学历也可以成为荣誉称呼，如博士，在姓名前加上Dr. 是受人欢迎的一种称谓法。在印制名片时一般Dr. 标在姓名前，Ph.D. 用在姓名后，如Dr. Chen Rongfei 或者Chen Rongfei Ph.D.。外交职衔中大使衔一旦获得也可以终生使用。需要指出的是有些最高序列的职场称谓也可以成为荣誉称呼，比如政界的总统、国家主席、总书记等，口头介绍可以直接称呼最高职务的职衔，但在非常正式的场合应该指出"前任"，如 Mr. Bill Clinton, Former President of the United States of America（比尔·克林顿是美利坚合众国的前任总统）。军衔称谓将军以上均为荣誉称谓，一旦获得可终生享有这个称呼。

案例：请叫我 Professor（教授）

美国老师 Elizabeth Dahl（伊丽莎白·达尔）是来中国教国际关系理论的副教授，她年纪不大、未婚且人长得比较漂亮，中国的同学们常常直呼她 Elizabeth（伊丽莎白）或尊称她 Miss Dahl（达尔小姐）。这两种称呼貌似都没有错，西方重平等，东方重等级，美国的小孩子可以直呼爸爸妈妈、爷爷奶奶的名字，拉近彼此的距离。礼仪称谓 Miss 加姓名也没有错，也是符合礼仪规范的。但两种称呼都没有让 Elizabeth Dahl 满意，一天她实在忍不住了，便对同学们说："Please call me professor."（请称呼我教授）

荣誉称呼是比礼仪称呼更有吸引力的一种称呼法，当事人往往更希望别人称呼自己的荣誉称呼。荣誉称呼不仅仅是一种礼貌，更体现着个人的社会价值。

第三，尊称称呼。君主制国家皇室成员的称呼非常讲究，"陛下"是对旧时的皇帝、现在的国王、天皇的敬称，英文是"Majesty"，当面称呼"Your Majesty"，间接称呼"His/Her Majesty"，随着时代的发展，现在对皇后的称呼也与国王相同。"殿下"是对王子、公主、亲王的尊称。英文是"Highness"，当面称"Your Highness"，间接称"His /Her highness"。有些国家依然保留了爵位，如英国，西方贵族的爵位与中国古代的爵位类似，也分五等，所以在翻译时就使用了中国传统对爵位的称呼法：公爵（Duke）、侯爵（Marquis 或 Marquess）、伯爵（Earl）、子爵（Viscount）和男爵（Baron）五个等级。称呼有爵位的人士，可以称呼其爵位如"公爵"，其夫人可以直接称呼"公爵夫人"，或者爵位前面加名，如"温莎公爵""温莎公爵夫人"。当然，也可以称呼其"阁下"（Excellency），"阁下"是对贵族和高级官员的尊称，一般用于部级以上或内阁成员以上的官员，直接称呼"Your Excellency"，间接称呼"His/Her Excellency"，对于总统、大使、法官、市长、高级别神职人员都可以使用，如"Your Excellency Mr. President""His Excellency the President"。**需要说明的是，为了表示对客人的尊重，阁下的使用被泛化了，一些四星、五星级酒店，甚至三星级酒店常常会在写给住店客人的信函上尊称所有的客人为"阁下"。**

对于神职人员的称呼要非常注意。梵蒂冈城国元首的政治及外交称号是教皇。基督教各种教派对神职人员的称呼是：天主教称神职人员为"神父"，东正教称神职人员为"神甫"，新教称神职人员为"牧师"。称呼时可以加称"先生"，如"神父先生"，也可以姓名加宗教尊称，如"帕罗牧师"。伊斯兰教对主持清真寺宗教事务人员的称呼是"阿訇"。犹太教中担任犹太人社团或犹太教教会精神领袖，或者在犹太经学院中传授犹太教教义者称为"拉比"，人们可以直接称呼拉比，或者在姓后面加拉比，如"拉比"或"凯利拉比"。

还有一些尊称一旦获得也可以终生被称呼，不受时间的影响，如法官。

第四，礼仪称呼。为了表示对对方的尊重与重视，在不知道对方的身份、地位的情况下，也可以采用礼仪称谓。欧美国家最常见的礼仪称谓是，男性多称呼对方"先生（Mr./Sir.）"，Mr. 一般用在姓或全名前，如 Mr.Clinton 或者 Mr.Bill Clinton。Sir 的尊敬程度较高，可以不加姓名单独使用，如果加在名前 S 大写表示爵士、贵族与阁下，如 Sir Charles 查尔斯爵士。女士的称呼比男性丰富，有小姐 (Miss)、女士 (Ms.)、太太 (Mrs.)。Miss 一般后面直接加姓或者加全名，如一位女士叫 Carla Mathis，可以称呼 Miss Mathis 或者 Miss Carla Mathis，但不能直接在后面加名，如 Miss Carla。传统上欧美国家女性婚后会改用夫姓，如果 Carla Mathis 嫁给了 John Morgan，Mrs. 后面可以加丈夫姓也可以加丈夫全名，在非常正式的场合别人会称呼她 Mrs. John Morgan。当然，以前认为只有在非正式场合才可以称呼的 Carla Morgan，现在称呼 Mrs. Carla Morgan 的用法已经被广泛接受了，这也是时代的产物。需要注意的是，随着时代发展，越来越多的已婚妇女选择使用自己的婚前姓氏。很多时候，不能判断对方是未婚还是已婚，所以女士 (Ms.) 的称呼受到越来越多的欢迎，如 Ms.Mathis 或者 Ms. Carla Mathis。此外，称呼女士还有一个非常尊敬的用法是"Madam"，一般单独使用，不与人的姓连用。与男性称呼的"Sir"等级相同。

西方国家礼仪称呼可以与职务称呼连用，如"总统先生""市长先生""法官先生"等，中国则没有这个习惯。在中国有些地区还喜爱用"老师"称呼对方，以示尊重。此外，称呼"小姐"在中国有些地区有歧义，要十分小心。

以上介绍了四类称呼，当然还有直呼其名的称呼、亲属之间的称呼以及熟人朋友之间小名的称呼。

> **小贴士** 称呼礼仪中还有一个细节也很重要，称呼对方时千万不要弄错对方的性别。尤其是没有看到对方的形象而只见到对方的名字时，有些人的姓名是偏中性的，有些人的姓名容易导致性别误解，比如叫"陈芳"的可能是一名男士。

三、称呼的注意事项

除了正确地称呼对方的姓名与头衔，还有两个地方需要注意：

第一，区分称呼使用场合。 如果我们把一个人生活、工作的场合仍然分成公务、社交与休闲三大类，每一个场合的基调与要求是不太一样的。公务场合包含商务、政务及任何职场，它的主要基调是庄重保守，这类场合是黑与白的权力世界，强调等级感与规范性，带入过多私人色彩与个人特色都是不被鼓励的。在此类场合，称呼当事人职务称谓是首选，突显职场的规范性与严谨性。这类场合最忌讳的称谓是舍弃职务称谓而选择其他称谓，例如突显双方亲昵关系的舅舅、姨妈、姑姑、干爹、学长、老乡等；或者直呼其名，不称呼对方的官衔；或者称呼小名、爱称等，所有这些称呼都会弱化庄重、保守的气氛，不仅令人分心，也会让职场关系复杂化。

社交场合的基调是美丽高贵，这种场合大家为一个欢乐的主题相聚，人人高贵、体面，男士是绅士，女士是淑女。尊称称谓、荣誉称谓、礼仪称谓总是受人欢迎的，即使见到了最亲密的朋友，也要遵循规范。这一类场合像绰号、小名、外号都要避免使用，一旦喊出不仅让对方脸上无光，也会降低自己的身份。

休闲场合的基调是放松舒适。如果说公务场合扮演的是职业角色，社交场合扮演的是绅士／淑女的角色，休闲场合则是属于自己与家人、朋友的一个完全放松的场合。相互称呼可以随性，可以表现亲昵、自然。小名、外号、昵称，如果当事人不反感都是可以使用的。在这个场合如果一本正经地称谓对方的职务称谓、尊称称谓、荣誉称谓，反而会让人觉得关系生疏。

第二，区别尊称使用规则。很多东方国家如中国、日本、韩国、缅甸等都受到儒家文化的熏陶与影响，在人际交往中遵循"自谦而敬人"的原则，正如《礼记·曲礼》中所讲的"夫礼者，自卑而尊人" [一]。表现在称呼上就是对对方用敬语称呼，对自己用自谦的称呼（谦辞）。比如在中国称呼对方的父亲用敬语"令尊"，母亲称"令堂"，称对方的妻子用"尊夫人"，对方的女儿称"令爱"，对方的儿子称"令郎"，但如果当事人自己这样称呼自己的亲人就是非常不妥当的。同样，自谦的称呼法也有很多，比如自己的母亲是"家母"，父亲是"家君"，自己的妻子是"内人"，女儿是"小女"，儿子是"犬子"。对同辈而年轻于自己者，自我谦称"愚兄"，但称呼对方就不能用"愚兄"了。

韩国的称呼与中国也是同一规则，以韩国语中表示称呼的词为例：

어머니（妈妈）—— 어머님 （令堂）　　　아버지 （爸爸）—— 아버님 （令尊）

딸（女儿）—— 따님（令爱千金）　　　아들 （儿子）—— 아드님 （令郎）

고모（姑姑）—— 고모님（姑姑大人，这是个加"님"字的普通例子，其他的旁系亲戚都可以直接在后面加"님"字表尊称）[二]。

日本人称呼尊者、长者时，一般需要在后加上结尾词"樣""氏"和"殿"以表敬意和礼貌，但当事人却不能这样称呼自己。

缅甸人有名无姓，如果一个人名前面有一个"吴"字那是一种尊称，意为"先生"，"貌"是弟弟的代称；女子的尊称是"杜"，意为"女士"，"玛"是姐妹的代称。所以一个人一生可以有多个叫法，假如一个人叫"刚"，年纪小时别人称呼他为"貌刚"，等长大了平辈或者比他略小的人称呼他"郭刚"，如果这个人成为德高望重的人或者别人眼中的"尊者"，别人就会尊称他为"吴刚"，但当事人自己不能称呼自己为"吴刚"，而只能自谦地称呼"貌刚"或者"郭刚"。

西方欧美国家没有东亚国家这么讲究等级与尊卑，但尊称称呼同样不能用在自己身上。比如国王、王后不能称呼自己"陛下"，王子、公主、亲王不能称呼自己"殿下"，同样，"阁下"是一种尊称，所有被称呼为"阁下"的人士，在进行自我介绍时也不能使用这种尊称，同时，在信笺的抬头和落款以及个人签名中也不能使用"阁下"的落款。

[一] 杨天宇. 礼记 译注上 [M]. 上海：上海古籍出版社，2007：3 页.

[二] [韩] 宋基贤. 汉韩敬语比较研究 [D]. 沈阳：辽宁大学，2011：7.

第二节　涉外介绍礼仪

　　人力资源是最有活力、最有价值的资源之一。在涉外交往中，想要认识新朋友、打开局面，正确地介绍自己与得体地充当介绍人就显得非常重要。

一、自我介绍

　　得体又规范的自我介绍在一个陌生的环境，或者周围都是陌生的人时，也许会用得到。如何在一个可能少至 5 人或者多至 100 人的群体中，在最短的时间内把自己介绍清楚？内容简短，但信息全面很重要。那么，哪些信息是必需的？如果一个人这样介绍自己"大家好，我叫李明，很高兴认识大家"是否可以？这样的自我介绍过于简单，除了姓名其他信息完全没有交代，不符合涉外交往的规范与要求。姓名只是一个人的代号，从社交的本质而言，并不是最核心的信息，最核心的信息是工作单位及当事人的工作职务。"大家好，我叫李明，是 XX 大学经济学院的一名老师（讲师）"，老师是李明的职业，讲师是更加细化的职称。如此介绍，基本上这个人在社会中的角色、背景、位置马上就清晰了，以便对方采取相应的交往态度。如果是涉外交往，当事人的国家是不能缺少的信息。

　　包含工作职务的自我介绍还有一个好处是为对方称呼自己提供信息。如果只介绍姓名，如我叫"黄红"，常常会让对方很难办，当然可以采用礼仪称呼，如小姐（Miss）、女士（Ms.）、太太（Mrs.），但如果是在政务、商务、学术等场合，应该把职务称呼作为首选，如黄经理、黄主任、黄教授等，这样更加规范和专业。如果介绍带上了工作职务，就很好地解决了这一问题，如"大家好，我叫黄红，是方正信息咨询公司的总经理"，这样对方就可以称呼她"黄总经理"。

　　当然，自我介绍时，可以根据不同的场合与需求由简到繁，如果是轻松或者社交性的相聚，介绍更多的私人信息会受到欢迎，比如籍贯、学历、兴趣以及与交往对象中的某些熟人的关系等，比如"大家好，我叫邹星，我是北京大学中文系的副教授，我教中国古代汉语。我喜欢收集邮票和写诗，希望交到更多的朋友。"

二、经人介绍

　　如果一个人的身份特别尊贵、地位很高，自我介绍常常无法突显尊贵感，当事人也不太好意思把自己的头衔毫无遗漏地逐一介绍出来，就如同赞美的话永远从别人口中说出最好一样。这时，中间人就变得非常重要。人类社会就是一张大网，中间人可以让两个陌生人相互认识。每个人都有充当中间人的时候，怎样把中间人的角色扮演好？下面给大家推荐正确介绍三步曲。

　　第一步，先确定双方身份的尊卑。任何两个需要介绍的人都是不一样的，比如他们可能职务有高低之别、年龄有长幼之分、性别有异、婚姻状况不同、主客不同或者先来者与后到者之别。正确介绍的第一步是要确定双方身份的尊卑，如职务级别高者为尊，级别低者为卑；长者为尊，幼者为卑；女性位尊，男性为卑；已婚者为尊，未婚者为卑；客人为尊，主人为卑；先到者为尊，后到者为卑。

　　第二步，按照尊者优先掌握信息的原则介绍双方。确定完尊卑之后，中间人应把位卑者介绍给位尊者，然后再把位尊者介绍给位卑者。为什么要尊者优先掌握信息？有一种观点质疑：难道不应该将位尊者首先介绍给位卑者以显示其身份的尊贵？其实不然，尊者优先了解情况是体现尊卑的一种标准。体现一个人尊卑的方式有很多，比如地位、金钱、名声……在信息化时代的今天有一个标准变得越来越重要，就是"掌握关键信息的多少"，掌握关键信息成为权力的一个象征与标志。

第三步，中间人第一句话必先喊位尊者。如果中间人开口喊的是位卑者的名字，那肯定有问题。比如一位是美国某公司的贝恩斯·约翰逊总经理，他到中国某公司洽谈业务，东道方是中国某公司的总经理张杰，按照客为尊的原则，中间人应如此介绍："约翰逊总经理，请允许我为您介绍，这位是中国某公司的张杰总经理。张总，这位是美国某公司的约翰逊总经理。"如此三步，一个正确的介绍就完成了。

三、介绍难点

介绍人在现实中发现仅仅遵循介绍三部曲是不够的，还有很多问题不能解决，常常会出现的一个难点是，一个人的身份是多元的，常常包含着多种角色，比如一个是年轻、未婚、男性、职务高者，一个是年长、已婚、女性、职务低者，中间人该如何确定尊卑呢？到底是按照级别标准还是年龄、性别标准？遇到这种情况，四个原则可以解决问题：

第一，区分场合。如果在职场场合，比如公务、商务、政务等，一般以职务的高低为第一参照标准，其他标准是在级别相同情况下的补充。在社交场合，游戏规则就改变了。社交场合用东方话来讲推崇的是一种"文明精神"，用西方话来讲是"骑士精神"，它们在本质上是一致的，即不以力量的大小定尊卑。女性、年老者反而应该受到照顾与优待，所以，在社交场合，性别、年龄成为重要的参照标准。当然如有身份特别尊贵的人如皇室成员、总统、总理在场，他们依然是尊者。

第二，区分主客。一般而言，在有主客的情况下，客人都是尊者，主人都是卑者。不仅包括职场，也包括社交场合。主人是东道方应该尽地主之谊，优待客人，把客人当成尊者。在有主客的情况，把主客当成第一参照标准，无主客的情况下，把场合当成第一参照标准。

第三，区分差距。不管是场合还是主客，这两个原则都不是绝对的，还有一个原则需要考量的就是"差距"。比如，在没有主客的情况下，双方级别一致，就要看哪一点双方的差距最大。如果男士比女士年龄大出十岁最好采用年龄标准，年长为尊；如果年龄相当，可以以女士为尊。另外，双方与介绍人的关系亲疏也可以作为一个补充标准。如双方级别相当、年龄相当，按理应该女士为尊，先介绍男士给女士认识，但介绍人与女士更加熟悉，与另一位男士不那么熟悉，那么，可以超越性别标准，采用关系亲密度的标准，把不那么熟悉的男士当成尊者，由此，先介绍女士给男士认识。

第四，区分文化。如果没有主客之分，双方级别一致，双方年龄的差距也不大，并非在任何情况下都是依照女士优先原则。实际上，不同文化重视的因素是不一样的，东方文化更加重视年龄标准，也就是要以年长者为尊。西方文化更加重视性别，也就是要以女士为尊。

总之，礼仪的表现是千变万化的，因为现实状况是各种各样的，生搬硬套礼仪的某些标准与原则并不是一件好事。我们所倡导的是赋予礼仪生命，让其根据不同的场景呈现不同的风貌。

第三节　涉外交谈礼仪

交谈是一种艺术，它既在乎我们"说什么"，也在乎我们"如何说"，二者就像人的两条腿，缺一不可。"说什么"是内容，"如何说"是形式，内容和形式同时丰富才能获得良好的效果。

一、交谈用语

与人交流，使用什么样的语言决定了别人对我们的印象，熟练使用世界上使用频率最高的六大礼貌用语可以让我们不论走到哪里都会受到别人的尊重和欢迎。

这六大礼貌语及其内涵是：

- "您好"（Hello），是热情的问候，良好的祝福。
- "请"（Please），是礼貌的象征，谦恭的标志。
- "谢谢"（Thank you），显示礼仪规范，强化尊重。
- "对不起"（Excuse me），是道德的尺度，灵魂的水准。
- "没关系"（That's all right），表示善于宽容，更见涵养。
- "再见"（Good-bye），是亲切的道别，友谊的延续。

除了使用礼貌用语，在高档场合使用一些雅语也会提升我们的修养与风度，往往能反映一个人的文明程度。雅语可以用在对一些名词的雅化上，以强调尊重之感，尤其是有些可能会产生歧视性含义的名词。比如可以把痴呆、低能人叫"智力障碍者"，把太平间的管尸人员称为"阴阳天使"，把为病人服务的人叫"陪护人员"或"卫生员"，把捡破烂的人叫"拾荒者"，把扫大街清理垃圾的人叫"城市美容师""环卫工作者"，把保姆叫"家政服务员"，把民工称为"外来务工人员"等，这充分体现出社会对不同从业者人格的尊重。

雅语还表现在对某些行为举止说法的雅化上。如把吃饭称为"用餐""用膳"，把倒酒称为"满酒""斟酒"，把喝茶叫"用茶"或"品茗"，把上厕所称为"净手""方便""去卫生间"等。西方人有时还会用"我要去草地上坐坐""我要去看看星星、月亮"等含蓄的语言暗示。

礼貌用语与雅语是推荐的语言，有所说就有所不说，哪些语言是不能说或者要少说呢？

脏话要少说。随口带着"靠""我去"等口头禅只会让人反感。

填充词要少用。如"你知道""对不对""那个……这个……他说……我说……""你想一想""说实话""就像""嗯""呃"等，这些话说者可能不觉得，但听者就很容易发现。

副词和形容词要恰当使用。副词和形容词如果使用过分，效果反而不好。如"非常""十分""最""最最""超级"等字眼。

总之，一个人使用的语言反映着一个人的身份、修养。问对方的职业"您在哪里高就"总会比"你在哪里混"要让人舒服得多。随口而出的一些脏话、不雅的口头禅也会在最短的时间内决定别人对我们的印象。

二、交谈主题

礼貌用语与雅语可以提升人的档次，但双方见面还需要进行一些实质性的交谈。很多人不知道如何与对方展开话题，破除坚冰，感觉寒暄完就无话可说了，如何才能形成其乐融融、交谈甚欢的场景？

在交谈话题与内容的选择上有以下推荐：

第一，双方感兴趣的话题。 交谈主题应该选择双方感兴趣的话题，人际交往"双赢"是我们的第一选择。我们如何得知对方擅长什么、对什么感兴趣？以及如何碰巧自己会有与对方都感兴趣的话题？重要的人际交往活动是需要做一些功课的，见面前应该了解一点对方的基本信息及深层信息，知道得越多，我们在交往中越能从容、自在。此外，不断地拓宽自己的知识面，多培养一些业余爱好与兴趣可以增加个人的魅力与受欢迎程度。如果实在与对方没有共同感兴趣的话题，那就退而求其次，寻找对方感兴趣的话题而非仅仅自己感兴趣的话题。与欧美人士交流，谈一谈交响乐、橄榄球、对方感兴趣的某项收藏、他们国家悠久的文化等一定会让对方敞开心扉愉快交流。

如果自己的身份是东道方或者对方是位尊者，这种"交往以对方为中心"的意识要更加明显。而作为客方成员或者位尊者，意识到对方在选择自己感兴趣的话题时，也要偶尔转换话题，找一个对方熟悉与感兴趣的话题，如此，交谈才是真正融洽与开心的。一个人的滔滔不绝地说个不停，另一方却沉默寡言，这恰恰是无趣与失败的交谈。

第二，个人特质的话题。 有时候来不及做功课，不知道对方对什么感兴趣，也无从得知对方对什么比较熟悉，从对方身上寻找话题也是不错的一个选择。比如，对方就在我们眼前，他们的体貌特征、行事作风、声音特点、穿衣打扮、配饰选择等，只要是有特点的地方都可以成为我们的话题引子。

案例：一次愉快的候机经历

形象顾问张女士到国外出差，不巧飞机晚点，在候机厅等了将近 3 个小时。其他乘客烦躁抱怨，但张女士却觉得非常愉快，为什么？得知飞机将晚点的消息后，她发现身旁坐着一位品位不俗的女士，体态举止优雅、高贵，全身的打扮和谐舒适，胸前的胸针恰如画龙点睛之笔，巧妙极了。张女士对人的形象非常敏感，她友善地赞美道："您的胸针很别致，搭配得很好哦。"这位女士害羞地笑笑，开始介绍这枚胸针的由来。原来，陈女士是知名服装公司的高管，拥有多年服装设计、经营、管理的经验，二位女士拥有类似的职业背景，她们分享资讯、交换信息，3 个小时不再是无聊、难熬的候机时间，而成为分享经验、交流思想的愉快体验，广播通知登机时她们已经成为朋友，并开始探寻未来合作的可能性。

张女士收获了一段美妙的时光、交到一个朋友、探寻了商机。这一切是始于她发起了一个恰到好处的话题，她发现了，说出了，收获了。

当然，这种以个人特质为核心的话题还有很多，人与人是不一样的，最重要的是我们有一双善于发现的眼睛，能够捕捉到这些信息并敢于分享出来。

第三，高参与度的话题。有一些话题不一定是双方特别感兴趣的，但却具有共享性的特点，即说出来人人都能聊上几句，不会出现有人能说、有人插不上嘴的情况。比如天气、时下流行的事、时事新闻、热门的民生议题等，这些话题的最大好处就是人人都知道，不会把某些人排除在外。不管是两人交谈还是小群体之间交谈，总是有人爱说有人不爱说，但主动选择聆听与被动的听不懂是两码事。好的交谈总是具有强大的包容性，能够让所有人参与进行，具有共享性。

第四，分享性的话题。分享是人的本能需要，人们通过交流而获得各式各样的情感满足。快乐、痛苦需要与人分享，但适宜涉外交往分享的话题是那些轻松愉快、快乐励志的话题，比如哪里好玩、哪里好看、哪里好吃、哪里好买等，还有奇闻趣事也不错。这些话题富含各种信息，聆听者获得这些信息犹如打开一扇窗，丰富了自己。

既然有所说就有所不说，有些交谈话题与语言是不能涉及的，一旦说出会破坏交谈的氛围也会损害自身的形象。

第一，负面消极的语言与话题。负面消极语是那些说了让人产生不愉快感受的语言，比如气话、情绪性语言、不友好不耐烦的语言等。人有素养与修养的体现之一是对自身情绪与心情的控制，不论在职场还是在社交场合，发泄个人糟糕的情绪都是非常不明智的。情绪消极语如"不知道！不清楚！""你怎么还不明白！""急什么，没看到我在忙吗？""我的态度就这样，怎么啦？""这个不归我管！你问别人去！""我很累！"等，说多了会破坏氛围也会降低别人对我们的印象。

第二，多事非议人的话题。俗话说"谁人背后不说人，谁人背后无人说"，但中国的先贤们早就指出了背后非议人的坏处，《弟子规》讲"道人恶即是恶，扬人善即是善"，《增广贤文》讲"来说是非者，必是是非人"。这些观点具有普适性，不仅适用于与中国人交往，与世界其他国家的人交往也适用。非议别人可能有传到被议论者耳朵里的危险，最重要的是降低自己在聆听者心目中的印象。人无完人，视觉所能见到的均是内心图景的反映。如果实在忍不住想要谈论别人，就议论别人的优点，如果传到被赞美者的耳朵里，会增加好感。同时，会优化自己在交谈者心目中的印象。一个心中有美、有善的人是走到哪里都受人欢迎的人。如果交谈对方非议别人如何处理？是附和、沉默还是转换话题？为了避免给非议加码，较好的方式是礼貌地冷回应，如"嗯""我理解""我明白"，然后转换话题。

非议可以在背后也可以当面。大庭广众之下，需要尽量给人留面子，毫无情面地批评、指责、揭短会伤害当事人的自尊心，要尽量避免。

第三，低俗浅薄的话题。软色情的小笑话常常会成为小聚的调味剂，但在较正式的场合，男女关系、黄色笑话之类的话题与语言尽量不要涉及，否则会降低自身档次，低俗浅薄的话题与语言总是难登大雅之堂的，要尽量避免。

第四，个人隐私的话题。对于个人隐私，东西方的标准并不一致。东方人受儒家文化的熏陶与影响，重视血缘与亲缘。而西方人讲究理性与法制，把公共空间与私人空间区分得比较清楚。按照西方国家的标准，隐私话题包括收入问题、年纪大小、婚姻家庭、健康状况、家庭住址、电话号码等，这些信息别人是无权过问的。有趣的是中国人似乎对以上话题很感兴趣，特别是个人收入与婚姻家庭状况，这与中国的文化息息相关，重视血缘与亲缘的中国人往往把询问很多个人隐私信息视为关系亲密以及关心对方的表现。如邻居家的大妈见到看着长大的小伙子从国外留学回来，可能会问一些如"现在哪里工作""一个月挣多少钱""结婚了没有"等问题以示关心。但是随着中国国际化程度的不断提高，年轻一代已经越来越接受西方国家的个人隐私的标准了。因此，中青年人之间以及对外国人要严格遵循不问隐私的原则。隐私话题"家庭婚姻"不仅包括找没找朋友、结没结婚、离没离婚，还包括生没生孩子，很多大城市的女青年晚婚晚育或者保持单身、甚至丁克是非常正常的事情，贸然提问可能会让对方尴尬。如女教师丁莉38岁才生宝宝，之前很多人友善地问她"丁老师，您孩子多大了？"丁老师只好尴尬地回答"不好意思，我还没有生孩子呢！"有的人会就此打住，转换话题。但有的人出于善意和关心会说一些让丁莉老师哭笑不得的话"还没要孩子啊，那要抓紧啊！""我认识一个不错的老中医要不要推荐给你？"每每此时，丁老师都会特别尴尬。大城市像丁老师这样的情况并不少见，之前奔学业，后来奔事业，生孩子的最佳时间耽误了，但并不代表她们不想生或者不能生，只是时机不到而已。总之，但凡涉及个人私事都要三缄其口，免得交谈不愉快。

案例：最不愉快的一次交谈

玛丽是嫁给了中国人而定居北京的美国人，几年后双方因感情不和离异。一次，玛丽受邀参加一个朋友的生日聚会，遇到了曾经在朋友举办的活动中见过一两次的一位中年女士吴女士。为了驱赶无聊，二人随意聊起来，得知玛丽离婚了，吴女士脱口而出："你们为什么离婚啊？"玛丽面露难色，不知道怎么作答。吴女士并未发现玛丽的反应，继续与她聊天，无比感慨地畅谈目前中国广泛存在的离婚现象，"哎呀，我见过太多啦，结婚时那个恩爱啊，说变就变啦！如果是跨国婚姻，就更难啦"，接着吴女士又说"离婚这事可不是好事，我不知道你丈夫为什么抛弃你……"玛丽脸色变得更难看了，不了解情况的吴女士先入为主，怎么就断定玛丽是被丈夫抛弃呢？玛丽试图溜掉，结束这极不愉快的聊天。可吴女士谈意正浓，接着与玛丽分享女人该如何保护自己："我不知道我们俩谁大啊，反正根据我的经验……"玛丽要崩溃了，明明吴女士一看就大出玛丽好多，自己有那么显老吗？玛丽忍无可忍顾不得礼貌，起身说了一句"不好意思，我还有事，先告辞了"就跑掉了。

对玛丽来说，这场对话简直是噩梦，吴女士所言"为什么离婚""丈夫为什么抛弃你""我们俩谁大"句句触犯了西方人的个人隐私。吴女士对于个人隐私的话题是一点概念也没有，难怪得罪了人还不得而知。

三、交谈应对

交谈是双方听说角色的轮替,有听也有说。当对方说出一句话时,该如何得体地应对?正确地理解对方的意思是顺畅交流的前提条件。进行涉外交流,面对不同文化背景的人,交谈的模式与对应的思路是不一样的。

案例:鸡同鸭讲

中国人陈先生早年到美国留学,之后回国工作。一次他美国的好友杰克携夫人凯瑟琳来中国旅游,为了尽地主之谊,陈先生邀请杰克夫妇到家中做客,用最隆重的家宴款待好友。没有留学背景的陈太太第一次与先生的朋友见面,陈先生介绍夫人给杰克与凯瑟琳认识,双方客气寒暄,凯瑟琳随即赞美陈夫人:"您很漂亮。"陈夫人含羞答道:"哪里、哪里。"凯瑟琳一听面露难色,心想表扬中国人还要问具体位置?便勉强应对说:"您的眼睛很漂亮,身材也很好。"

到了吃饭的时间,陈先生邀请大家落座,陈太太还是按照一贯的习惯招呼客人:"来来来,请入座,不好意思,今天没有做什么菜,没做准备,不成敬意。"杰克一听率直答道:"好吧,那你下次好好准备。"陈太太听完哭笑不得。

■ 图4-1　低语境与高语境文化背景的人相遇

从这个案例可以看出,陈太太与美国客人的两轮对话并没有处在同一个话语体系与对话平台中,双方都曲解了对方的意思,犹如鸡同鸭讲。想要与不同文化背景的人顺畅交流,自由切换,了解有代表性的两种语境文化是非常必要的。

美国人类学家爱德华·霍尔在1976年出版的《跨文化》(*Beyond Culture*)中提出了高语境文化和低语境文化的概念。

1. 高语境文化

高语境文化是指在一种文化的言语交际过程中,如果对语境的依赖程度比较高而对所使用言语的依赖程度比较低,那么这种文化就是高语境文化。换言之,与高语境文化者交流,如果仅仅依赖言语而忽视非言语的语境,可能没有办法准确抓住对方的意思。高语境文化主要出现在亚洲受到儒家文化影响和熏陶的国家，如中国、日本、韩国等，排名靠前的国家有中国、日本。

儒家思想的创立者孔子认为个人修养非常重要，要成为君子必须"自谦而敬人"。与人交往时对别人时刻要"抬"，对自己时刻要"贬"，"谦让"文化呈现中国礼仪之邦谦谦君子的交往模式。如果每一个人都遵循这种"抬"他人"贬"自己的做法，与人交往时一定都会遇到两种情况：一是对方"抬"我们，面对别人的恭敬、恭维该如何回复才是得体与正确的？二是对方"贬"自己，我们该如何恰当应对与得体作答？

与高语境文化者交流，这种"高抬"语言与模式随处可见，比如，"你太优雅了""您是我们的骄傲""您的课讲得太好了""什么时候请您到我们哪里去指导啊！""您是我见过的最有才华的人"……作为被高抬者，如何回复才是最得体的？**很多人选择"谢谢"作为回复，需要指出的是在高语境模式下"谢谢"的分量是不够的，因为这些高抬自己的赞美语有可能是真的，也有可能是夸张的，甚至是不存在的，如果只回复"谢谢"那就意味着当事人接受与认同这种赞美。**这恰恰不符合高语境文化的交谈对应模式，最佳的回复是"哪里哪里""您过奖了""不敢当""谢谢夸奖"，这类回复让人感觉很舒服，潜台词是"这些溢美之词是对我的高抬，在下有自知之明"。

第二种情况是对方"贬"自己，这种自谦语言与交谈模式也随处可见，比如前面的案例中陈太太说的"哪里哪里"招呼客人入席时说的"今天随便做了几个菜，没做准备，不成敬意"。这是典型的自谦表述，"哪里哪里"并不表示真的问对方自己哪里漂亮，而是自谦的含义"我没有您说得这么好"。"没做准备"不是说真的没有做准备，而是自谦之说。在东方国家，越是有修养、有本事之人往往越谦虚，遇到这类自谦之说，最佳的回复是加倍地肯定与赞美对方。根据心理学家的研究，当人表示"自谦"时，内心其实需要对方的肯定与认可，因此，此时我们不能顺着对方的话回答，而应该加倍地肯定与赞美对方，这才符合"谦让"文化下的应答要求。

2. 低语境文化

低语境文化是指在一种文化的言语交际过程中，如果对语境的依赖程度比较低而对所使用言语的依赖程度比较高，那么这种文化就是低语境文化。换言之，与低语境文化者交流，对语境的依赖比较少，主要依赖语言就能抓住对方说话的意思。低语境文化主要存在于中欧、西欧、北欧与美国，排名靠前的国家有德国、瑞士。这类文化者的特点有直话直说、反应外露、不重视语境、强调自我表达等。需要注意的是欧洲的法国、英国、意大利则同时具有高语境文化与低语境文化特点。

与低语境文化者交流，不用绞尽脑汁揣测对方是不是"话里有话""弦外之音"，他们心里所想基本会直接表达，不会顾及"面子""关系"等因素。比如如果一位欧美人士赞美我们"你的字写得真好！"如果我们的字的确写得很好，不用过分自谦，回复"谢谢，这是我多年练习的结果！"就可以。如果认为自己的字真的一般可以回复"谢谢，我已经练习很久了，我把你的话当成鼓励（I take it as flatter）"也可以。如果对方说"这次我发挥得不好，表现一般"，我们也无须说"哪里哪里，你表现真的很棒"，实事求是地说"没关系，你继续努力一定能够成功"就可以。当然，如果对方是一个小孩子或者需要鼓励的人我们也可以说"我觉得你很棒"。

四、交谈方式

什么决定了人说话的优劣之分？在表达同一种意思时，有的人说话让人听着舒服、如沐春风、温暖无比，有的人说话让人听着别扭刺耳、高傲冷漠、盛气凌人。都在表达同一种意思为什么会有如此大的差别？人与人的禀赋条件不同，受教育情况与人生经历也不一，除了前面提到的使用礼貌用语、敬语、雅语等，还有一个很重要的方面是交谈方式的呈现。

交谈方式是属于"如何说"的范畴，谈话内容决定了我们的积累，交谈方式决定了我们的风貌。交谈方式是指我们如何把我们想要表达的意思以更加礼貌和令人能够接受的方式呈现。

以请助礼仪为例，如果我们就餐时需要额外的一双筷子，如何向服务员要呢？比较随意、粗鲁的方式是："拿双筷子来！"，比较礼貌的方式是"服务员，请再拿双筷子来，好吗？"二者的区别是第一种说法的句式是带命令的祈使句，是一种高高在上的、发号施令的语气。第二种说法就要委婉动听得多，不仅加了一个礼貌用语"请"字，还把句式换成了询问句，是一种协商的口气，听着让人更容易接受。请助语是否还有更加礼貌的方式？欧美国家的人还喜欢使用一种把"我"放在前面的询问法，如以向对方索要名片为例，以下三种问句的礼貌性逐渐加强：

"给我一张名片"。

"请给我一张名片好吗？"

"我能有这个荣幸得到您的一张名片吗？"

把我放在前面的请助句非常委婉、动听，让人如沐春风，这种用法还能在很多方面使用，如与客户打招呼、邀会见、邀舞、邀饭局等。例如：

"您好！我能为您效劳吗？"或者"我能为您做什么？"

"您好！我能有这个荣幸和您会谈一次吗？"

"您好！我能有这个荣幸请您跳一支舞吗？"

"您好！我能有这个荣幸和您共进晚餐吗？"

"您好！我能有这个荣幸复制您的PPT吗？"

实际上，说话或者询问句以"我"开头或者说"我"不说"你"是一种巧妙的技巧。

说你错误——"我感到很失望！我感到很遗憾！"

说你耍赖——"我感到很无奈！"

说你的要求无理——"我这里将有很大困难！"

说你背信弃义——"我觉得受到了很大伤害！"

在课堂上，如果遇到学生满脸疑惑，优秀的老师会问学生"我说明白了吗"，而不能询问"你们听懂了吗"。其实表达的是同一个意思，但询问方式的不同，效果会完全不一样。"我说明白了吗"的潜台词是"如果你们没有听明白，那是我没有说清楚"，这句话的舒适度就比"你们听懂了吗"要高得多。"你们听懂了吗"的潜台词是"我已经说得很清楚了，你们还没有听明白"。

同样，如果公司老板要与下属谈谈，会说话的老板会说"小王，十分钟后我在办公室等你"，而有的老板也许会这么说"小王，十分钟之后你到我办公室来一下"。**没有人不需要尊重，越是地**

位不高、身份普通的人越渴望得到尊重，尊重是个人价值的体现。如果我们希望得到别人的尊重和喜欢，希望涉外交往顺利进行，就要尝试从最细微的方面开始。

案例：改变话语，改变世界

一位盲人坐在大街上行乞，他身旁的牌子上写着"我是盲人，请帮助我"，但帮助他的人寥寥无几。一天，一位年轻的女士路过，她走过后又转身回来，在盲人的牌子上改写了一句话，随即离开。有趣的是，之后帮助这位盲人的好心人明显变多，有的人给他硬币，有的人给纸币，有的人走过了又转身回来给他钱币。盲人百思不得其解，那位姑娘到底写了一句什么话让神奇的事发生？一段时间后，那位女士再次路过盲人的小摊，盲人听出了女士的脚步声，他问道："你到底在牌子上写了什么？"姑娘微微一笑，答曰"只是不同的一句话"，盲人连声答谢。原来她在牌子的背面写上了"这是美丽的一天，我却什么也看不见"。

■ 图4-2 改变话语，改变世界

这是一个简单却包含深刻寓意的故事，盲人和女士本质上表达的意思是一致的，都是希望路人能够帮助可怜的盲人，但一句"我是盲人，请帮助我"的话语与千千万万需要帮助人的表达无区别，自然也无法获得良好的效果。"这是美丽的一天，我却什么也看不见"传递的却是另一种信息，盲人身残却没有放弃对美的追求，把自己置身于美丽的世界之中，只是自己无法欣赏。这种表达唤醒人们反观自身，珍视自己已经得到的。这种表达的心胸、气度、境界不再限于吃饱喝足，而是对美的追求与对生命的珍爱，自然也就能打动路人的心。

五、赞美技巧

林肯说过"每个人都希望受到赞美"，在涉外交往中适当地赞美对方可以增加个人魅力，提升受欢迎指数。**恰当的赞美往往可以活跃气氛、令对方心情畅快，原因除了人人都喜欢听好话，更重要的是赞美对方是对当事人个人与社会价值予以肯定的体现，这恰恰是人人都需要的。**中国人更善于赞美亲人、熟人、领导，赞美普通交往对象却相对吝啬，在涉外交往中，更羞于使用慷慨的赞美。有人曾质疑"为什么要赞美对方"，其实赞美就如同鲜花，"送人玫瑰，手留余香"。赞美他人说明我们内心有美、有善，才能发现对方身上值得赞美的"点"。恰如其分的赞美我们不会损失什么，却能给对方带来幸福感。这种美好的氛围又会像打乒乓球一样，回到我们身上，谈生意容易签合同、谈政务容易达成一致、交流学术观点容易拉近距离。所以，赞美并非仅仅是给予，还会有收获。**有人说"幽默是一种智慧"，其实高超的赞美也是一种智慧。**想拥有恰当的赞美有以下几点需要注意：

1. 善用直接赞美与间接赞美

直接赞美是指赞美当事人，可以是有形的外貌着装，也可以是无形的能力和品德。间接赞美是指通过当事人身边的人、物、景等传达佳话，从而达到含蓄地赞美当事人的目的。

不管是直接赞美还是间接赞美，有具体"赞美点"的赞美比空洞的赞美更好。比如"你真棒""你真成功""你真有钱""你办公室真好""你们家真漂亮"……如果能够具体说出来棒在哪里，成功在哪里，怎么有钱，办公室怎么好，家怎么漂亮会生动得多，说服力也更强，如："王教授今天您的演讲太棒了，解开了我多年的困扰。""总经理，您取得了这么大的成就，工作还这么努力，对我而言是个很好的榜样呀！""先生，我很冒昧地请问您，这条领带是您自己挑选的吗？搭配得很不错！"

间接赞美比直接赞美更加含蓄，可以是当事人身边的一切：公司、家庭等，它们是一个人的延伸。有一种说法：看一个人的品位看他的太太，看一个人的实力看他的对手，看一个人的修养看他的居室。讲的都是一个人周围的一切反映这个人的状态与品格。间接赞美表达起来不露痕迹，效果却一点也不比直接赞美差，如："很多客户暗地里说贵公司的竞争能力太强了，他们根本无法与你们抗衡。""听说您有位漂亮的太太，真令人羡慕。""贵公司的规模在此行业里高居榜首，很多同行说要迎头赶上，但结果不仅没有赶上，反而和你们的距离越来越远。""这是你的孩子吗？真漂亮啊！""早就听说您是孝女，婆媳关系处理得特别好。""您的办公室布置得相当有格调，让人赏心悦目。""您这茶可不错，滋味鲜爽，是今年新上的碧螺春吧？"……

间接赞美遵循的是爱屋及乌原则，主人爱狗，你应该赞美他养的一只狗，主人养了许多金鱼，你应该欣赏那些鱼的美丽。赞美别人最近的工作成绩，最心爱的宠物，最费心血的设计，会引起对方的好感。

2. 区分男性赞美与女性赞美

男女性别不同，对个人的关注点也不太一样。

通常来说，女士较男士重视外在感觉。如果她们相貌出众、服饰得体，应该给予肯定。"张总，之前一直听说您是女强人，今天见面才发现您还这么有品位，服饰搭配堪称一流啊！""听说您曾经是大学的校花，厉害厉害。"还有一类赞美是有关保养方面的，虽然女性年龄是个人隐私，直接询问是不礼貌的，但有一类情况例外，就是那些保养较好，显得很年轻的女士。她们往往爱问别人一个问题"你猜我多大啦？"如果实际年龄是60岁，但看上去就是40岁的样子，猜出的年龄比实际年龄小很多，当事人一定非常高兴，充满了喜悦之情。

此外，随着妇女的解放，越来越多的女性步入职场成为与男性不分上下的巾帼英雄，她们要忙于事业还要承担家庭的责任，我们把这种女性称为双肩挑型。所以，女性拥有成功的事业是很不容易的，应该为她们的成功点赞，如"同行业的人称呼您为铁娘子，远见与胆识不一般，真令人佩服！"

当然，还有一点也是可以成为赞美点的，与您打交道的女性如果事业成功的同时又拥有非常幸福、和谐的家庭，这也是最大的一个亮点，因为这一点是不容易做到的。有些女性为了全力投身事业，疏于个人生活而没有组成家庭，或是离异了，或者家庭生活平平；有些女性无法兼顾事业与家庭，放弃事业成了全职太太；但更多的女性是被工作与家庭两个担子压得喘不过气来。"我见过很多事业成功的女性，也见过很多家庭经营得好的全职太太，可像您这样家庭和事业都经营得好的人真是太少了！"这正是对她所有付出的一种肯定与承认，想不打动对方的心都很难。

相比之下，**男性更加重视内在的东西，如能力、勤奋、诚信、魄力等。**那么，赞美这些也是很不错的，如"王总，都说您是这个行业的专家！""跟您做生意不用担心，您的信用最可靠了！""能不能请教一下您经过了怎样的努力，才拥有了今天事业的成功？"当然，如果对方是一位事业成功同时形象出众的人，赞美出来也是不错的，"王总不仅事业成功，而且一表人才，英俊潇洒"。

3. 赞美的禁忌

赞美一定要以事实为依据，可以适当地夸大，但是绝不能凭空创造，否则就是阿谀奉承了，那会起反效果。恰如其分的赞美才是美好的。

案例：尴尬的赞美

中国商人马先生出差法国，与他的潜在合作伙伴法国人布儒瓦女士见面。刚进入布儒瓦女士的办公室，双方寒暄完后，为了尽快拉近距离，马先生试图说点什么。在看到布儒瓦女士办公桌上放着一张漂亮小女孩的照片后，他脱口而出："啊，布儒瓦女士，这是您女儿的照片吗？您女儿太漂亮了！"布儒瓦女士纠正马先生说："不好意思，马先生，这是我小时候的照片。"马先生面露难色，看到桌上还放了一张英俊男士的照片，便又脱口而出："布儒瓦女士，这是您丈夫的照片吗？您丈夫真是帅气啊！"布儒瓦女士再次纠正马先生："不好意思，马先生，这是我父亲年轻时候的照片。"原本想通过赞美获得商务拜访的良好开局，不想两句都说错了，马先生尴尬不已，一时间，真不知道这交谈该怎么进行下去……

马先生后来才得知布儒瓦女士还是单身，这种赞美不但没有令对方心情愉悦，反而起到了反效果，还暴露自己功课做得不充分，对潜在合作对象根本不了解。

案例：如此赞美！

法国作家大仲马有一次去俄国旅行，来到一座城市游览，后来决定去看看这个城市最大的书店。老板听到个消息觉得万分荣幸，决定做点什么来让这位法国著名作家高兴。于是，他在所有的书架上摆满了大仲马的著作。大仲马走进书店，见书架上全是自己的书，很吃惊地问老板："其他作家的书呢？"书店老板一时愣住了，不知如何应对，只得答道："其他作家的书---全，全卖完了。"

这本来是个笑话，但是我们很容易就能看出，这个老板不得体的赞美造成了反效果。他本来想好好地奉承一下大仲马，然而他没有找准具体的赞美点，信口胡诌，结果适得其反。所以，如果想把赞美说到人心坎上，一定要以事实为依据，可以夸大但不能编造。

第四节　通信工具礼仪

不断被发明与创新的通信工具已经成为人们生活的必需品。在涉外交往中，电话、短信、视频通话、邮件等电子通信工具扮演着非常重要的角色。在正式见面之前，人们常常会通过这些通信工具彼此联络，因此，它们已经在见面之前起到了形成印象、塑造形象的作用。

一、电话礼仪

1. 准备工作

打电话并非拿起电话就拨，重要通话是需要做一些准备的。首先问自己三个问题：**第一，时机是否合适？** 国际长途有一个时差问题，千万不能在对方不方便接电话的时候打电话。如果是工作电话，工作时间之外的时间拨打都不太适宜，禁止在晚上 9 点以后和早晨 8 点之前打电话，只有出现重大事件时才有理由那么做。**第二，状态是否调整好？** 环境是否适宜通话，太吵太闹、太冷太热显然都不适宜通重要电话。自己的情绪是否正常，良好的情绪是愉快通话的保证，如果自己心情郁闷或烦躁不安，是不适宜通话的。自己是否准备充分，如果自己在吃东西或者手头忙着重要的事情，是不适宜接打电话的。**第三，是否准备好了通话的内容？** 重要通话需要准备谈话的内容，特别是公事，最好有一个提纲以保证简明扼要与信息健全，当然，基本的文具以便记录也是需要的。

2. 通话过程

为了拥有愉悦与高效的通话，过程中也要问自己三个问题。**第一，声音是否清晰、悦耳、动听？** 要提升通话的美感，声音质量也是不能忽视的。说话时吐词发音要清晰、标准，含混、模糊的话语会削减通话的质量。声音保持优美的音质，男性浑厚、低沉，女性悦耳、动听。说话音量大小恰当，说话声音过大显得过分粗犷，既容易泄露隐私，也容易对他人造成干扰；声音过小则会让听者处于尴尬的境地，因为聆听时非常费劲会没有舒适度，听者必须不断请对方重复刚才说话的内容。**第二，是否保持最佳状态？** 通话时要使用礼貌用语，同时保持身体姿势端正流畅。有人质疑对方看不着自己，姿势如何影响声音效果？其实，身体姿势恰恰可以影响声音效果，身体端正、面带微笑的状态下发出的声音远远好过躺着、趴着以及心不在焉地干着别的事情时的通话。**第三，通话节奏是否能把握好？** 工作电话的最大特点是简明高效，每次通话控制在 5 ～ 10 分钟。如果谈话的内容将有可能超过 10 分钟，应在接通电话以后，征求对方意见，看对方是否有时间进行长谈。最忌讳煲电话粥，身处效率为王的时代，任何耽误他人时间的行为都是不受欢迎的。**第四，通话结束谁先挂断电话？** 电话接近尾声，应请尊者先挂电话，卑者后挂。如果双方地位、身份平等，应打电话者先挂电话。

二、手机礼仪

手机的普及给人们的生活带来极大的便利，但使用不当会给他人造成干扰，所以，手机礼仪变得不能忽视。涉外交往使用手机需要问自己几个问题：

第一，是否干扰到他人？ 在很多场合使用手机或者频繁地使用手机都是令人反感的。无论在机场的候机厅、剧院、会议室、电影院、高尔夫球场、高档餐厅、火车、汽车上，接打电话都是令人分心的，要尽量避免打扰别人。如果必须接打电话，请外出处理或者询问对方"我接个电话可以吗"或"不好意思，我接个电话"，如果对方允许则应压低音量通话。通话时尽量保证简洁明了，通话时间越长，周围人就会越发不满。在一个双方交谈的场合，一方接打电话被认为是不专心、不投入、不重视活动的标志，而在寺庙、教堂里接打电话则是非常不礼貌的。

第二，是否有手机依赖症？ 科技发展使手机的功能越来越强大，手机已经从原来单一的接打电话变成了一台小型电脑。在手机上查信息、上社交网站、看视频、听音乐……无所不能！很多人对手机产生依赖，每隔几分钟就要看一次手机，手机成为了干扰人们工作和生活的一个讨厌鬼。在会议室、餐桌上甚至在课堂上，有人会时不时看看手机随手处理几条短信息或者留言，大家此起彼伏的行为破坏了一项活动本应有的专注与热情。**手机便利了人的生活也让人产生了高度依赖，人被异化为手机的奴隶，这是不正常的。** 人际交流需要热情、专注，如此才能产生对人的尊重。

第三，重要活动是否关闭或者使手机保持静音？ 在很多重要或者关键的场合，如谈判、聆听讲座、开会、听音乐会、面试时手机铃声响起会导致尴尬，破坏别人对我们的印象。保持手机铃声静音或者震动是非常必要的，同时，也不要把手机堂而皇之地放在桌面上。有的人会放两个甚至三个手机，不关机也不静音，手机铃声轮番响起，对活动造成了极大干扰，其他人怒目而视。真正的绅士、君子在重大活动时是绝不会亮出手机的，**手机有双重角色，人的朋友与不速之客，正式场合手机只是**

不受欢迎的不速之客。

三、视频通话礼仪

随着科技的发展，视频通话的机会逐渐增多，只要有网络，通过 Skype、QQ、FaceTime、微信（WeChat）等软件进行视频通话可以节省国际长途通话产生的费用，还能看到对方的形象，安装在平板电脑（如 IPAD）或手机上面还可以移动通话，因此，越来越受到人们的青睐。视频通话除了在生活中被广泛运用，在工作层面，如国际面试、谈判、会谈、会见中也被采用，并且使用呈上升趋势，在视频通话中哪些礼仪是需要注意的？

第一，时间相关问题有哪些？ 国际视频通话时差是一个必须引起重视的问题。双方必须协调彼此都方便的时间，有时一方是白天一方是晚上，这样就要本着"体谅"的原则，不能只考虑自己。**如果双方没有办法约到一个都方便的时间，必须一方将就另一方时，最好双方轮流替换以示公平。**此外，一旦确定好通话时间，必须确定时差，对方的时间是多少？自己的时间是多少？笔者曾经几次发生与国际友人约好视频通话的时间，一方全部准备好了，另一方却缺席了，原因是忽视了时差或者时差计算失误。庆幸的是目前有网站提供时差转换服务，自动转换双方国家的日期时间，避免了时差计算的苦恼。此外，国际人士的时间都非常宝贵，视频通话时尽量高效，东拉西扯、谈到哪儿算哪儿的方式不适合公务性交谈，很正式的视频通话双方会约定基本的交谈时间，如大约 10 分钟或者 20 分钟等，如果约了 10 分钟最好不要谈 20 分钟，因为，对方下面的时间可能有安排了。尊重对方也包含着尊重对方的宝贵时间。

第二，设备与环境是否准备好？ 视频通话对设备和网络有要求，如网络是否顺畅？计算机、平板电脑、手机等电子设备的状态是否良好？会不会出现通话时声音或者头像卡住的情况？硬件设备是视频通话顺利进行的保障。如果是重要的视频通话，一定要多次调试。另外，视频通话的环境也很重要，是否安静？会不会很吵闹？会不会经常被打断？**尤其是重要的工作视频通话，干扰出现不仅会影响通话的效果，也会给人自我管理较差的印象。**

第三，谈话内容是否理清？ 重要视频通话需要草拟提纲或者拟出交谈草稿，以保证交谈时顺畅无阻。尤其是当我们用非母语与对方交谈时，也许会出现忘词、不知道如何表达的情况，这就需要把工作做在前面。**如果视频通话过程需要翻译协助，需要提前与翻译沟通好通话的基本内容，以免影响效果。**总之，良好的准备工作是我们顺利通话的保证。

第四，个人形象是否良好？ 视频电话与传统电话以及邮件的最大区别是可以看到彼此的容貌。因此，除了要做好传统电话礼仪的规范，还要重视个人形象。第一印象在双方见面的几秒后就形成了，科技发展使双方见面的形式发生改变，第一次见面也许是通过视频。由此，重要的视频通话，应把仪容仪表、表情举止考虑进去。**视频通话呈现的是局部形象，即围绕头、胸的个人形象黄金三角区，因此，这部分是重点。**还有，缺少目光接触的交谈与不适宜的肢体动作也会为个人形象减分，眼神游离、目光涣散给人缺少自信的印象；手部动作过于频繁，如用手托下巴、理头发、擦眼睛、摸鼻子、拉耳朵、双手头后交叉等都会给人不够专业与稳重的印象。

四、邮件礼仪

现代社会邮件使用已经越来越普及。电子邮件在涉外交往中成为不可忽视的一项通信工具。使用电子邮件有几个问题是需要自问的：

第一，查询邮件与回复邮件时间是否及时？ 人们非常依赖邮件，西方发达国家的商务人士，即使在同一个办公室工作，有些事他们会选择发邮件，而不是走过去告诉对方。及时查询邮件是非常重要的，工作高度依赖邮件的人士会预定邮件提醒服务，随时了解邮件情况。最理想的回复时间应该是 2 小时以内，但是大多数人士没有办法如此及时；那么第二档是 4 小时之内回复，这意味着至少半天查询一次邮件，工作时间如果一天按 8 小时计算，一天至少查询两次邮件；第三档是 8 小时之内回复邮件，这是较正常的回复速度，以一个工作天为准；回复邮件的最低要求是 24 小时之内。**超过 24 小时，2～3 天，甚至更长时间回复就会给人低效和拖沓之感了。** 如果你出差或者外出度假，应该设置自动回复告知这一情况，并在方便时及时回复。

第二，邮件撰写是否规范与高效？ 身处效率化时代，现代人士可能拥有海量邮件，每一封邮件填写"邮件主题"是非常必要的，以备日后查找邮件时迅速找出。**有人习惯性地在对方发来的邮件上点击回复，不再单独编辑"邮件主题"，如果双方都这样做且邮件往来非常频繁，日后查找邮件会比较困难。** 邮件比文字书写更加方便，可以随时删除和群发，邮件一发出去就如同泼出去的水，无法收回。所以重要邮件一定要再次阅读，是否有拼写错误？措辞是否恰当？群发时是否遗漏或者增加了不该发送的人员？另外，邮件内容需要合理布局，通过邮件格式达到邮件表述逻辑清晰、轻松阅读的目的，实现方式包括改变字体形状、改变字体大小、分段，使用下划线、双引号等。

第三，其他注意事项。 如果邮件中涉及重要信息，建议发完邮件给对方其他方式的告知，以防网络或其他难以避免的问题导致对方收不到。如果出现对方收不到自己的邮件，或者自己收不到对方邮件的情况，有可能是服务器把邮件地址当成垃圾邮件屏蔽了，建议把对方的邮件地址加入"白名单"。撰写邮件警惕使用夸张表述，如全部大写、多个感叹号或过多符号（如微笑、悲伤、愤怒、鲜花、拥抱和亲吻）等。

同时对于缩写也要谨慎，因为对方可能不熟悉，英文书写中较常见的网络缩略语有：

BTW（By the way）顺便问一句；

IMHO（In my humble opinion）以我之拙见；

IOW（In other words）换句话说；

LOL（Laughing out loud）放声大笑；

MorF（Male or female）男性还是女性；

WRT（With regard to）关于。

最后，如果可能，正式邮件应留下个人的签名，如姓名、职务、职称、单位、公司（组织）或者个人的网址等，这样更加规范与专业。

第五章

涉外礼仪之综合篇

前面从语言与非语言的角度分析了涉外交往的礼仪。还有一些交往是涉及语言与非语言语两方面的，下面我们将进行介绍。

第一节 赠礼礼仪

在国际交往中，馈赠与接受礼品是非常常见的一种行为。小小礼品可以起到联络感情、促进合作、发展友谊的作用。礼品也被称为人际关系的黏合剂。由于各民族风俗习惯不同，馈赠礼品过程须遵循的礼仪也各不相同。如果不具备这方面的礼仪知识，礼品馈赠就有可能弄巧成拙，适得其反，成为阻碍涉外交往的绊脚石。

下面我们从礼品的赠送、礼品的接受与礼品的禁忌三个方面介绍国际的赠礼规范。

一、礼品的赠送

礼品的赠送有一些礼仪规范与技巧，回答赠礼的 5 个问题（Why，Who，How，When，What）可以帮助我们理清思路。

1. 为什么赠礼？（Why）

赠送礼品总是有不同的目的，如祝贺生日、探望病人、恭贺新禧、表达感谢或是礼品回赠。目的不同，礼品的选择可能是不一样的，如果赠送的目的不明确，就很难使对方满意。跨国商务合作谈判，面对远道而来的客人，赠送一件具有中国民族特色的礼品会让对方感觉很好。探望病人时赠送一些水果和补品，都能让对方感到温暖。而如果把这两种礼品颠倒一下，结果就不一样了。虽然赠送的礼品不同，但目的都是想向对方表达自己的尊重、友好与善意。

2. 给谁赠礼？（Who）

想要把礼送到对方的心坎上，"以受众为中心"是非常重要的。不分对象，恐怕是"物不达意"的主要原因。要重视对象，除了要充分了解受礼人的基本信息，如年龄、性别、性格、国籍等，还要了解深层的一些信息，如爱好、厌恶、修养、品位、宗教信仰、民族习惯等。**只有做好详细的准**

备工作，才能使礼品有针对性，才能使礼品受到受礼人的欢迎。例如，玫瑰与巧克力是爱情的象征，是送给心仪的人、恋人、生活伴侣的佳礼。但若把它随便送给一位普通关系的异性朋友，就可能引起不必要的误会。当然，巧克力送给朋友家的小孩子是没有问题的。

著名作家查尔斯·达德利·沃纳曾说："送礼的绝妙之处在于它的合适性，而不在于它的价值。"礼物因为合适而身价倍增，比如若是将一块祖传古墨送给一位喜欢书法的老者，不仅会使墨尽其用，而且会让老者喜欢不已，但若将它送给一个不识文墨的人，那就无异于"暴殄天物"了。

案例：尴尬的礼品——一人愁到两人愁

法国某公司两名高管到中国洽谈业务，中方合作公司给予法方代表高规格的接待，商业上的洽谈很顺利。三天后法国公司代表准备离开中国，中方赠送给法国客人每人一份礼品。一人一盒精美包装的老北京某知名品牌的特产"酱肘子"，中方人员引以为豪地说"这酱肘子可是我们老北京的特产啊，始创于清乾隆年间，其制作技艺纳入国家级非物质文化遗产保护名录"。两位法国客人目光对视，客气地接过了两盒礼品。殊不知其中一位是素食主义者，拿到这份礼品心情复杂，又不好意思拒绝，最后把这份礼品转赠给同伴了。这样，一个人乐滋滋得了两份礼品，一个人遗憾地空手而归。

可没有想到，拿到两份礼品的那位法国客人最终也没能将其带回家，他乘坐国际航班回到法国入关时受阻，原来根据出入境检验检疫的规定，肉类产品是不能带入一国国境的。不得已，他只得遗憾地扔掉了这份"礼品"，还险些被罚款。

3. 如何赠礼？（How）

涉外礼品赠送应该重视包装，包装是正式礼品不可分割的组成部分。无包装的礼物会被视为过于随意、不够重视且礼品贬值。与此同时，送给外国人的礼品外包装，在其色彩、图案、形状乃至缎带结法等方面，都要与受礼人的风俗习惯联系在一起考虑。

在会谈、会见等活动中，如果要给多人赠礼，一般由东道方最高职位的人代表本方向对方人员赠送礼品。赠礼的顺序是从地位最高的人开始，逐级往下赠送。或者说位尊者向位卑者逐一赠送。

礼品赠送的姿势也有些讲究，东方人特别讲究双手奉送、身体前倾、面带微笑、目光对视，避免左右手单手奉送，尤其是左手单手奉送。但西方人士递接时则没有那么严格的讲究，如遇此，咱们也可以入乡随俗。如果可能的话赠礼时说一些祝愿的话语，但要注意不同文化背景的人话语有所区别。受儒家文化影响的东方人，喜爱自谦的表述，例如"这是一点小心意""这是随便挑选的""这东西挺便宜的"等。如果送给西方人，他们属于低语境文化，你说什么他就会信什么，因此，这些话大可不必，万一被对方当成真，闹误会就不好了。可以描述礼品的特点，如"这件小屏风摆件是手工刺绣，它是中国四大名绣之一湘绣的手艺。""这把扇子是用紫檀木材料经过多道工序制作而成的，扇风时紫檀木会散发阵阵天然的清香。"有些国家的人，尤其是东方国家的人在接受礼品时有推辞的习惯，但这只是一种礼节，并不是真的拒绝，一般推迟两到三个回合是正常的。如果赠送的礼品确实没有贿赂之意，则应大胆坚持。

4. 何时赠礼？（When）

赠礼的时机因场合、国家不同表现不同。在国际交往中，什么时候赠送礼物是一个复杂的问题。通常来说，如果是出国公干，需要准备一些小礼品给接待方的专门服务人员或者陪同，应在开始不久就赠送。如果是祝贺欢庆，一般是开始或者提前赠送。如果是会谈会见，一般是在起身告辞的时候赠礼。如果是签字仪式，一般是在仪式结束时，互赠礼品。如果是参加正式宴会，如有礼品互赠仪式，则应按计划在相应的时间段赠送，除此之外，一般是在宴会临近结束时赠送。还有一种情况是参加家宴，一般是在刚进门时就赠礼。此外，各国还有不同的习俗，要充分考虑各国的文化背景，如日本送礼要在当场人数不多时送礼，且应让日本人先送，己方方可回礼；而在阿拉伯国家，必须有其他人在场，送礼才不会看作贿赂；初次结识一个人就送礼在法国是很不恰当的，应该等到下次相逢的适当时机再送上才符合他们的习惯；在英国，合适的送礼时机应选在晚上请人在上等餐馆用完晚餐或在剧院看完戏之后；在整个西欧，当你到别人家做客时，应当在到达时送礼，这样才不会造成吃了饭还礼的印象。

5. 赠什么物品？（What）

赫伯特说："送得少而适时可以免去一份厚礼。"礼品种类繁多，但基本可以分成三类：欣赏型、实用型与综合型。

涉外交往中赠送的礼品多以欣赏型礼品居多。比如观赏类植物、鲜花、艺术品、民族作品、雕刻制品、字画、照片、纪念品、CD等。它们具有较高的观赏价值，能够达到愉悦心情、美化生活的目的。

实用型礼品是那些可以使用的礼品，如可以吃、可以喝、可以用、可以穿等。如电子产品（摄像机、录音笔、IPAD）、按摩锤、瓷器、真丝制品（围巾、领带、睡衣等）、箱包、领带、咖啡具、开瓶器、望远镜、文具、食物、酒水等。

案例：一份不同寻常的国礼

2014年9月彭丽媛陪同习近平访问斯里兰卡，此次出访，中方重要的一项内容是派遣厦门眼科中心医疗专家组在访问期间参加"爱的回馈——中斯友好光明行"活动，免费为当地居民实施1000多例超声乳化白内障摘除联合人工晶体植入手术。斯里兰卡第一夫人为了回馈中方，了解到中国眼角膜来源紧张后，赠送给彭丽媛女士10枚眼角膜，彭丽媛接受了这份珍贵礼物，并随后将其转赠给厦门大学附属厦门眼科中心。2014年11月19日这份珍贵的国礼被马不停蹄地带回厦门，10名患者第一时间接受了手术，成为中斯友谊的见证人与受益者。

综合型礼品兼具了欣赏型与实用型礼品的特点，既能观赏又具有使用价值。比如书籍、风筝、筷子、图章、茶具、工艺扇子、树苗（一旦长大其价值就不止观赏了）、动物（优种的牛、羊等）。当然，由于出入境受到检验检疫的规定，普通涉外赠礼选用动植物的还很少，对于国礼就另当别论了。荷兰是鲜花之国，赠送过我国花种，日本政府送过中国樱花树苗，中国赠送过其他国家中国的国宝熊猫。

随着人民生活水平的提高，越来越多的实用类礼品具有了观赏和收藏的价值，其审美性不断上升。

在涉外交往中，最受青睐的是具有民族、民俗特色的礼品，也就是"我有，你没有"的礼品。通常，中国人最具民族、民俗特色，也是最受外国人欢迎的礼品是中国的丝绸制品（丝巾、绣花靠包、睡衣等）、瓷器、茶叶、筷子、屏风、中式小摆件等。一旦到了外国人手里，往往身价倍增。如果能够挑选某一种对方钟爱又具有中国浓郁民族特色的礼品，会让礼品增色不少。

最后还要注意礼物的体积大小问题。如果是赠送给外国人，礼物太大可能会成为对方的负担。因为国际航班行李数量和重量有限制，行李超重需支付价格不菲的国际行李费，**所以，那些具有浓郁民族特色且轻便小巧的礼品是最受欢迎的。**

二、礼品的接受

送礼很重要，受礼也不能忽视。接受礼品看起来很简单，但其中也有一些需要注意的事项，必须认真对待。

1. 接受礼品的方式

很多赠礼人非常喜欢看到受礼人打开包装看到礼物时兴高采烈的样子，所以，受礼人对于礼物的反应很多时候对送礼人非常重要。

受到文化的影响，东西方人士接受礼品时的反应是有区别的。一般而言，中国、日本、韩国及中国香港和中国台湾地区的人士接受礼品时，在谦让一番、表示感谢之后，往往会把礼品收起来，等到赠礼人离开以后，再慢慢打开欣赏。而西方人则不同，他们所受的教育是要当场打开礼品、赞美礼品，有时还要表示礼品正是自己期待已久的。即使礼物并不中意，也要像演员一样掩饰失望，感谢对方的细心。在许多国家里，接受礼品之后若不当场启封，只是暂且将礼品放在一旁，都会被视为失礼行为。在涉外交往中接受礼品时，对此务必要予以注意。**目前，中国的国际化程度不断提高，年轻人越来越接受西方国家当场拆开礼物的受礼方式。**

案例：你怎么知道我收藏茶杯？

卡拉·麦丝是一位个人形象领域的大师，她受邀来中国进行学术交流。授课的最后一天有一个小型的赠礼仪式，在课堂上，东道方向卡拉女士赠送了一份礼物，卡拉女士小心翼翼地拆开包装，见到礼物的一瞬间她脸上露出灿烂的微笑并欢呼着叫了起来："你们怎么知道我收藏茶杯？"东道方送给卡拉女士的礼物是一件中国生产的带杯托的"英式下午茶"瓷杯，图案是绚丽的鎏金花朵，既有中国特色又有英式风韵。最精妙的是东道方事先得知卡拉女士收藏茶杯，便投其所好准备了一份贴心的礼物。小小礼物并不贵重，但用心地准备、精美的包装传递的是东道方对卡拉女士的重视与祝福。在学员们的掌声中，眼角湿润的卡拉女士兴奋又激动地收下了这份传递友谊的礼物。

2. 受礼的态度

东西方人士接受礼品时的态度是不一样的，除了前面提到的会适当推辞、谦让，东方人往往比较恭敬和虔诚，注重受礼的仪式性，如双手接受礼品、目光交流、身体前倾、适当鞠躬表示感谢。如果当面打开礼品，一般会小心翼翼，会尽可能把包装纸完好地拆卸下来，然后一层层把礼品打开。这其中，日本人和韩国人的表现最正统和突出。而西方人则表现在表情、话语与兴奋地拆礼物上，仪式感不是那么明显。他们可能会很不经意地把礼品拿到手里，也不一定会用双手接受。西方人，特别是美国人往往会迫不及待地把礼品包装纸撕开，马上欣赏并赞美。相比之下，**东方人更加含蓄与认真，西方人更加直接和随性。**

总体而言，涉外交往时，收受礼品面无表情，用左手去接礼品，不当场拆开礼品，接受礼品后不向送礼人致以谢意，都是不合礼仪规范的行为。

3. 致谢与回礼

中国俗话说"礼尚往来，往而不来，非礼也"。人与人交往讲究对等与互惠，只收礼不还礼是不符合礼仪规范的，还礼是赠礼不可分割的组成部分，但东西方的还礼方式有些区别。

欧美人士不管是收礼还是还礼一般都会写一封感谢信，向对方表示感谢。感谢信的时间越早越好，最晚是三个月内。一般对于美国人来说，圣诞节的礼物一定要在新年之前以感谢信回复，这是一个黄金准则。感谢信可以手写，也可以是打印卡片，打印卡片只适用于需要感谢的人太多无法一一手写的情况。

而东方人则基本没有很正式地写感谢信的习惯，东方人讲究对等回礼，双方赠礼时互赠礼物，或者下次碰面时还礼。礼物如果是当面收受，东方人会当面致谢，如果不是当面收受，东方人则非常讲究致谢，下次见面致谢或者通过如信件、邮件、短信、微信、WhatsApp、QQ等发送讯息告知对方礼物已经收到并致谢。**礼物没有当面收受，又不通过其他方式告知对方已经收到礼物，对东方人而言是非常失礼的表现。**

第二节 拜访礼仪

涉外交往时常有拜访对方的需求，不管是公众场合的拜访，如政府部门、公司企业、学术机构，还是私人场合的拜访，如外国友人的家庭，都考验着拜访者的修养，会给对方留下直观的印象。跨出国门如何在拜访中拥有风度、体现修养，给对方留下美好的印象呢？下面从公私拜访的异同进行分析。

一、公私拜访的相同点

尽管性质不同，但同为拜访，公私拜访还是有诸多相同点的。

第一，态度有度。涉外交往不管是因公还是因私，"合适"的态度特别重要。"合适"即为不卑不亢，对于外国高端、先进的物质与非物质文明，可以赞美与学习，但热情到有谄媚之态就不得体了。曾经有人从贫穷的国家移民到富裕的国家，看到西方先进的文明后立马成为对原国家最大的批评者，口中西方一切都是美好的、先进的，崇拜得五体投地。其实，这种表现并不会得到别人的尊重，一个人否定过去的一切也就否定了自己，可以善意地批评与建议，但无论走到哪里都不能全盘否定自己的根与魂。同样，国外并非都是发达与先进的国家，去到很贫穷与落后的国家，拜访对方时露出鄙夷、冷淡的态度同样是不得体的，也违反了礼仪的核心精神。

第二，形象得体。衣着打扮是一张无声的名片，告诉对方我们是谁以及我们的社会背景、经济状况、学识修养，"有内在的人不需要重视外在形象"的观念已经不符合时代的发展了。良好形象亦不是浅薄的涂脂抹粉，而是"得体"，符合个人的身份、角色，能够促进交流的顺畅进行。个人形象可以有三层境界，**第一层是最基本的搞好清洁卫生，第二层是展现美的风貌，第三层是符合国际着装的规范性。要想在涉外交流中展现良好风貌，很显然，只有同时拥有三个层次才可以。**

第三，言谈举止适宜。个人外在形象能够在短时间内发挥重要作用，言谈举止则在进一步的交流中发挥重要作用。亲切的笑容、自信的握手、得体的称呼、合适的介绍以及顺畅的交谈会给人留下难以忘怀的良好印象。

第四，对细节的重视。为什么要重视细节，因为细节是个人能力与实力的体现，没有足够的实力与修养，是无从关注细节的。从拜访的准时、对敲门声音的控制、说话的语音语调、礼貌语言的使用、走路的姿态、就座的姿势到周全的告辞，都是为整体印象加分的地方。

二、公私拜访的不同点

第一，地点不同。对公拜访的地点多在对方的办公室或者其他公共场合，而因私拜访的地点多在外国友人的家中或其他私人性的地点。办公室的线条主要偏直线，代表了严谨、严肃、规范，家庭的线条主要偏曲线，代表了休闲、放松、舒适。办公室是机构的代表与象征，家庭是主人的代表与象征，两种地点所传递的信息并不一致。**拜访地点在办公室，需遵循公务拜访的礼仪规范，讲究严谨性、规范性，如守时、充分的准备、交流时的逻辑性与条理性等，而家中拜访更加放松，氛围更加轻松。**

第二，交情不同。如果拜访地点是在办公室，那意味着公事公办，双方的感情与交情还是在公务范畴，需遵循职场礼仪规范。如果拜访的地点是在家中，那意味着主人把客人当朋友看待。**通常交情不到，东道主是不会轻易把客人请到家里的。**此时遵循放松亲切的态度更加适宜。

第三，氛围不同。对公拜访的气氛是严肃与严谨的，因为政务、商务之间的交流伴随着利益的较量，可以有笑声，但出现辩论甚至争辩亦是正常的。不管达成共识、签订合同还是无果而终在公务场合都是常见的。而对家庭的拜访，不管是参加派对、联络感情还是庆祝某事，欢笑、愉悦是主基调。

第四，要求不同。由于地点、交情、氛围的不同，涉外拜访的要求也不一样。对公拜访的目的性更强，不管哪种类型的拜访，政务、商务、学术，都需要做翔实的准备。中国的一位商人可能为了拜访美国某企业的老总而专门飞一趟美国，拜访对方两小时，虽然拜访时间很短，但需要做大量的准备工作，如专业的准备、形象的准备、心理的准备、礼物的准备等。私人场合的拜访尽管也会有一些准备，但严谨性与因公拜访不一样，私人场合的拜访更加放松一些。此外，涉外公共场合的拜访当事人更多代表所在的企业、组织或者国家的形象，而私人场合的拜访当事人更多代表个人的形象。最后，公共场合的拜访对效率要求更高，是一种事本主义导向的拜访，而私人场合的拜访更强调感情，是一种亲密性质的拜访，更多是联络、交流感情。

所以，本书所介绍的诸多礼仪规范，如形象礼仪、语言礼仪、非语言礼仪、赠礼礼仪、餐饮礼仪、宗教礼仪等在拜访中也许都会涉及，关键是在拜访时弄清两种不同性质的拜访，根据二者的不同点，得体、适度地表现就好了。

第三节　观光礼仪

观光是指参观名胜古迹，浏览大自然的风光景象。随着中国人生活水平的提高，越来越多的国人选择出国观光旅游。2013 年中国出境游人数达到 9819 万，2014 年中国出境游人数达到 1.17 亿，这种趋势还在逐年增加。根据世界旅游组织的统计，目前中国已经成为世界第一大出境游客源市场，中国游客境外旅游消费也已经超过美国和德国，成为世界第一。然而，中国人海外观光游览，不文明、不遵守礼仪规范的事情时有发生，中国游客在机上斗殴使得国际航班被迫返航、在古迹上刻名字、随地吐痰、大声喧哗、随地扔垃圾、在卫生间的洗手池洗脚，甚至不到公厕如厕⋯⋯美国、法国、英国、韩国、泰国等国家的官方媒体均报道过中国游客的不文明行为，一些旅游地专门用中文书写"请勿随地吐痰""请勿随地乱丢垃圾"等警示牌，一些人所表现出的负面行为令中国游客整体背上"恶名"，这极大地影响了中国人的形象，中国游客转变形象已经刻不容缓。中国旅游研究院院长戴斌认为，中国游客的不文明行为大致可分为三类：**第一类是游客已经涉嫌违法；第二类是公序良俗的问题；第三类是文化差异的问题。**如何才能文明出行？如何才能在欣赏世界风光的同时留一份美好？有三个方面值得注意。

一、爱护旅游资源

旅游资源是属于东道国的，更是属于世界的，任何破坏、损坏旅游资源的行为都应该受到谴责。哪些行为算破坏旅游资源呢？在古迹上涂刻，如在柱、墙、碑等建筑物上乱写、乱画、乱刻是严格禁止的；攀爬触摸文物古迹或贵重展品，只供观赏的文物展品是不能触碰的，更不能攀爬，有些还不允许拍照；破坏花草树木，随便摘折鲜花、踩踏草坪、折断树枝都是不文明的。

案例：埃及神庙上的刻字

2013 年中国游客在埃及游览时发现有人在埃及卢克索神庙的一个石壁上刻了汉字"XXX 到此一游"。在微博上发出这则消息后，微博热转，有网友"人肉"出"XXX"是南京某中学一名初一学生，一时间全家人受到了舆论的谴责，孩子的父母很快站出来为此事道歉，声称孩子在家哭了一夜，自己也一夜未眠。孩子的父母认为，孩子犯错误，主要责任在大人监护不到位，此前也没有教育过他这种行为是不对的。他们向关注此事的人道歉，也向埃及方面道歉，希望大家原谅宽容孩子，给孩子改错的机会。一时间当事人及家人成为关注焦点，所在的学校声誉也受到了影响。这也是重重的一个教训，值得深思，成年人需约束自己，同时父母如果带孩子一起观光亦有教育孩子文明旅游的义务。

案例：泰国人的愤怒

2015 年 2 月 25 日据泰国头条新闻报道，泰国网络一片讨伐中国游客的骂声。原因来自一段在清迈素贴山双龙寺拍到的视频，为了让古钟发出声音，一名说普通话的华人游客用脚踢寺庙两侧悬挂着的铜钟。双龙寺是 1383 年兰纳王朝古纳国王督造的，寺庙悬挂的铜钟是让游人至此取杖击钟，祈神赐福，这些铜钟在泰国人心目中崇高尊贵。如此神圣的铜钟被中国游客用"脚"踢，"脚"在泰国人心目中是最低贱的，用脚指人、用脚底示人是侮辱性的行为，更别说用脚去踢神圣的铜钟。难怪泰国对此事反应如此强烈，这不仅是不文明的行为，更是对泰国习俗的挑战。

类似的事件还有很多，我们应避免破坏旅游资源，爱惜它们就如同爱惜自己珍爱的个人物品一样，如此，才能受人尊重与欢迎。

二、保持景区秩序

有人列出了中国游客在国外最不受欢迎的十大表现，其中不排队、大声说话与不讲究卫生是比较突出的。这些行为会破坏景区的秩序，让有序的场景混乱起来、宁静的地方喧闹起来、干净的地方肮脏起来。这些都是让人不愉快的，所以保持景区秩序必须从排队、声控与讲究卫生做起。

排队。 公共场所人多时需要排队，排队可以保持公平性，先到先参观。有人在排队的过程中不遵守秩序，在队伍中加塞，以达到优先办事的目的。加塞方便了自己却侵占了他人的利益，是一种损人利己的行为，也影响着中国人在国际上的道德形象。哪种情况算加塞？一条长长的队伍，除了堂而皇之地从队伍某处挤入，一人排队全家享受、一人排队熟人享受等都属于加塞行为，如果实在要与家人、朋友、熟人在一起，后到者应该向后面的人解释一下，获得允许才可以。此外，遇到需要排队的景点说明该处人气较旺，应本着体谅、换位思考的原则，不要长时间地占用景点，看过之后应立即离开留给后面的人观赏与照相。

中国人加塞从社会与现实层面分析，主要源于中国人口多、社会资源贫乏、生存与竞争压力较大。同时，中国人重视血缘与亲缘，亲人、熟人、朋友喜欢扎堆在一起。到了陌生的国度，因不熟悉语言、环境，就更爱扎堆了，需要排队的场所，一人排队熟人加塞也就不奇怪了。**但国外尤其是西方发达国家把加塞看成对个人利益的侵犯，是侵占他人时间的表现，在时间就是金钱的时代，对加塞行为的厌恶就不言而喻了。**

小声说话。 中国人爱大声说话几乎成了中国人在国外形象的一个写照，有外国人表示让他难以忍受的是中国人"太吵闹"。"他们总是成群结伙地出现，大呼小叫，旁若无人，而且他们又到处都是，实在太可怕了……"有的人说："中国人说话声音太大了，不管是在餐馆里还是商店里，博物馆或者地铁上，他们总是毫无顾忌地大声说话，连打电话也是。"

在国外尤其是西方国家，公民具有较强的公共意识，空间是属于大家的，声音太大会对他人造成干扰，试想旁人凭什么要被迫听你的私事？你有什么权力让别人听你们之间的对话？那么声音多大才不会对他人造成干扰？**标准是二人之间谈话不应该让第三个人听到，三人之间谈话不应该让第四人听到，接打电话应该一只手拿电话另一只手捂住话筒，以免影响他人。** 有人曾经开玩笑说，"西方人吃饭像做贼一样"，意思是轻声细语、生怕弄出动静让别人发现，这句话虽然夸张，但描述了西方人在公共场合的说话状态。所以，游客在观光时，不要随意大声喧哗、嬉笑打闹。

讲究卫生。 到国外观光都有维护环境整洁的责任与义务。随地吐痰、吐口香糖、不分场合抽烟、乱扔杂物和垃圾都是让人反感与厌恶的行为。爱美之心人皆有之，美丽的风光与名胜古迹是属于人类的，**如果我们的到来欣赏了它的美却给它留下了污点，那是一种罪恶。如果我们的到来欣赏了它的美，并保持了它的状态甚至美化了它，那是公民良好素养的体现。** 游客如何美化景点？游客本身就是景点的一道风景线，着装整洁得体、遵守公德、讲究秩序的游客就是对景点的美化，这样的游客到哪里都是受欢迎的。

三、避免失态行为

还有一类游客的行为非常不得体，这类行为没有触犯法律，也不属于文化差异的范畴，更多是属于个人修养层面的问题。这类行为令人侧目，让人说也不是，看也不是。那么哪些行为属于失态行为呢？

公共场所过分亲密。 年轻情侣、新婚夫妇、夫妻结伴游玩，自然是亲密无间的，但在大庭广众之下，过于亲昵的举动都是有失礼节的。恋人、夫妻举止亲密无可厚非，但应该讲究场合，**如果把拥抱、亲吻、按摩表现在公共场所，并且是国外就不妥当了**。所到之处要入乡随俗，尊重当地的风俗习惯和一些宗教戒规，否则可能会因小事而酿成大错。

不文明如厕。俗话说人有三急，在人生地不熟的国家，遇到内急的确是恼人的事，不文明如厕也是近年来反映比较突出的一个现象。有人反映中国游客使用过的卫生间别人根本没有办法使用，有人在洗手池洗脚，有人在小便池大便，还有更恶劣者是找不到厕所就就地解决。

案例：不文明如厕

据来自泰国媒体的消息，中国游客不文明的如厕行为再次激怒了清迈白庙，作为全球各国游客慕名前往的知名旅游景点，白庙向中国游客下达"封杀令"，原因是中国游客在小便池大便或纵容小孩在白庙水池大便等恶劣行为，导致白庙工作人员难清理以及其他游客的反感，对此清迈白庙才不得已下令禁止中国游客入内。尽管白庙负责人于当天下午就取消了这项禁令，但这次事件的恶劣影响实在太大了。

任意行为。哪些行为是任意行为？任意行为就是不遵守当地的习俗与规范，为所欲为的行为，比如在公共场所袒胸赤膊、钻防护栏、随意洗脚等。

2013年网上流传了一张中国游客在法国卢浮宫外水池洗脚的照片，三名中国游客脱去鞋袜，将脚浸入法国卢浮宫外水池中休闲自在地泡脚，照片左边的外国人盯着这几位中国游客，被这"奇景"吓呆了。这张照片再次引发了国人海外旅游影响国家形象的深思。

尽管海外屡屡曝出国人旅游不文明的新闻，一些国家也采取了一些针对性的措施，如法国的酒店用汉字写着"请不要带走酒店物品"；美国的珍珠港，垃圾桶上有一行汉字"请把垃圾丢在此"；在泰国的皇宫，厕所上有一行汉字"便后请冲厕"；巴黎的圣母院也有一行汉字"请不要大声讲话"；在马来西亚，有出租车里有类似"不要乱扔垃圾"字样的中文提示语。但大部分的中国人海外表现还是不错的，不文明的行为毕竟还是少数，这是由于中国人口多、基数大，小部分游客的不得体行为就会影响整个国家的形象。

有人讽刺出手阔绰的中国人为"移动的钱包"，这种现象放在历史的框架下观察，其实并不奇怪。19世纪末20世纪初涌入欧洲的美国游客以及20世纪80年代举着相机到处拍照的日本游客，与今天的中国游客都有某种程度的类似，他们也花了很长时间转变旅游者形象。这是人民迅速富裕、国家迅速强大，精神文明赶不上物质文明所导致的结果，这一情况会随着人们素养的不断提高而改变。

在"涉外礼仪"课上，笔者的一名泰国留学生曾经问我五个令人尴尬的问题：①为什么中国人说话这么大声呢？②为什么中国学生推椅子不是抬起来放进去而要推进去，由此发出很大的声音？③为什么泰国的新闻有报道中国人在地铁里小便？④为什么夏天公交车上会感觉气味不太好呢？中国人几天洗一次澡？ ⑤中国学生从什么时候开始学礼仪呢？我们泰国从小学到大学一直都要学。**听罢我只能回复，"我很遗憾有这些现象，中国是一个人口众多、各地区经济发展不平衡的国家，但中国在不断发展与进步，请给中国一些时间"。**

第四节　购物礼仪

　　不论哪种原因出国，对很多中国人而言，购物都是必不可少的一个项目。中国的强大、中国人富裕给很多外国人的一个直观印象是其巨大的消费能力。2013中国出境游人数9819万人次，消费1287亿美元，并且这种趋势还在逐年上升。中国人强大的消费能力让世界惊叹，很多媒体用"扫货"描述中国人购物的状态，以奢侈品消费为例，根据《2014中国奢侈品报告》显示，中国消费者的全球奢侈品消费达到1060亿美元，也就是说中国人在2014年买走了全球46%的奢侈品。中国人购买的产品并非仅限奢侈品，从巧克力、酒、服装、珠宝、化妆品到马桶盖各种各样。

　　对于中国人强大的消费能力，收到的并非全是一片喝彩声。一方面，中国人强大的消费能力能够促进商品流通、拉动当地经济，这是他们所欢迎的。为了吸引与服务中国客人，很多商店安排了华语导购员，展示出欢迎中国客人的标语或者字幕。另一方面，中国人在购物时一些不太符合礼仪规范的行为与做法又让他们不适应，甚至有些头疼。出国购物应该注意些什么呢？怎样才能成为既让对方重视又让对方尊重的客人呢？有以下几点需要注意。

一、有序购物

　　购物需讲究秩序，不能抱着血拼的心态。让很多商场与顾客头疼的是中国客人涌入商场，以买白菜的心态疯抢商品。大家不排队挤成一团，有的人旁若无人地大声喧哗，有的人还大声地打电话，"你要哪一款啊，什么，黑的白的都买啊，到底几个"，全然不顾其他客人的感受，整个商场像菜市场一样喧闹，商场有序、宁静的气氛完全被打乱了。

　　有序购物除了需要排队与保持安静，爱惜商品也很重要。试用商品时不要弄坏或者弄脏商品，如试穿服装时不能把口红弄在新衣服上面。有些商品看过最好能复归原位，如在超市选购物品，有的商品在结账时突然不想要了，不能直接放在付款台附近，最好能够放回原位，实在不方便就交给店员处理，一声不吭地放在一个毫不相关的位置是不妥的。试过的服装需要放回原位或者交给店员，不能直接扔在试衣间。有些商品则不能随便触摸，如塑封的商品、洁白易弄脏的商品、明确标明不能触摸的商品等。

二、理性消费

　　由于人民币升值、国外产品质量较好、商品价格便宜等原因，中国人出国购物出手阔绰、数量之多让人印象深刻。

中国人海外购买商品无外乎为自己与家人朋友购买，其实，理性消费非常重要。购买适合的商品无可非议，但如果为买而买就不值当了。购买前应该思考两个问题：第一，需不需要？第二，适不适合？

有人只考虑价格因素，买了一大堆不需要的商品，回国后又不便退货，结果反而造成了浪费。也有中国旅行团的客人坦言自己购物是跟风行为，"好多人去抢购，也会带动本来不想购物的人，最后都不知道是来看异国风情，还是来做代购"。

此外，海外奢侈品虽然比国内便宜，但购买也需理性，把不适合自己的奢侈品穿在身上是起不到美的效果的。

案例："我全要了！"

新加坡的形象顾问曾经分享过这么一个故事，她在新加坡的一家奢侈品店看到一位中国男士对着店员说："我要这个、这个、那个、那个，每件十个，嗯，还有那件，你有多少，我全要了。"形象顾问打量着那位男士，尽管身着奢侈品，但气质、风度、修养均一般，他如何能够把他购买的那些奢侈品品牌穿出应有的状态呢？这是一个值得思考的问题。

的确，奢侈品之所以能够经历岁月的洗礼在不计其数的商品中脱颖而出，是因其有独特的文化与品格内涵，**每种奢侈品都有自身适合的人群，包括一定的年龄、风格、气质、身份与所属阶层，不是任何人都能随意驾驭任何奢侈品品牌。**所以购买奢侈品不能仅仅考虑价格因素，适不适合自己才是最关键的。

此外，如果是为亲朋好友代购，也要注意不能触犯国内的法律，根据《海关法》第四十六条规定："个人携带进出境的行李物品、邮寄进出境的物品，应当以自用、合理数量为限，并接受海关监管。"如果数量过多，被误认为是商业行为，刻意避税就会有法律风险了。

三、讨价还价

中国很多商铺可以讨价还价，有些私人经营的小店铺顾客要砍掉原价的50%才不会吃亏，因此，也练就了很多砍价能手。在国外却不一定是这样，国家与国家不一样，同一个国家不同的商店也不一样。一般来说，东南亚、非洲的大型旅游商店是可以讲价的，欧洲与美国的商店一般不讲价。具体来说，比较正式、装修较好的商店或者有些明确标示出折扣的商品是不能砍价的，超市、免税店及一些款台付款的商店也不能砍价。一些私人经营的小铺面、小型街边店、自营的路边摊最有可能砍价，但也不是全部，如果拿不准可以谨慎地问一句"是否可以打折"。

如果不分场景与对象，一顿狂砍价是不太礼貌的，也是对店员的一种冒犯。此外，砍价如同谈协议，在可以砍价的小店，砍好价格如同签好合同，如果突然改变想法，不想购买也是失礼的，店员会非常不高兴，甚至觉得你不诚实或不文明，因此，不需要某种商品不要轻易砍价，否则最好购买。

四、关于退税

不少国家和地区有退税政策，有些国家在机场退税，有些则在商场退税，如果想要节省费用，可以了解该国的退税政策。如果商家挂有"Tax Refund""Tax Free"等标识是可以退税的，但商店规模的大小以及商品种类不同，退税金额的百分比也是不一样的，所以购物时可以详细询问该店退税金额的百分比及退税的流程。如果购买的东西比较多最好开到一张退税单上，因为退税商品对额度有一定要求，需达到一定额度才有退税，如一位女士在法国购物，回国那天该国海关却拒绝退税。后来才知晓，法国需要消费金额在175欧及以上才能够退税，但她在各种商店单次购买的金额都不够退税标准。此外，每张税单有手续费，单子开得太散不但经济上不合算，也会耽误时间。

想要顺利退税，购物时必须携带两样东西：第一，护照，因为填写退税单需要出示个人护照。第二，信用卡，退税到信用卡比现金与支票方式更便捷，现金退税手续烦琐、花费时间长，支票方式涉及兑付支票业务，需支付手续费，不太划算。最后，由于对语言与退税流程不太熟悉，一定要留出充足的时间，有人曾因机场排队退税的人太多而不得不放弃退税。

还有一种最便捷的享受退税的方式就是在机场的免税店购物，免去了烦琐的手续，顾客购物只需出示护照与登机牌即可。商店填写一份免税单交给顾客，所购物品随身携带，无须装箱托运。出境时，如海关需要核对，将免税单和所购商品一同出示即可。

第五节 剧场、博物馆、体育场礼仪

一、在剧场观看演出礼仪

音乐是人类的灵魂，是世界通行的语言，是人生不可缺少的一种抒情活动。随着人们生活水平的提高，越来越多的人踏入剧场欣赏各种演出。走出国门欣赏一场剧场类演出成为很多中国人必不可少的项目。欣赏西方的交响乐、歌剧、舞剧有什么样的礼仪要求？如何才能从容得体？有几个方面需要注意：

第一，时间控制。观看演出勿要迟到，根据剧场、演出种类的不同，最好提前10～30分钟入场，如若迟到，则要听从工作人员的安排。一般来说，为了防止迟到者干扰其他观众欣赏节目，工作人员会让迟到者在歌剧的序曲之后，或者交响乐音乐会第一个曲目结束后入场。最严格的就是交响乐演奏会，曾经看到一位观众迟到了又不听从工作人员的安排执意要闯入剧场，双方争吵起来，迟到的观众非但没有认识到自己干扰了其他观众，还责怪工作人员阻拦自己，侵犯了自己的权利，观众们纷纷投去谴责与不满的目光，而闯入者还不以为然。

素养较高的观众懂得尊重演奏者也懂得尊重观众，如果自己的位子在中间，出入座位需要经过其他观众时，**应侧身移步进入，口中伴随轻声致歉"对不起……不好意思……劳驾"等，最好不要面对着就座的观众进出，当然整个臀部与后背对着就座的观众也是不礼貌的，侧身进入最佳。**

■ 图 5-1　2010 年 4 月笔者在捷克布拉格国家歌剧院

第二，声音控制。观看演出要严格控制各种杂音。越顶尖的表演对剧场环境的要求也越高。为了提升演出效果，不要说手机声音、交谈声音、用脚击打地面的声音，就连各种细微的杂音都要控制，捷克布拉格国家歌剧院（见图 5-1）的演出说明书提到**"就是剥糖果纸的声音都会影响演奏效果"。**交响乐演出常常会出现有趣的一幕，成熟的观众会刻意控制咳嗽，于是乐曲之间的停顿或中场休息时间一到，即传来人们此起彼伏的咳嗽声，演出再开始，剧场顿时又恢复肃静。总之，观看演出发出各种声音都是不受欢迎的行为。

案例：维也纳金色音乐厅里的小观众

一位中国男士痴迷交响乐，是古典音乐迷。一次到维也纳出差，他购买了维也纳音乐厅"金色大厅"的一场交响乐门票，想好好欣赏一场原汁原味、正宗经典的古典音乐会。入场落座之后，他发现旁边坐着一对母子，小男孩大约四五岁，非常调皮，演出开始前上蹿下跳没有一分钟安静！这位男士是一位对聆听环境非常挑剔的人，见到这一幕他心中叫苦不迭，暗想今天的音乐会就要毁在这个小男孩手里了。

没有想到音乐会一开始，音乐声刚奏起，小男孩立刻神奇般地安静下来，音乐仿佛对小男孩施加了魔法，他像个大人一般有模有样、如痴如醉地欣赏起来。中场休息，小男孩又恢复顽皮本性放肆玩闹起来。中场休息结束，小男孩再次进入状态，认真欣赏音乐。

这位男士期待已久的音乐会有惊无险，整场体验美妙极了。音乐会结束之际，他还和这个顽皮小男孩友好地握了手，小男孩的出现成为金色大厅的一个富有戏剧性的小插曲。

　　欧美国家的小孩子从小就受到这方面的熏陶，**在剧场、音乐厅要约束自己，不能随意散漫，即使是小孩子也会收起调皮和淘气，进入音乐的世界，体会其中的美。**

　　第三，鼓掌。观看演出时如何鼓掌，西方与中国的要求是不一样的。**观看西方的各种演出，需要"动静结合"，在演出的过程中，观众应该保持彻底的"静"，全身心地欣赏演出；曲目结束或者演出结束，观众则应该"动"，用热烈的掌声表示对演出者的欣赏与感谢之情。**以交响音乐会为例，一场音乐会依作品长短通常包含 2～5 个曲目不等，每个交响曲通常包含 3～5 个乐章，协奏曲一般 3 个乐章。通常情况下，同一曲目每个乐章之间略有停顿。中国观众出于礼貌，为了表示对演奏者的尊重与感谢，常常一停顿就鼓掌，这恰恰是不正确的，因为，乐章之间的停顿不代表乐曲的结束，而是一种暂时的静止，一个新乐章开始之前的停顿本身就是乐曲的组成部分，这时鼓掌往往会干扰演奏者，让演奏者分心。所以，不该鼓掌的时候千万不要鼓掌。正确的鼓掌应在乐曲之间的停顿，而不是同一乐曲不同乐章之间的停顿。**中国的各种演出，一般来说停顿就意味着结束，这时没有雷鸣般的掌声是一种不礼貌的表现，不管是节目开始、中间高潮部分，还是结尾部分鼓掌都是受欢迎的，不鼓掌则是一种不礼貌的表现。**看来即使是何时鼓掌这样的小事，因为文化的差异其表现也是不同的，不该鼓掌时鼓掌就是好心办坏事了。

　　第四，谢幕与加演。话剧、舞剧、歌剧、芭蕾舞、交响乐、音乐会等演出剧目结束后有一项重要的仪式是谢幕，谢幕是演出活动的组成部分。

　　一般来说，谢幕演员会按照先配角后主角（先次要演员，后主要演员）的顺序上场谢幕。**交响音乐会的谢幕则与之相反，顺序是指挥、主要声部、全体乐手。**演员谢幕时观众离开是不礼貌的行为，礼貌的做法应该在演员谢幕时用热烈的掌声回馈演员的精彩表演，遇到非常精彩的演出观众亦可以通过"起身鼓掌"表达谢意。

　　返场亦是剧场演出中一个有特殊意义的部分。有些演出会有一项不成文的规定，即返场，也就是邀请演员再演奏或者表演一段。演出结束后观众常常会用潮水般的掌声互动，掌声既有致谢之意，也有没过瘾希望表演者返场之意。为了满足观众的要求，演出者往往会返场加演，让观众再次享受精彩的表演。这是一种相互尊重也是一种相互欣赏，更是演奏者与观众默契互动的过程。有的观众演奏曲目刚结束便迫不及待地离开位子，不会用心鼓掌，更不会等待演员返场，这是对整个热烈场景的一种破坏，更是对剧场文化的一种漠视。曾经有坐在第一排的一位观众演出结束后立即转身离场，不巧在热烈的掌声中演奏者返场，所有观众坐下，剧场一片安静，唯独那位退场的观众一个人站在那里，走也不是，回去也不是，十分尴尬。

　　在可能返场的演出中，交响乐音乐会通常是会返场的，一般返场 2～3 个曲目。其他如合唱与独唱音乐会的返场则比较灵活，如果观众掌声热烈则会有加演的情况。歌剧与芭蕾舞剧不会在演出结束后返场，但曾出现过精华部分表演两遍的情况。就歌剧来说，一些经典歌剧的咏叹调是全剧的精华，也是演员水平的试金石，曾有演员因观众太过热情而自己状态又极好时，把同一曲咏叹调连唱两遍，但这样的情况就要看运气了。芭蕾舞曲目也有过一段经典曲目连跳两遍的情况，但这都是在剧中而不是在演出结束后。就返场的规律性而言，交响乐是最程式化的，一定会返场。

案例：一次可遇不可求的连唱9个高音C的中途加演

多尼采蒂是意大利的作曲家，也是意大利浪漫主义歌剧乐派的代表人物。他的歌剧《军中女郎》第一幕中的咏叹调《多么快乐的一天》被誉为"男高音的珠穆朗玛"，它非常著名，也非常难演唱，要求演唱者在2分钟内连续唱出9个高亢有力的高音C，难度之大可想而知。虽然多尼采蒂在1840年就写出了此剧，但是在歌剧表演史上却鲜有男高音能够真正按照原谱的音高演唱，即使偶尔演唱也不是比原版标定的音高要低，就是高音被挤压而令听者难以忍受。直到20世纪60年代末，意大利男高音歌唱家帕瓦罗蒂在改进了自己歌唱时的呼吸方法后，才第一次唱出了利用口腔共鸣和胸腔共鸣所发出的9个漂亮的高音C，至此才算真正圆了100多年前作曲家多尼采蒂创作此剧的梦。

2007年4月21日，一位1973年出生的秘鲁歌唱家胡安·迭戈·弗洛雷斯在意大利斯卡拉歌剧院完美演绎咏叹调《多么快乐的一天》，他精彩的表现让观众如痴如醉，大家仿佛看到了新的帕瓦罗蒂的出现。这一段唱完，台下爆发出震耳欲聋的掌声，面对热情洋溢的观众，胡安重复演出了这段咏叹调，因而一举打破了这座古老的歌剧院保持了74年"中途不加演"的陈规，创造了新的辉煌，但这样精彩的加演是"可遇不可求的"。

图5-2 2015年5月笔者在意大利斯卡拉大剧院

第五，服装。欣赏交响乐、歌剧、舞剧、芭蕾舞等表演，对观众的服装也有要求。这种场合是典型的社交场合，不管男士还是女士均应体面、高贵。这是对环境的尊重、对演出者的尊重，更是对自己的尊重。拖鞋、短裤、背心、破破烂烂的服装是不允许进场的，应该穿着礼服（大礼服、小礼服均可），**当然越正式的演出服装隆重程度越高，中国人走出国门穿着中式礼服亦是理想选择**（着装礼仪在第二章第三、四节有专门论述，在此不再赘述）。

二、博物馆礼仪

博物馆是征集、典藏、陈列和研究代表自然和人类文化遗产实物的场所，要迅速地了解一个国家的前世今生、文化发展以及对世界的贡献，博物馆是一个不得不去的地方，如法国卢浮宫博物馆、美国大都会艺术博物馆、英国大英博物馆、德国森根堡自然博物馆、梵蒂冈博物馆、中国的故宫博物院等。

参观博物馆应该有哪些礼仪？每个博物馆的规定不一样，最重要的是入乡随俗，遵守每一个博物馆的规定。一般来说，参观博物馆要求保持安静，勿要大声喧哗，勿要吃吃喝喝，行为举止收敛，爱护博物馆展品，如有规定不允许拍照，或者允许拍照不允许开设闪光灯的要遵守，勿要触碰展品或者在展品上刻字，衣着不能过于随便、亦不要过于华丽暴露，整洁、舒适的公务休闲或者商务休闲服装为好，鞋子以有舒适度的休闲皮鞋为宜，女士不宜穿着前面细细，后跟细细高高的高跟鞋。

当然，着装还与展览的主题相关，如果是级别、层次、规格都非常高的艺术品，参观者着礼服与环境契合亦是规范的。

博物馆的布局与每一件物品的陈列都是经过专业人员精心构思与设计的，每一件宝贝都反映着厚重的历史与独特的风情，是需要花时间去品味、去感受、去思考的。参观博物馆需要做一些简单的准备工作，例如事先查一查最有特色的展品有哪些，什么是镇馆之宝，它们的渊源是什么。如此下来，整个参观才会有大的收获。**博物馆是需要花时间静下来的地方，如果一无所知地去，只在一些著名展品面前拍拍照片，只能起到走马观花的作用，无法深入了解博物馆展品的内涵与精髓。**

三、体育场礼仪

体育赛事是体育迷心仪的活动,如果说剧场类演出是偏"静"的活动,体育赛事则是偏"动"的活动。走出国门的中国人越来越多，在中国国内举办的国际赛事也越来越多，在体育赛事中，作为观众，如何在观赛中有文明、得体的表现？有几点需要注意：

第一，有序排队。不管是室内还是室外的体育赛事，常常会有众多的观众。进出场时，不要拥挤，有序地排队以保证有序地进出场，遇到老弱病残者应主动礼让。如遇需要安检的情况，应积极配合工作人员的检验。

第二，遵守秩序。观看比赛时，不抽烟，不吃带响声的食品；比赛过程中照相不要使用闪光灯，规定禁止照相的场所应遵守规定。

第三，冷静观赛。体育比赛尤其是超大型的场外体育比赛，如足球、棒球等，观看者很容易兴奋与激动，在比赛的紧要关头，尽量不要因一时激动而从座位上跳起来，挡住后面的观众。观看体育比赛可以缓解压力、有效调节生活，适度的欢呼、尖叫、叫好是允许的，但起哄、乱叫、向场内扔东西、鼓倒掌、喝倒彩、吹口哨、嘲讽、辱骂裁判员和运动员或教练员的行为则是违背体育精神的，更是没有教养的表现。任何精彩的赛事都是竞争双方共同努力的结果，缺了哪一方都不行，观看体育比赛时，在支持自己喜爱的球队之余，热情地为对方运动员加油亦是好的表现。

图 5-3 2011 年 2 月笔者在英国伦敦观看英格兰足球超级联赛

第四，熟悉规则。任何赛事都有规则与奥妙，看得"懂"与"不懂"的区别是是否能在应该鼓掌的时候鼓掌，应该欢呼的时候欢呼，在应该安静的时候安静。一次观看一场室内网球比赛，一位运动员刚刚发完球，观众席中一位观众就忍不住大声叫道"Out"（即击球出界的意思）。判罚应该是裁判员的职责，这种叫喊严重影响了双方运动员，也影响了赛事的顺利进行，这种情况就属于不熟悉规则胡乱逞能了。

第五，着装适宜。着装以舒适、休闲为宜，不能光着膀子观看比赛，也不能只穿一件小背心，这样不大雅观。当然，穿着公务场合中规中矩的西服、公务服装也是不适宜的。一般来说，衣着整洁、舒适就可以了。

第六节　涉外小费礼仪

一、小费的由来

相传小费由一个英国旅店的老板发明，他在旅店门口放着一个包有黄铜的盒子，用来接收客人的硬币。盒子上写的是"To Insure Promptitude"（保证快速服务）。小费 Tips 很可能就是以上三个词的首字母缩写。在中国没有给付小费的传统，有的行业没有服务费，有些行业中的服务费一般列入总体费用结算，不用单独给小费，所以，很多中国人出国常常习惯性地遗忘支付小费一事。**一位留学海外的朋友曾感叹地说："出国一定要记得支付小费，自己当年在餐厅打工时收入的主要来源是客人慷慨支付的小费。"**如果在必须支付小费的国家享受别人的服务而没有支付小费很可能会遭遇怠慢，尽管没有支付小费不会被拒绝服务，但很明显的一点是支付小费的客人更加受到服务人员的欢迎与喜欢。

案例：他们为什么怠慢我们？

一对中国夫妇到美国度蜜月，他们每天早晨到酒店的餐厅吃早餐，早餐需要单点而不是自助。从第二天开始中国夫妇发现自己先点完餐，食物却比别的桌到得晚，之后天天如此没有好转。离开美国的最后一天用早餐，中国夫妇点完餐，还是久久等不来，比他们到得晚的顾客纷纷获得了食物，有些客人甚至吃完早餐离开了。催促了多次未果后，这对夫妇大发雷霆，用不太流利的英语向酒店投诉，甚至说他们是种族歧视，虽然酒店工作人员出面道歉，早餐也很快上来，但夫妇俩的好心情大受影响，这件事也成为蜜月之旅的一道瑕疵。夫妇俩一直没有弄懂为什么会遭此待遇，一次偶然的机会与一位礼仪专家交流，谈起此事，礼仪专家问道："你们是不是第一天早上吃完早餐没有支付小费？"夫妇俩点头，事情终于大白。试想十桌客人用餐，九桌客人都支付小费，服务员会首先服务谁呢？

需要明确的是支付小费在此是指单独支付给服务人员的费用，而不是服务提供者明文规定的包含在账单中的费用。目前世界上大部分国家都有支付小费的习惯，不支付小费的国家相对比较少，比较明确的有中国、新加坡、日本、韩国、冰岛和塔希提岛[⊖]。

二、各国小费要求

世界各国支付小费的数额并不相同，小费给得过少或者过多都被看作是无礼和欠周到的表现，所以，最佳办法是咨询当地人士或朋友。

⊖ 中国、日本、韩国的一些高档豪华场所也有支付小费的习惯，如五星级酒店、高尔夫球场等。

一般来说，在美国，餐厅的小费是总餐费的 15%～20%，如果服务准确，没出问题，也不特别出彩，就都是按总餐费的 15% 支付小费。如果对服务满意，可以给到 20%（也有餐厅会把小费直接计入总额，这种情况就不需要再给小费了）。当然，并不是所有的餐厅都需要小费，快餐厅（如肯德基、麦当劳）以及一些美食街点餐是不需要小费的，如果是自助餐，小费基本上是按人头计算的，大约每人 1～2 美元。**如果你搞不清哪些餐厅需要付小费哪些不要，很简单的一个判断办法就是如果就餐时有服务员为您点餐、嘘寒问暖，就餐过程中来个三四趟，这种餐厅是肯定需要支付小费的。**酒店住宿除了需要支付 15%～20% 不等的计入消费总额的小费，还需要给门童、打扫房间的服务员或者送餐到房间的服务员一些表示。一般来说，门童如果只开门给 1 美元即可，如果还搬运行李一般一件行李给 1 美元的小费。给打扫卫生的服务员在枕头或者床头柜上放 1～2 美元，当然，如果特别高档的酒店你放 4～5 美元也是可以的。这种数额小的小费最好是纸币而不是硬币。乘坐出租车小费以 10%～20% 为准。加拿大与美国类似，但尽量不要用美元支付小费，用加币支付较妥。

在西欧如英国、爱尔兰、荷兰、比利时、卢森堡、法国和摩纳哥这些国家，在旅馆住店和餐厅用餐的小费一般在 10%～20% 不等，一般是店家在账单上直接加上，这样倒省事了很多，不用挖空心思考虑妥当与否。需要注意的是如果已经计入总额，消费者就不需要再额外支付了。

在法国住宿与餐厅用餐，小费是介于消费总额的 10%～15% 之间，不低于 10%，财政收入也将小费列入其中。德国与法国不同，德国人比较节俭，德国的小费意识比较薄弱，付小费完全没有美国那么严格，德国人认为客人给不给小费是消费者的自愿行为，决定给多少也是消费者自己决定的。住酒店是不需要额外付小费的，如果服务生提供了拿行李、送餐的额外服务最好支付小费。餐厅就餐一般来说支付 5%～10% 的小费即可，举例来说，吃饭用去 46 欧，直接支付 50 欧就好了，一般小费会与应支付的金额凑成整数，这样也免去了找零的麻烦，但数额不方便凑整就不必如此了。此外，车站的行李搬运工、饭店清洁员、导游、理发师等，如果服务质量好，可以支付小费，虽然应给多少没有严格规定，但一般来说一出手就是 5 欧元，因为欧元纸币最低面额是 5 欧，之后就是硬币了。

非常有趣的是德国的服务业虽然秉持小费自愿的传统，对客人支付小费没有严格的要求，但德国人却是世界上支付小费最慷慨的人群之一，德国人严谨的作风在小费上也有所体现，德国人对待小费非常认真，绝对是一板一眼的。据德国《世界报》2013 年 6 月 3 日报道，一家旅游网站日前对德国、英国、法国等 6 个欧洲国家的 7000 名用户进行了小费习惯的专题调查。结果显示，住在北面的欧洲人要比南面的人慷慨许多。近 70% 的德国人有付小费的习惯，比欧洲平均水平高 28%。排在后面的依次是俄罗斯人、法国人、英国人和西班牙人。意大利人中只有 23% 的人有付小费的习惯。

澳大利亚一般也没有收取小费的习惯，旅馆和餐厅不会把小费计入账单，行李员、的士司机和理发师一般都不会要求收取小费。但如果对方提供了非常棒的服务，消费者略施慷慨也是可以的。

在意大利饭店或餐馆就餐，客人一般最多给 10% 的小费。在酒店，通常每天给打扫卫生的女工 1 欧元即可。坐出租车不一定要单给小费，把车钱凑成整数就行了。同一个国家不同地区的消费情况也不一样，例如在意大利南部的海港城市那不勒斯，如果你所给的小费与出租车司机的期望相差太远的话，很可能会发生不愉快的事情，令双方尴尬。

墨西哥也是收取小费的国家，那里服务人员的收入主要靠小费。不支付小费可能会导致尴尬，但无处不在的小费也让一些人咋舌。

智利也是收取小费的国家，各种不同的服务场合都要支付。餐厅的小费通常为消费额的 10%。旅馆门童或楼间服务员，如经常为你开门或者提供特别服务，亦可酌给小费 50 比索以示感谢。

巴西的餐厅一般都加收 5% 的服务费，酒店加收 15% 的服务费。一般小费标准，随客人的心愿，可多可少。

东南亚的泰国和印尼都是收取小费的国家，用餐、住宿、乘车、按摩都要付小费，但他们对于币种的要求没有那么严格，当地货币、美元都可以，甚至是人民币他们也愿意要。但尽量不要给硬币，东南亚一些国家的货币币值不高，如果是硬币基本上数额少得可怜，所以，给硬币有打发叫花子一说，不够尊重。

三、小费的核心精神

小费的核心精神是对提供服务者的肯定以及省得对方找零。作为服务享受者，如果对方提供了优质的服务，且当地有支付小费的传统，慷慨支付是必要的，否则影响的不仅是个人的形象还是国家的形象。作为服务提供方，小费应是接受服务者对服务提供者辛勤劳动的真诚感谢，任何以收取小费为目的、带有胁迫色彩、强制性收取小费的行为都是不公正、不合理的，让顾客反感的榨取小费的行为只会让顾客害怕，从此不再光顾。

世界国家众多，风俗各异，很难对其绝对化。**目前全球化趋势日益突显，按照传统的民族国家硬性划分文化习俗已经过于武断，也不科学。**即使同一个国家不同地区也有不同的小费习俗。因此，小费的问题不能绝对化，本书提供了粗略的介绍，为了适宜得体、避免不快、交往顺利，咨询当地人或者熟悉当地文化习俗的人是必不可少的。

第六章

涉外礼仪之餐饮篇

西方的外交界流行一句话，**"外交工作是在两张桌子上完成的。一张桌子是谈判桌，一张桌子是宴会桌"**。涉外交往又何尝不是呢？从事涉外工作，必须了解和掌握最起码的餐饮礼仪知识，因为一个人在就餐时的表现最能体现一个人的家教、修养与层次了。正如日本有一句话"看你拿筷子，就知道你的出身"，欧洲有一句话"和你吃一次饭，就如同看见你母亲的脸"，都是说的同样的意思：我们的吃相体现我们的家教。涉外交往中不论到哪个国家都要"饮食"，因此，餐饮礼仪成为不能忽视的一个部分。

涉外交往一部分是我们走出国门，一部分是外国人走进国门，因此，本书将分别对中、西餐饮礼仪进行介绍。二者的礼仪表现有些相同，有些并不一样，比如商务领域的餐饮，中国人是为了办事成功而吃饭，而西方人则是为了庆祝办事成功而吃饭。

第一节　中餐礼仪

中国人非常重视饮食，一顿饭可以联络感情、拉近关系、促成交易，这使吃饭具有超越"吃"的功能和价值。

一、入座礼仪

中国人非常讲究座次，身份越尊贵、地位越显赫、影响力越大的人对位次越看重，总之，位次有讲究，不能乱坐。如果是大型的宴会，有几种方式可以知道自己应该坐在哪里。一种是东道方事先告知参加者就座的位次图以及应该就座的位子；一种是在宴会厅门口贴有桌次图及座位图，桌次的顺序有的会用数字标示，为了降低这种过于明显的等级感，有的东道方则会用颜色标示或者花卉名称为桌子命名，参加者找到自己名字所属的那一桌就座就好，如图6-1所示。

宴会桌次与座位图

图 6-1 用色彩标示出的位次图

除了要排桌序，每一桌的就座位次也有讲究。宴会桌的排序有多种，如果宴会厅总共三桌，靠墙面门、最靠里、靠中间的是第一桌，右边是第二桌，左边是第三桌。每一桌靠墙面门的位置为一号位，以后按照以右为尊的位次排序。位次形状可以采用之字式、连线式，也可以采用交叉式，如图6-2所示。

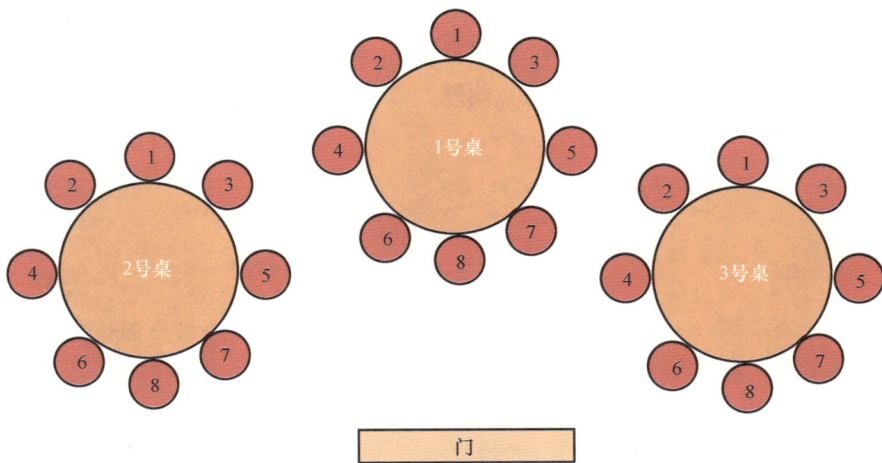

图 6-2 宴会厅三桌桌次与位次排序

如果宴会厅有舞台或主席台，且需要观看节目，一般来说可以采用"之字式"的排位方法，且每一桌面对主席台的位子是最好的，观看节目、聆听演讲最为方便，背对舞台的是最不好的位子，因为当事人必须转过身或者侧身才能看到节目或者听清发言，如图6-3所示。如果观看节目与发言只是象征性的，不会太长时间，也可以采用图表6-2的排法。

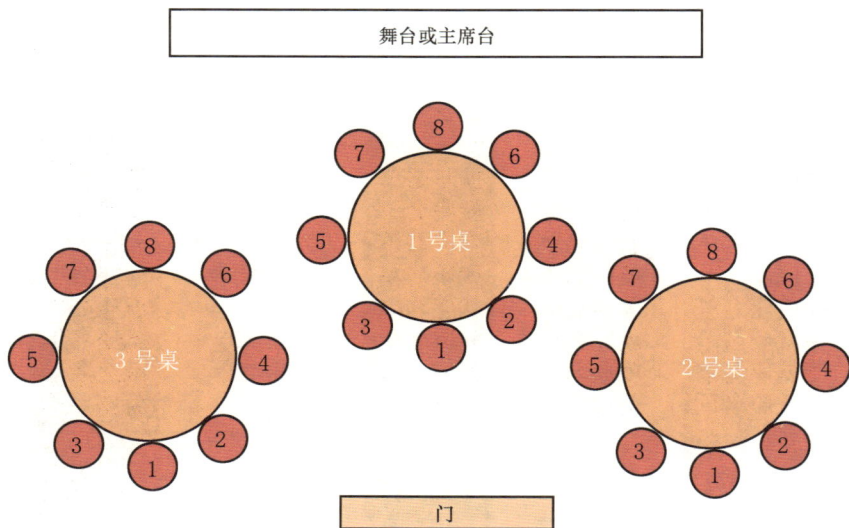

■ 图6-3　边就餐边观看节目或演讲的就餐桌次与位次排序

如果参加宴会时主人没有事先安排位次，不可贸然行动，最好询问主人的安排。如果坐在本不该就座的主桌或者主位上是非常失礼的表现，都是客人，主人不好意思把客人叫走，但让其就座了又扰乱了整个宴席的计划和安排。如果无法询问主人，有两个小技巧可以帮助自己坐对位子。**第一，放缓脚步，不急就座，待大家坐定再坐。第二，察言观色，与自己年龄、地位、身份相仿的人坐在一起，如果自己是新职员却坐在老总身边那肯定有点问题。**

案例：他为何丢掉工作

　　国内某公司与美国一家公司进行商贸谈判，谈判完毕中方领导携中国谈判组成员宴请美国公司谈判组成员。公司预订了一家豪华餐厅的大包间。刚进包间，中方公司老总便邀请美国公司谈判代表就座。美国公司成员来中国之前，做了一些功课，知道中国人非常重视位次，故入乡随俗推托一番，双方还在寒暄、推辞之际，中方公司一位业务能力较强的新职员便一屁股坐在了主宾位，嘴里还说："别客气，反正都是圆桌，坐哪儿都一样，不然我就先坐了！"中方老总狠狠地瞪了新职员一眼，又不好把对方拉下来，最后大家只好随意就座，整顿饭吃得别别扭扭。新职员虽然业务能力较强，谈判桌上表现不错，但宴会桌上表现不好，不仅给老总留下了坏印象，也给美国公司的人留下了较差的印象，直接影响了公司的形象。虽说不知者不罪，事后老总还是狠心地把这位智商高、情商低的员工辞退了。

二、筷勺礼仪

中餐餐具的最大亮点是筷子与勺子。筷子应该摆放在筷架上，不可直接插在米饭上面，也不可横放在碗上面（但日本人习惯把筷子横放在碗上面），这两种方法在中国都暗示祭奠先人的意思，所以不可如此摆放。

中餐从上菜的方式来讲是合餐制，即一道菜摆放在餐桌中央，供就餐者全体享用。每人使用自己的筷子取食，从卫生的角度来说，并非最佳形式。有人曾经打过一个比方，也许不太恰当，但有些道理，"就餐就像接吻，西餐分餐制是一对一，中餐合餐制是一对多"，合餐制传染疾病的可能性明显高于分餐制，随着人们生活水平的提高，就餐的卫生意识也提高了。中国人热情好客，为了尽地主之谊，常常喜爱为贵宾布菜。如果要夹菜，一定要使用公筷，如果没有公筷，只能用自己没有夹过菜的筷子为客人夹一次菜，之后要拿客人自己的筷子为其布菜。有些高档餐厅会有兄弟筷架，置放两幅筷子，一副是自己的一副是公筷，公筷用于夹菜与为他人布菜。夹菜要先观察，如果旁边的人正在夹菜，不要跨越对方的手，要等对方夹完再夹。为了保持每一份菜的品相，夹菜时最好从边缘或者某一处开始，而不要东一筷子西一筷子，弄得一份菜千疮百孔、品相难看。使用筷子最忌讳的一点是"挑菜"，每个人有自己吃菜的偏好，在家中用餐与最亲密和熟悉的人在一起，"挑菜"也许是可以容忍和接受的，但参加正式宴请，"挑菜"是非常不礼貌的行为，一来很不干净，在菜盘内挑三拣四让其他人感觉不舒服，二来显得人很贪婪和自私。所以，**夹菜要"狠、稳、准"，养成不挑菜的好习惯，稳稳地下筷子，准确夹菜，一旦夹好不挑不选。**

案例：如此夹菜？

一位商界男士，什么都好，朋友们就是不能忍受跟他吃饭。他吃饭时有个习惯，喜欢用自己的筷子给自己伴舞：不是在空中打拍子，而是在菜碗里来回翻动菜，夹一筷子菜放下，又夹旁边的，又放下，每每发表一番言论，就要把一盘菜翻个底朝天，从里到外，从左到右，都沾满他的口水，无一处幸免。关系要好的朋友也不好意思指出这种行为的不妥，要么尽量少跟他吃饭，要么忍受他的行为。

随着国际交往的不断发展，中餐的就餐形式也在发生变化。有些高档的中餐厅推出中西混合的就餐方式，也叫中餐西吃。中西混合的特点是餐具不但有筷子，也放刀叉，上菜既有合餐的部分，也有分餐的部分。冷拼一般都合餐，而其余部分则分餐。

中国人喝汤用瓷质汤勺。如果汤是单独由带垫盘的汤盅盛放的，汤匙用完后，应取出放在垫盘上。如果汤是公用的一份，不能用自己的汤勺舀大汤盆里的汤，需借助公用的汤勺取汤，然后用小勺食用。

三、敬酒礼仪

中国有悠久的饮酒历史与丰富的敬酒文化。它既是一种独特的物质文化，又是一种形态丰富的精神文化。[一] 在频频举杯之中，既活跃了气氛、表达了敬意又联络了感情，何乐而不为？不仅中国，东亚其他国家，如日本、韩国、越南都有悠久的喝酒习惯与敬酒风俗，欧洲的俄罗斯、法国也盛行饮酒。涉外交往时有的国家的人喜爱敬酒有的不喜欢，如何处理呢？关键是要有所区别，对内与对外的处理不同。

1. 对内

对中国人而言，在正式宴请中酒是少不了的一项内容，敬酒也是不可缺少的一道程序。宴请活动，即使自己不喝酒，也不能倒扣杯子，倒扣杯子有对主人不满之嫌。有人提议干杯后，要手拿酒杯或者饮料杯起身站立，即使是滴酒不沾，也要拿起杯子做做样子。干杯时将酒杯举到眼睛高度，可以象征性地和对方碰一下酒杯，还要手拿酒杯与提议者对视一下。碰杯的时候，如果对方是尊者应该让自己的酒杯低于对方的酒杯，表示对对方的尊敬。如果无法与离得远的同桌人碰杯，可以用酒杯杯底轻碰桌面表示和对方碰杯。

敬酒的顺序比较讲究，一般来说是级别最高者先发起敬酒，一人敬全桌人。如果没有客方人员，敬酒顺序是由高到低依次敬酒，之后，再一对一相互之间敬酒，如果就餐者级别、年龄差别较突出，位尊者可以一敬众，位卑者则应逐一回敬，"一人敬众人"更加适合德高望重的位尊者而不太适合年幼、资历浅的人。

如果主方多人宴请一位贵宾，主方从高到低轮流敬客人，其他人士举杯陪同。客人再逐一回敬。也可以在前几位主方人员敬完之后，客人再回敬。中间也可以穿插主方人员一对一敬酒与客人一对一回敬。但对于不胜酒力的人士，这种敬酒的频次可能会让其难以招架，如果不能饮酒，用饮料代替也是可以的，但最好真诚地解释。

如果主客双方人数对等，主方1号提杯敬酒，主方其他人员举杯陪同，敬完酒之后，客方1号回敬；之后是主方2号敬酒，客方2号回敬，以此类推。也可以主方1、2、3号敬完客人之后，客方1、2、3号依次回敬。一般情况下，敬酒应以职位高低、年龄大小、主宾身份定先后顺序。中间或者之后可以穿插一对一敬酒与回敬。

如宴会上不止一桌，一般来说，就餐时间的前半段在本桌敬酒，后半段流动敬酒。位尊者去其他桌敬酒可以"一敬众"，但位卑者到其他桌"一敬众"是不太礼貌的，当然，考虑到逐一敬酒会耽误尊者时间且当事人也可能会不胜酒力，几位位卑者可以同去另一桌敬酒，一起一敬众。

对中国人来说"干杯"意味着"喝光"，酒场上的表现一度与人品挂钩，认为喝酒不豪爽、不利落、不大气为人也会如此，喝酒耍心眼、玩名堂、搞小动作处事也会如此。很多人为此苦恼不已，不喝不合氛围与文化，喝多了则伤害身体，甚至出现过因陪酒丧命的官员。可喜的是中国的国际化程度越来越高，北京、上海、广州等大城市的人越来越认可"随意"式的"干杯"方式。尽管如此，中国基本的一些酒文化与酒习俗，我们该知道的还是应该了解，对内要遵循惯例。

⊖ 胡文斌. 红楼梦与中国文化论稿 [M]. 北京：中国书店出版社，2005：548.

2. 对外

中国人讲究面子，热情好客，慷慨大方，具有奉献精神，宁愿自己吃不饱肚子也要招待好客人。很多时候外国人却不领情。很多西方人士到中国，最不能理解的就是中国浓厚的酒文化，为什么中国人要强迫我喝酒呢？其实理解了中国人对待酒的态度也就理解了中国人为什么要频频敬酒了。中国人口众多，对吃很重视，自古以来酒就是珍贵资源，当大家还吃不饱肚子的时候，有一瓶酒，如何让对方多享用一些，自己少喝一些？最好的方式就是敬酒，通过这种方式让对方多享用珍贵的资源。久而久之，就形成了源远流长的敬酒风俗。越尊贵的客人，越要多敬酒，让对方喝好、让对方喝尽兴。对客人的重视程度、待客的隆重程度与敬酒的次数成正比。

中国人的敬酒让很多西方人吃不消。**实际上，这种不太为世界所理解和接受的中国人的待客方式，具有"好心办坏事"的效果。随着中国国际化程度的提高，越来越多的中国人，尤其是涉外工作的人士了解到了这一点，不再强迫西方人喝酒。**所以，对待敬酒的问题要区分对外与对内，对外要主随客便。

案例：我们错在哪里？

德国某企业经理沃尔夫先生来中国与某企业商谈合作事宜。中方企业非常重视，为了表示隆重敬意，中方老总大设宴席宴请沃尔夫经理，中国公司人员轮番敬酒，每当沃尔夫先生推辞，中方人员就会通过各种方式和沃尔夫先生干杯。之后三天，中方连续宴请沃尔夫先生……第四天，沃尔夫先生留下了一封信偷偷离开了中国，"尊敬的杨经理，谢谢您的热情款待，不过我实在是不胜酒力，因身体不适我先回国了，合作事宜以后再说"。

中方公司诧异和委屈万分，"我们拿出最高规格接待沃尔夫经理，我们错在哪里？"

中方最大的问题是用自己的方式而不是对方喜欢的方式去款待对方，在跨文化交往中，由于宗教、文化、历史、地理的差异，有可能自己喜欢的东西对方却接受不了。一旦强加给对方就会出现好心办坏事的结果。

四、就餐禁忌

吃中餐有一些禁忌，下面列举几项最容易忽视但又很重要的问题。

第一，大声喧哗。对中国人就餐反映意见较多的就是大声喧哗。中国人讲究热闹，氛围非常重要。如果有酒水助兴，频繁敬酒之后往往氛围极好。加之中国人如果款待重要宾客喜欢在包间进行，所以也不会对他人产生过多干扰。热闹对中国人是极为重要的一种氛围感受，它是褒义而不是贬义的。但走出国门，其他文化的人未必能够理解，即使去国外的中餐厅最好也要控制音量，减少声音对他人的影响，做到内外有别。首先，欧美餐厅基本没有包间，大家都是在大厅用餐。用餐者共享一个公共的空间，控制个人的音量就特别重要。其次，欧美餐厅也没有中国这么丰富的敬酒文化，他们想喝就喝不想喝就不喝，无须敬酒、劝酒，也没有这种热闹氛围。最后，西方人用餐具语言与服务员沟通，所以无须大声地叫服务员做这做那，整体的用餐氛围是安静的。鉴于此，不论是走出国门享用中餐，还是在国内款待外国人都要尽量控制音量。

第二，吃东西发声音。 吃东西发声音从某种程度上来说是菜肴可口的表示，对东方人来说并不如欧美人士那么不能接受，比如吃日本的拉面一定要发出"嗖嗖"的声音吸进去才地道。但按照西方国际礼仪的规范，吃东西发声音，尤其是吧唧嘴巴的声音对很多人来说是不能接受的。这已经不是不太文雅的问题，而是会严重降低个人形象的问题。如果与外国人一道用餐，最好不要发出声音，以免给人一种不好的印象。另外，口腔内如有食物也不要说话，一定等食物咀嚼完咽下去之后再与人交流。

第三，用筷子挑菜。 中国人用筷子夹菜，在筷子礼仪中，最不好的一种行为是用筷子挑菜。在一份公共菜肴里挑来挑去是非常不礼貌的。曾经见过一个高中生夹菜，他最爱吃的是鸡爪，一份农家鸡上来之后，他上演了一出挑菜的场景。第一筷子夹了鸡胸，扔了！再一筷子夹了鸡头，接着扔了！接着挑了一筷子鸡脖，再次扔了！在翻来覆去几回合后，终于夹起了鸡爪。此时，旁边的人都看呆了，母亲在一旁不好意思了，忙责怪说："你看看，你这么挑来选去，别人还怎么吃啊？"

第四，剔牙。 很多人有剔牙的习惯，不论从形象的角度还是健康的角度都是不太好的。从形象的角度来说，不加遮挡的剔牙不够文雅，且用牙签剔出来的东西是不能咽进去的，必须要吐出来。这个吐的动作、声音与过程就有损形象。从健康的角度来说，常年剔牙会破坏牙龈组织，使牙齿松动，牙缝越来越大。所以，如果可能养成漱口与刷牙的习惯。

第五，强行劝酒。 中国的酒文化丰富多彩，主人常常用酒表达对客人的尊重。对于喜欢喝酒的人这是一种享受，但对于不善饮酒的人这是一种折磨。所以，即便对内，我们也建议采用开放的态度，对于喜欢饮酒的人可如此款待，对于不善饮酒的人则不应该强行劝酒、灌酒。对外国人同样不能如此，除非对方是非常爱酒之人。

第二节　西餐礼仪

西餐与中餐不论是风格、菜品、餐具、流程还是祝酒都区别较大，从事涉外交往的人士了解西餐就餐的基本礼仪规范是非常必要的。下面我们从几个方面进行介绍：

一、西餐餐具的辨识

1. 西餐餐具的辨识

西餐餐具在英文中统一被称为 Silverware（银器），主要包括餐刀、餐叉、餐勺。西餐中最常用的餐刀有四种：①正餐刀；②鱼刀；③沙拉刀；④黄油刀。最常用的餐叉有四种：①正餐叉；②鱼叉；③沙拉叉；④甜品叉。最常用的勺有两种：一种是汤勺，还有一种是甜品勺，一般平放在正餐盘的上方。

除此之外，还有餐盘、餐巾、水杯、红葡萄酒杯、白葡萄酒杯。

西餐餐具从非正式的简易餐桌陈设到正式的六道菜摆放，尽管餐具的数量不同，但基本规则一致。

下面给大家展示非正式的四道菜简易餐桌陈设，如图6-4所示。

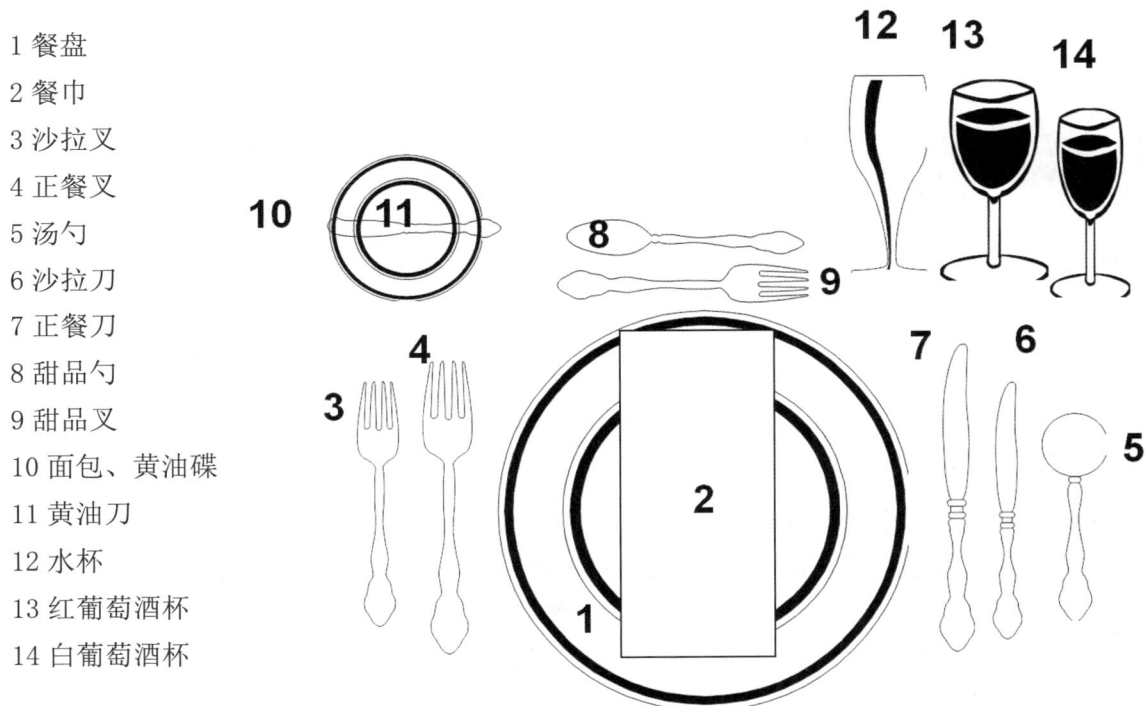

1 餐盘
2 餐巾
3 沙拉叉
4 正餐叉
5 汤勺
6 沙拉刀
7 正餐刀
8 甜品勺
9 甜品叉
10 面包、黄油碟
11 黄油刀
12 水杯
13 红葡萄酒杯
14 白葡萄酒杯

图6-4　四道菜简易餐桌陈设

餐具摆放有一些不成文的规矩，其中餐盘是最重要的，帮助我们记住位置。餐盘的左边放叉子右边放刀勺，餐盘的左前方45°的位置放面包碟和黄油刀，右前方45°的位置放饮品，它们可能是水也可能包含酒。餐盘正前方放甜品勺和甜品叉。围绕餐盘记住这五个位置就记住了西餐餐具的大概位置。为了方便记忆，**可以用"左固体，右液体"来帮助记忆，也有人用"左B右D"来记忆，左B是指左边放Bread（面包），右D是指右边放Drinks（饮品）。还可以用"BMW"记忆，B指左边放Bread（面包），M指中间放Meat（主菜为肉类），W指右边放Water（水）。**

以上只是四道菜的简单餐桌陈设，餐具的正式摆放更加复杂，最复杂的是六道菜的摆放，如图6-5所示。

图 6-5 西餐六道菜餐桌陈设

六道菜的菜品更多，餐具更加复杂。左边增加了鱼叉，右边增加了海鲜叉、鱼刀；饮品增加了香槟酒、雪莉酒。细心的朋友可能会发现，图 6-5 与图 6-4 相比，除了餐具更丰富，还有个别细微的差异，比如图 6-4 中沙拉刀与沙拉叉放在餐盘最外侧，图 6-5 中沙拉刀与沙拉叉放在餐盘最内侧。为什么会这样？与上菜顺序及就餐习惯相关，也直接影响了餐具的使用。另外，面包碟除了传统的放在餐盘左前方 45°的位置，还有一种是放在餐叉的左侧（外侧）。

二、西餐餐具的使用

1. 餐巾的使用

餐巾在西餐中是不可或缺的一个部分，一般而言，宴会开始前餐巾摆放在餐盘的中央，叠出花形或者折成长条形。餐巾打开的时间也有讲究，一般应由主人先把餐巾打开，其他客人才能打开餐巾。欧美私人家宴的一号主人是女主人而不是男主人，所以应该以女主人的行动为准。外交场合、公务场合、职业场合的一号主人是级别、职位最高者，即使夫人参加，也应以级别最高者为准。打开餐巾时应尽量轻缓、优雅，切勿夸张地抖开餐巾，左右甩。

餐巾应该放在哪里？餐巾放在三个地方是不正确的：第一是压在餐盘底下，第二是把餐巾塞进衣领里（如果是五岁以下的小朋友或年纪较长的老人例外），第三是把餐巾别在裤子里面。餐巾的放法，不同地区、不同国家略有不同，有的放在大腿上，有的放在肚子上；有的对折，有的不对折；

有的开口朝外，有的开口朝内。下面给大家介绍一种较为经典与实用的餐巾使用法：

餐巾面料分为纸质与布质，尺寸分为大号与小号，颜色分为白色与其他颜色。正式宴会的餐巾一定是布质、尺寸为 55～75cm 大号的、白色的。首先平铺在大腿上，将靠近膝盖那一边的餐巾反折过来，保持 1/3 重叠，开口是朝内的。**这么做的目的是当需要用餐巾擦拭时，用对折部分内侧擦拭嘴部，放回原处时餐巾较脏的那一部分已经隐藏起来了，也不会弄脏衣服**，如图 6-6 所示。

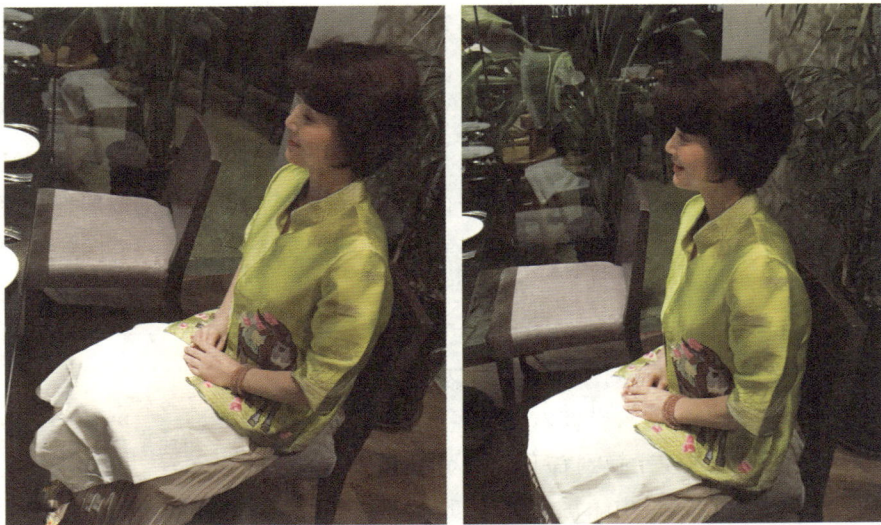

■ 图 6-6 首先将餐巾平铺在大腿上，然后把餐巾从外往里折回来 1/3

餐巾的用途是什么？一般来说有两个：一是保护衣服，防止汤汁、食物溅落在衣服上；另一个是擦拭嘴角的油迹、汤汁等。餐巾绝对不是用来擦汗或者擦鼻涕的，也不是用来当抹布擦拭餐具或杯盘的。如果需要擦汗等，应使用手绢或者餐巾纸。餐巾擦拭嘴巴并不能"左右擦拭"，而只能很优雅地用左右手拿起餐巾轻轻"沾""点"唇角。餐巾的使用很大程度上具有展示性，动作应文质彬彬。如果需要中途离席，打个电话、去趟卫生间或者出去抽根烟，餐巾可搭在椅背上或放在椅面上，表示暂时离开席位，英国皇室礼仪的做法是将餐巾放在椅面上。非常高档的西式餐厅服务员会将餐巾简单折好放在桌上。而结束用餐时，应将餐巾放在餐盘的左侧，如果餐盘已经撤走，可以放在中央，均表示进餐完毕。值得大家注意的是，宴会结束时都应把餐巾稍加叠放，不将弄脏的部分露在外面，也不能皱成一团胡乱放在桌上，但也不用折得像还没有吃饭前那么整齐。

2. 餐具的使用方法

西餐餐具使用的基本方法是"从外到里"，从最外侧的刀、叉开始，逐步到最内侧的刀、叉。餐具的摆放决定了就餐的顺序，西餐有两种就餐顺序，最大的区别是何时吃沙拉。

一类沙拉在主菜之前。这一类的走菜顺序是：头盘（开胃菜）、汤、沙拉、主菜、甜食、水果、咖啡或茶。另一类的走菜顺序是：头盘（开胃菜）、汤、主菜、沙拉、甜食、水果、咖啡或茶。一般来说，美国人先吃沙拉，欧洲人吃完主菜再吃沙拉，因为欧洲人主菜多为肉类，吃肉时大都有喝葡萄酒的习惯，而沙拉调味汁包含的酸味会冲损酒味，这就是吃完主菜后再吃沙拉的主要原因。另外，沙拉可以起到清口的作用，因此放在主菜后有助于清口与消化。非正式的简易西餐通常先吃沙拉，隆重正式的西餐常常后吃沙拉。需要注意的是，美国文化不断辐射全球，目前，一些欧洲国家也采用了先吃沙拉再吃主菜的顺序。不过，**最经典与正式的顺序还是应该先吃主菜再吃沙拉。**

　　知道了就餐顺序，那么餐具具体如何使用？在操作方法上分为欧洲大陆式和美国式两种。

　　欧洲大陆式的刀叉用法，其最主要的特征是右手拿刀，左手拿叉，叉齿向下。左手餐叉负责固定食物，右手餐刀负责切菜，切菜的顺序是从左往右切。切下食物后，右手餐刀就握在手里，左手用餐叉叉尖朝下，负责将食品送入口中。牛排之类的主菜应该是每吃完一口再切一次，或者说切一块吃一块。如果是豌豆、土豆泥等食物，传统欧洲大陆式的吃法是用餐刀将食物推到叉背上，用左手送到口中。但这种餐叉永远朝下的用法不太符合人体工程学，随着时代的发展也在逐渐改变，目前常见的做法是依照食物的性质，有时餐叉朝下有时餐叉朝上交替使用。

　　美国式的刀叉用法轻松随性一些。其使用方法分两个阶段：切菜和入口。切菜阶段右手拿餐刀，左手拿餐叉，叉齿向下，这与欧洲大陆式相同。但是切完菜之后，美国式就把右手中的餐刀斜放在餐盘偏右的位置或者平放到餐盘顶部，然后把叉子从左手换到右手，叉齿向上，如同铲子，将切好的食品送入口中。每吃完一口，又将右手中的叉换回左手，用右手将刀从盘中拿起，再周而复始地重复一遍，如图 6-7 所示。

　　不管哪种用餐方法，注意刀都不能入口，并且使用叉子时是叉子找口，而不是嘴巴就叉子，更不能手持刀叉在空中挥舞摇晃。

■ 图 6-7　美国式进餐方式

3. 用餐与停餐的刀叉摆放

　　吃西餐最大的一个特点是安静，很少在西餐厅听到客人大声地招呼服务员"服务员，点菜""服务员，拿把叉子"……西餐厅为什么这么安静？很重要的一个原因是他们的程序性更强，服务员按部就班地进行点菜、上菜、结账。训练有素的服务员连中途过来询问"感觉怎么样？""一切还好吗？""是否还需要点什么？"这样的问候都是程序化的。顾客与服务员的很多交流都是通过无声的语言进行的，顾客就餐时暂时离开还是结束就餐，无须通过语言告诉服务员，只需通过餐具的摆放就可以了。

　　西餐刀叉在使用的过程中，根据摆放的位置不同，可以表示两个寓意：暂时停止和结束用餐。其中，欧洲大陆式与美国式的表达又略微不同。

　　欧洲大陆式暂时停止就餐（一会儿还要回来继续用餐）的餐具摆放是刀叉呈"八"字摆放于餐盘上，刀叉位置仍旧左叉右刀不变，如图 6-8 所示。"八"字是就餐动作的静止化，就餐时双手手臂即是一个大八字。此时表示就餐者暂时休息，过一会儿还会继续进餐。注意刀叉应全部放置在餐盘上，

不要将尾部放置在桌布上。但欧洲有些国家如英国习惯刀叉交叉摆放，
餐叉朝下压在餐刀上面。

　　而停止就餐的位置是将刀叉合拢放在餐盘上，刀刃朝内，餐叉叉
齿朝上（但在有些国家叉齿朝下成为惯例）。放置的位置可以合拢横
放、竖放，也可以斜放，如图6-9所示。一般情况下，在英国习惯于
竖放，在法国习惯于横放。

图 6-8　欧洲大陆式暂停就餐
的刀叉摆放

图 6-9　欧洲大陆式停止就餐的刀叉摆放

　　美国式暂停就餐的刀叉摆放与欧洲大陆式略有不同。餐刀斜放于餐盘的右上角，叉子斜放于餐
盘下部，方向与餐刀相同，但二者并未合拢且餐叉叉齿朝上，如图6-10所示。结束就餐的摆放与欧
洲大陆式基本相同，唯一不同的地方是餐叉的叉齿是朝上的，如图6-11所示。叉勺摆放的位置可以
告诉别人我们用餐完毕，但就餐时，除非被允许提前离开，否则要等大家都吃完了才能起身离开，
这才是有礼貌的行为。

图 6-10　美国式暂停就餐的刀叉摆放

图 6-11　美国式停止就餐的刀叉摆放

　　另外，在法国与欧洲的有些国家，如果在就餐的过程中我们需要更多的食物可以把刀、叉交叉
摆放于餐盘之中，叉齿朝上，餐刀刀刃面向左边，如图6-12所示。

图 6-12　法国与欧洲有些国家需要增加食物的刀叉摆放

三、进餐姿势与方法

1. 进餐姿势

吃西餐时对身体姿势有较严格的要求。用餐时上身应该挺直，向餐桌微倾，不能很松懈地靠在椅背上。用刀叉切割食物时双臂尽量不要靠在桌上，悬空操作最为优雅，同时禁止将双肘放在桌面上。中国人喜欢就餐时把单肘或者双肘放在桌面上，偶尔还用手部托腮，吃西餐时不可以这样做。当然，如果吃完了与人交谈时，肘部撑在餐桌上是可以的。头部要保持一定的高度，西方人认为弯腰低头，用嘴凑上去吃是很不文雅的，因此，只能用餐具找嘴而不要用嘴去找食物。下身要端正，不能跷二郎腿。就座的姿势可以想象成 **"背后有一只小老鼠，同时大腿腿部有一只熟睡的小猫咪"**。这样后背会挺直，前腿会稳固。

社交和休闲场合男士要为右手边的女士拉椅子，这是绅士风度的体现，但公务、商务、政务宴会不是必须这么做的。关于进出椅子的位置西方有左进左出、左进右出和右进右出几种，规定进出位置是为了让大家不撞到左右的朋友。若论最便捷、舒适的进出位置还是右进右出，因为男士要为自己右侧的女士服务，女士从右侧进入给男士留出了为女士服务的空间，而为女士服务完，男士也不用绕到椅子左侧入座，直接从右侧入座比较方便。但如遇本地习惯是其他入座方式，客人入乡随俗就好，不必固守一种模式。

就餐时，不论女士携带什么样的包均不能放在桌面上，一般正式宴请携带的小手提包或较小的晚宴包，可以放在椅子上（自己的身子与椅背之间）或者腿上（餐巾下面）。如果是较大的公文包，可以放在椅子底下，椅子右侧的地面上（但要注意不要影响服务员进出）或脚的前面（但加勒比海国家，如牙买加、圭亚那、海地等国家不能放在脚前，他们认为钱放在地板上会跑掉）。

2. 吃面包

吃西餐最先上的是面包和黄油。吃面包不能拿着整个面包往嘴巴里面送，应该分几步进行。首先用右手拿面包，左手掰下一小块，右手把大块的面包放回面包碟，之后用黄油刀为撕下的小块面包抹黄油，再将小块面包放入口中享用，一般来说是撕一块，抹一块，吃一块。**我们把吃面包的动作用五个动词总结是"拿、撕、放、抹、吃"**。另外，黄油有时是一人一块，有时是共用的，如果遇到共用的情况，不要把黄油从公用盘直接挑出抹在面包上，而应该先放在自己的面包盘上，再涂抹享用。

3. 吃意大利面

意大利面是西餐的一个特色菜品，与中国的面条不同，意大利面没有浸泡在汤里面。正宗的意大利面吃法是借助叉子这一种餐具，以叉子为轴慢慢地把面条卷起来，但不要卷得太多，以免一口吃不下或者嘴巴张得过大影响形象。非意大利国家的很多西方人喜欢借助左手的勺子吃意大利面。**左手勺、右手叉，面条滑溜溜，左手的勺子可以控制叉子的方向和力度**。但最正宗的吃法还是一把叉子。

4. 喝汤

西餐喝汤有两种方法：一种是从内往外舀汤，并在汤盘最外沿上刮一下，再送入口中，这种方法的好处是如果汤从勺子上滴漏下来，汤碗还可以接住，这是美国与英国使用的喝汤方法，也是大多数西方国家喝汤的方法。另一种是从外往里舀汤，然后直接送入口中，这种方法与中国人喝汤的方法一致，欧洲一些国家像法国就是如此喝汤的。这两种喝法都可以，但大多数西方人喝汤是用第一种方法，如果采用后一种喝法，需要用餐巾把胸前部分盖住，以防汤溅到身上。

汤必须用汤勺舀着喝不能端着汤碗直接喝。**如果汤快喝完了，可以用左手把靠近身体那一边的汤碗向餐桌中心倾斜（稍微往右或者往左倾斜更加优雅），再用勺子舀着喝。**用完后把汤勺放在汤盘的中间或者右边的垫盘内，即表示已经用完。

四、就餐禁忌

吃西餐有很多我们容易忽略的禁忌，下面一一介绍。

1. 入室不接受引领

西餐厅用餐讲究预约，进入餐厅后首先看到的是餐厅的引领员，礼貌的行为是告知工作人员预约者的名字，然后在引领员的引领下进入餐厅入座。最好听从引领员的安排，如果位子不合适可以与引领员协商，切不可长驱直入，亦不可甩开引领员自行选座。

2. 点菜不管请客人感受

有人请客用餐，不意味着客人可以点任何自己想点的菜肴。主人有请客的预算，也存在愿不愿意花钱的问题，所以聪明的客人应该在点菜时"察言观色"。

点菜时可以多问主人的意见。**如果主人推荐说"某一种牛排很好"，那是一种暗示，意味着客人可以在这个价格范围之内点主菜。**聪明的客人应该能够读懂主人的暗示性语言，如果不管不顾，专门点贵的、点好的，可能会让主人很尴尬。大多数西餐厅的菜单上每一份菜都标有价格，但也有个别餐厅菜单上面没有标价格，遇到这种情况怎么办呢？有一个小技巧可以帮助我们知道大致的情况，一般来说，餐单上面的价格是越往后越贵，如此就可以大致推出价格的高低了。同样，客人不能擅自点酒，只有主人提出"Would you like to have a drink?"（你想喝点酒吗？），点酒才是妥当的。

3. 用餐时声音控制不好

西餐的就餐氛围以静为主，除了刀叉尽量不要发出声音，用餐时要闭口就餐。咀嚼食物时嘴巴发出"吧唧"的声音、喝汤时发出"哧溜"的声音都被认为是没有教养的体现。口中有食物的时候不要与人交谈，应该把食物吞咽下去再说话。中国人用餐讲究氛围与热闹，这恰恰是西方人最不习惯的。用餐时高声大嗓、劝酒猜拳、斗闹嬉笑都是不合适的，同时身体也忌讳发出各种声响，包括打嗝、放屁、打哈欠等。如果需要打喷嚏或咳嗽，应该用手绢或餐巾挡住，如果咳嗽时间太长，则应去卫生间和盥洗室处理。

4. 吃进去的东西吐出来

吃进去的东西堂而皇之地吐出来是失礼的。入口的硬物，如鱼刺、骨头等应该用餐巾遮挡，用手接住，放入餐盘中右侧，最好藏起来，越隐蔽越好，堂而皇之地放在雪白的桌布上面是不好的。

案例：不愧为王妃！

有一年戴安娜王妃到日本访问，就餐时品尝了日本传统菜肴——寿司，戴安娜照日本人的样子把寿司蘸了蘸拌了芥末的酱油汁送入嘴中。咀嚼两口后她脸色大变，原来她不习惯吃刺激性强的芥末，眼泪在她的眼眶中打转。但是她没有本能地吐出来，而是咽了下去。两三秒钟的时间定了定神，又露出了优雅、平静的笑容。

皇室成员均要接受严格的礼仪训练，最能考验人的是毫无准备时的表现，一般人可能会遵从人本能的反应，但王妃就是不一样，再受不了也不会把食物当众吐出来，难怪有人评论"不愧是王妃"！

5. 视觉所见不美

西餐非常讲究视觉的感受，眼睛所到之处均应干净、漂亮，如图 6-13 所示。就餐人应该注意个人形象，穿着拖鞋、短裤、文化衫等是不会被允许进入高档西餐厅的。就餐时要保持餐具、餐布、餐巾干净、漂亮。如果吃完饭自己周围的餐布、餐巾、餐盘还保持着良好状态，而不是到处都是污渍、油垢、汤汁、骨头，其他就餐者一定会对你刮目相看，这可不是一两天可以养成的。用餐时不要当众擤鼻涕、捋头发、剔牙、补妆（在西方人的眼里，女士在公开场合拿出小镜子补妆就好比在公共场合换衣服一样）。吃到尽兴处不要随意脱下外衣、摘下领带、解开衣扣等。正式宴会要忌烟，实在忍不住可以去室外或者抽烟室解决。

■ 图 6-13 西餐非常讲究视觉感觉，处处应干净、漂亮

第三节　自助餐礼仪

随着社会的进步与发展，现代人越来越重视效率、珍视时间。自助餐以其便利性、高效性、丰富性受到越来越多的公务、商务、政务类活动的偏爱。自助餐不用排位次、不用安排菜单、不受多人就餐的限制，把所有的菜肴、酒水陈列在一起，就餐者根据自己的个人偏好自取即可。它是国际上通行的一种非正式的餐宴形式，所以知晓一些吃自助餐的礼仪很有必要。

一、有序排队

进入自助餐厅，就餐者首先应找个位置落座，稍微定神之后再去取食。切记不要进门后直接去取食，或者刚一落座立即起身取食，这样会显得不够稳重与矜持。当然特殊情况例外。

取食应该从放置凉菜或者开胃菜的位置开始。人多时要排队取食，不可插队或者越过前面的人取食，看到排队中的熟人、朋友，从他们的位置开始聊天和排队也是一种插队。有了自觉维护公共秩序和良好的排队习惯还不够，人多时也有弄不清楚排队顺序的情况。一次自助餐，参会者全部进入餐厅后大家纷纷去排队取食，排了一阵竟然发现大家排的不是一个方向，两队人员相向而行，走到中间两队人马会师了，整个取菜过程乱成一片，这个问题是其中一队人方向搞错了。**那么正确的取菜方向到底从哪里开始呢？取菜的位置与就餐顺序息息相关，首先取的一定是凉菜和开胃菜，那就从那里开始排队吧。**

二、限量取食

就餐体现着一个人的修养与素质。自助餐意味着可以随意取食、品种不限、数量不限。面对琳琅满目的菜肴，你会取什么、取多少？有人笑言"吃自助餐就是要扶着墙进去，扶着墙出来"，意思是要吃回来，吃自助餐之前一定要饿着肚子去，放开胃口、海吃海喝，离开自助餐厅时食物都快吃吐了、都快走不动路了这才值！自助餐意味着食物不受限制，殊不知这恰恰是对人的一种考验，一次取食太多把盘子堆得像山一样会显得人很贪婪，所有的注意力都在吃上面。取菜时挑挑拣拣或者犹豫不决，占着位子不走也是不受欢迎的行为。遇到自己喜爱或者昂贵的食物一次取很多，不管后面的人还有没有，这种情况其他就餐者不喜欢，工作人员也不喜欢。餐厅备料时会均匀准备各种菜肴，如果有人一次取很多，后厨补充完之后还不够，后面的人可能就没有了。

所以，一次取食不要太多，可以少取多次，也不要专挑某一种食物猛吃。否则，会让人感觉就餐者只在乎吃其他都不在乎。**吃自助餐忌讳眼大肚小，取食太多吃不完浪费是很不好的行为，离开餐厅时餐盘内吃得干干净净，没有浪费的食物不是很好吗？**

案例：Isn't it beautiful？（它难道不美吗？）

中国某大学的美国外教劳拉女士与这个大学的学生干部张杰到五星级酒店参加一个文化交流活动。活动后有自助餐晚宴，劳拉与张杰入座后便去取食物。劳拉女士只取了三勺食物就准备往回走了，作为学生的张杰平时在食堂吃饭，生活很清苦，见到如此丰富的自助餐非常高兴，他见到劳拉只取那么一点点就打道回府了，便友善又着急地提醒劳拉说"劳拉，多取点儿啊，多取点儿啊！"劳拉微笑着摇摇头回到位子上去了。张杰第一轮取了满满一盘，堆得像小山一样。两人都坐定后，两个盘子一多一少形成鲜明对比。此时，劳拉对张杰说："亲爱的，你看我的盘子，难道它不美吗？"劳拉的盘子只有三勺菜，它们像一朵花一样。看着劳拉的盘子张杰有点不好意思了。劳拉接着说："张杰，出来吃饭并不仅仅是为了填饱肚子，有些事情比吃更重要"。张杰好奇地问"那是什么啊？"劳拉说"是感情与思想的交流、是交新朋友、是拓展合作的可能。如果所有的注意力都在吃上面，更多美好的东西就看不到了，更多重要的事情就会被忽视。""哦，原来如此！"张杰点点头，这顿自助餐劳拉给张杰上了生动的一课。

三、配套餐具

每一道大份菜的前面都有配套的餐具，有的是大勺子，有的是大夹子，有的是大叉子。取食时不要用自己的刀叉或筷子取食，而要用每种大份菜专用的配套餐具。此外，每取完一种菜，应该把餐具放回原位，不要用一种菜的专属餐具取其他的菜，一来不卫生，二来餐具不配套可能夹不起来，比如用大夹子夹豌豆就会不方便。

取食物时不要用已经用过的餐盘，餐盘留在餐桌上，服务员会撤走。随着人们环保意识的增加，有的人认为餐盘使用太多会浪费人力与水资源，探讨是否可以使用自己用过的餐盘取食。这种体谅的观点固然好，但用过的餐盘毕竟会有剩菜与油脂在上面，因此，建议还是另用新盘。美国有些州的健康法规定不允许将脏的餐盘拿回用餐处，因为受污染的餐具和餐盘可能会传播病菌。

此外，最好不要代其他人取食，除非征得对方的同意或对方要求代为取食。

四、遵循餐序

丰富的自助餐让人眼花缭乱，那么首先该吃什么？千万不可让如此多的美食乱了自己的步骤。吃自助餐仍然应该遵循正规就餐的餐序，最好是按照顺序取食：开胃菜（凉菜）、汤、沙拉、主菜、甜点、水果、咖啡或茶。不要把冷、热、甜、咸全部放在一个盘里。有人特别偏爱某一种或一类食物，如价格昂贵的食物像三文鱼、大虾等，或者个人特别喜爱的食物如冰淇淋、南瓜汤等，根本不遵循餐序，只吃自己喜欢的那一种或一类菜，结果既不营养，也不科学。

案例：爱吃冰淇淋的小柯

小柯最爱吃的是美国冰淇淋。一次和朋友们聚餐，选择了一家比较高档的自助餐厅。餐厅内食物琳琅满目，从食物到饮料，从凉菜到主菜，从烤肉到水果，从中餐到日餐、韩餐一应俱全。最让小柯心动的是这里有最全的美国 36 种冰淇淋，见到冰淇淋小柯挪不动腿了，他准备大干一场，连续吃了三份。朋友们劝他去试试别的，吃完三份冰淇淋的小柯已经八成饱了，品尝其他的食物也有心无力了。

小柯懊恼不已，怎么一吃自助餐就这么容易饱啊？

第四节　西餐饮酒礼仪

一、西餐酒品介绍

世界各古老文明都流传着与酒有关的神话与传说，酒并非是单纯的享乐之物，而是文化的伴侣。西方人爱酒不亚于中国人，中餐最正式的餐酒是白酒，一般不习惯多种酒混饮。西餐酒品的数量比较丰富且按照餐前、餐中、餐后分类，一顿饭可以喝多种酒。西式酒品除了增加味觉享受、愉悦性情、促进交流，每一种酒的功能还与健康息息相关。下面我们按就餐时间顺序介绍酒水的选择。

1. 餐前酒

又名开胃酒，在正式用餐之前饮用，一般为酸甜口味的酒，如味美思，以及很多男士喜欢的威士忌与很多女士偏爱的香槟酒。餐前酒的特点除了威士忌是烈性酒之外，大部分的餐前酒口感较酸甜，喝完有助于苏醒味蕾、增加食欲。

• 香槟酒（Champagne）

香槟酒是一种含有二氧化碳气泡且酒精度相对较低的汽酒。没有任何一种酒可以与香槟的神秘性与欢乐性媲美。它是一种庆祝佳节用的酒，具有奢侈、诱惑和浪漫的色彩，也是葡萄酒中之王。人们称其为"美好时光的泡沫""时尚的黄色彩珠""搅动淑女心灵的香水""令胜利者飘飘然的灵丹妙药"。"开香槟"成为庆祝的代名词，开香槟时"嘭"那一声响昭示着喜庆与快乐，又因其所具有的观赏性，香槟酒被认为是一种最好的礼仪酒。它是大型宴会、欢庆仪式、婚礼上不可缺少的一款喜庆酒。

香槟酒既可以作为餐前酒也可以作为餐酒。香槟酒的最佳饮用温度是 4～8℃，需要冰镇。服务生应注意在就餐者饮完之后再予续杯。香槟酒是西方人唯独可以干杯的酒。香槟酒的酒杯造型多样，餐桌上的香槟酒杯，以细长杯身为多见，形状优美，每次倒酒要倒满酒杯的 2/3，倒入香槟酒后可以看出气泡的升线，饮酒时，手持杯柱，小口啜饮。常见的三类香槟酒杯有：Champagne Flute（笛型），

Champagne Saucer（浅碟型），Champagne Tulip（郁金香型）。**最受欢迎的杯型是笛型与郁金香型，因为这两种杯型可以欣赏到气泡缓缓从杯底上升，如同一串串珍珠，这是香槟酒杯的秘密。**那么笛型与郁金香型又有什么区别呢？如果饮用较为简单的无年份香槟，笛型杯可以使得酒液保持凉爽，气泡也更加好看。如果饮用复杂具有深度的香槟时，选择郁金香型杯来展现它们的香气比较明智，如图6-14所示。

■ 图6-14 香槟酒的三种酒杯

- **味美思（Vermouth）**

味美思酒是最常用的开胃酒。一般以白葡萄酒为主要成分，加上近30种香料配制而成，生产味美思的配方从来都是保密的。它因特殊的植物芳香而"味美"，因"味美"而被人们"思念"不已。味美思酒制法分四种：①在已制成的葡萄酒中加入香料浸渍；②用预先提炼的香料按比例加入葡萄酒；③在葡萄汁的发酵期，将配好的香料加入一同发酵；④在制成的味美思中再以人工法加入二氧化碳或味美思气泡酒。

味美思酒的著名产地是意大利和法国，在饮用时要加冰块。味美思还有一大功用，就是调配鸡尾酒，因为其除了具有加香的特点，还具有加浓的特点，它含糖量高，所含固形物较多，比重大，酒体醇浓，是调配鸡尾酒不可缺少的酒种。

- **威士忌（Whisky）**

威士忌酒是男人最爱的烈性酒之一。威士忌由大麦等谷物酿制，在橡木桶中陈酿多年后，调配成43度左右的烈性蒸馏酒。英国人称之为"生命之水"。目前世界各地都在生产威士忌，最具代表性的威士忌分别是苏格兰威士忌、爱尔兰威士忌、美国威士忌和加拿大威士忌四大类。其中最正宗、历史最悠久的是苏格兰威士忌。在烈性酒中，威士忌被认为是最佳餐前酒。当然，也有人偏爱在餐后饮用，无须绝对化。威士忌有多种饮法：一种是净饮，一种是加冰或加苏打水，还有一种是与其他饮料混合后再喝，即鸡尾酒喝法。威士忌酒杯一般都是平底且杯口和杯底面积基本相等的杯子。往酒杯中倒威士忌时，不宜倒得过多，可以倒薄薄一层，也叫三寸威士忌；或者倒1～1.5盎司，如果按照美制1液体盎司=29.571mL计算，大约是30～45mL。威仕忌酒加冰喝时，一般都会带一张餐巾纸。这是因为加冰的酒容易结水雾，并形成露水，垫上餐巾是为了不湿手、不冰手。饮用时要小口啜饮，不能一饮而尽。

2. 餐酒

餐酒也叫佐餐酒，是最为理想的宴会酒。西方人最爱用葡萄酒做佐餐酒。美国《美食与美酒》杂志主编莱缇·蒂格曾说"葡萄酒是一种语言，就像学一门外语一样难以掌握"。葡萄酒被人们称为继英语之后的"第二种国际交流语言"。**法国品酒师评选委员会主席菲利普·布拉克曾说："葡萄酒传达友好，创造愉悦，它帮助人们交流与分享。它给我们的愉快，不仅在酒杯里，也在人们端起酒杯之后的对话里。"**

根据所含甜度的不同葡萄酒可分为四种：甜葡萄酒、半甜葡萄酒、半干葡萄酒、干葡萄酒。干葡萄酒是指含糖量（以葡萄糖计，下同）小于或等于 4.0g/L 的葡萄酒。半干葡萄酒是指含糖量在 4.1 ~ 12.0g/L 之间的葡萄酒。半甜葡萄酒是指含糖量在 12.1 ~ 50.0g/L 之间的葡萄酒。甜葡萄酒是指含糖量大于 50.1g/L 的葡萄酒。其中干葡萄酒是最理想的餐酒，其最大特点是通过传统或者现代的方式提取出葡萄的糖分，所以干葡萄酒里面没有糖分。

葡萄酒根据颜色可分为红葡萄酒、桃红葡萄酒和白葡萄酒。白葡萄酒：酒的颜色微黄带绿，近似无色或浅黄、禾秆黄、金黄。红葡萄酒：酒色呈自然深宝石红、宝石红、紫红或石榴红；桃红葡萄酒：酒色为淡红、桃红、橘红或玫瑰色。

案例：爱葡萄酒胜过爱爵位的人

在英国，有一个与红酒有关的家喻户晓的故事。世袭贵族理查德（Richard）因为对高品质葡萄酒入迷，而有了流传至今的"为追求高品质葡萄酒不惜放弃爵位"的故事。这个故事在英国的轰动程度堪比英王爱德华八世为爱情放弃王位。虽然故事听起来有些戏谑，但足见红酒的吸引力似乎是难以抗拒的。

一次，理查德在英国沃金厄姆郡的圣卢斯特庄园，偶然尝到了一串当地的葡萄。葡萄的口感非比寻常，对于一个对红酒入迷的人来说，这串葡萄的意义与价值已经超越了一串葡萄，他仿佛看到了一瓶瓶可遇不可求的绝佳葡萄酒，这一庄园正是酿制葡萄酒的可遇不可求之地。

理查德带着不惜一切代价的劲头找到庄园所有者，表示了自己对于该庄园的购买意向。庄园的所有者无意卖出又不好拒绝，就开出了一个理查德几乎不可能支付的价码——"你的爵位"。这一苛刻的价码对于世袭贵族来说，简直无法想象。但是理查德却不假思索地同意了。正因为这一疯狂的举动，人们开始戏称理查德为"葡萄伯爵"。得到庄园后，理查德开始实施自己的高品质葡萄酒酿造计划，之后生产出了知名的葡萄酒。

3. 餐后酒

餐后酒是就餐之后品饮的酒水，主要功能是化油腻、助消化。最有名的餐后酒是白兰地与利口酒，雪莉酒也是一种常见餐后酒。

- 白兰地（Brandy）

白兰地是餐后压轴戏，多年来被人们认为是餐后理想的饮料，从前只有贵族喝得起，如今绝大部分人都可以享用白兰地。在寒冷的天气里，喝点白兰地会使人浑身暖和。白兰地也是一种蒸馏酒，它的原料最初是比较粗糙的葡萄酒，后来也用其他发酵的果汁，经过蒸馏以后，放在橡木桶中陈化。白兰地酒陈化的时间越久，其酒质就被认为越好。因此，其酒标上，经常出现一些表示陈化年份的字母。其中，陈化时间不同会呈现出不同的香气和特点，装瓶前进行调和达到不同的品质，所以才有 VO、VSOP，或者 RESERVE、XO 等不同的品质。**高品质的白兰地酒很昂贵，因为 10 加仑的葡萄酒只能生产 1 加仑白兰地酒。**陈年和调配工艺是白兰地酒价值差异的主要元素。如同威士忌一样，白兰地酒有很多品牌，世界很多国家都产白兰地，其中最有名的是法国的干邑（Cognac）和雅文邑（Armagnac）。白兰地的品种除了有纯粹的白兰地，还有水果白兰地，如苹果、梨子、香蕉、杏子白兰地等。白兰地也有两个主要饮法：净饮和鸡尾酒饮法。净饮无须加其他东西，可以常温饮用，饮用时旁边放一杯冰水交替饮用可以更好地享受白兰地的醇香。也可以低温饮用，低温饮用的最佳温度是 7～10℃，但最好不要在酒里直接加冰块而是通过冰桶冰镇、冰箱冷藏等。白兰地还是做鸡尾酒基酒颇为出名的材料。

白兰地的酒具是口小肚大的高脚杯，又称嗅杯，适于聚集白兰地的酒香。倒酒时过与不及，都会影响香气表现，以标准的白兰地杯为例，倒酒应倒约 1/4 的量，有一个标准是杯子横放不会流出是最适当的。饮用时要用手掌托杯，杯柱于食指与中指之间。喝白兰地时，应先嗅一下杯中的酒香，闻白兰地香气应由远至近，远闻可辨别酒的香气与强度，能闻到香气的距离越长，表示香气强度越强。逐渐靠近，可闻出不同层次的香气。最后将鼻子探入杯中，辨别不同香气的特征与持久性。品尝白兰地应小口啜饮，越好的白兰地停留在口鼻舌喉间的香气余韵会越持久。

- 利口酒（Liqueur）

利口酒可以称为餐后甜酒，它是以蒸馏酒（白兰地、威士忌、朗姆酒、金酒、伏特加等）为基酒配制各种调香物品，并经过糖化处理的酒精饮料。利口酒颜色艳丽、口味繁多、气味芬芳独特、酒味甜蜜。因含糖量高，密度各不相同，色彩鲜艳，常用来增加鸡尾酒的颜色和香味，突出其个性，是制作彩虹酒不可缺少的材料。还可以用来烹调，烘烤，制作冰激凌、布丁和甜点。

- 雪莉酒（Sherry/Jerez/Xerez）

雪莉酒是西班牙的国酒。从严格意义上讲，雪莉酒是一种加强葡萄酒，它是一种很好的餐后酒，也可用来搭配开胃菜。雪莉酒的种类很多，分为干型、甜型和混合型。一般来说，干型口感雪莉酒多用作餐前酒，甜型口感雪莉酒多用作餐后酒，用来配甜点、蛋糕和冰激凌之类。雪莉酒拥有独特的醇美品质，一代文学大师莎士比亚毫不掩饰对于雪莉酒的溢美之词，在剧作《亨利四世》中莎翁说："即使我有上千个儿子，作为男人的第一条原则我都会教他们饮用雪莉酒。"并昵称它为"装在瓶子里的西班牙阳光"。雪莉酒的酿造与一般的白葡萄酒大致相同，但会将葡萄发酵后加入白兰地酒混合，这一方面是提高葡萄酒中的酒精含量，另一方面可以抵抗杂菌侵害。雪莉酒酒液呈浅黄或深褐色，也有的呈琥珀色，清澈透明。雪莉酒口味复杂柔和，香气芬芳浓郁，在欧美，特别是英国人尤其喜爱它。雪莉酒可以用葡萄酒杯饮用，也可以用专门的雪利酒杯。

二、葡萄酒杯的使用

1. 杯子的选择

饮用葡萄酒对杯子的要求很高，通常选择无色透明、杯壁不会太厚的高脚玻璃杯，啤酒杯、纸杯不能用来装葡萄酒，否则美好的心情会消减大半。

红葡萄酒酒杯最常见的有两种：**波尔多杯与勃艮第杯。波尔多杯身较勃艮第杯修长，杯柱比勃艮第杯短，杯肚比勃艮第杯小，杯口没有勃艮第杯大，香气的聚拢性没有勃艮第杯明显。因此，两种杯子适宜饮用的葡萄酒并不一样，**如图 6-15 所示。

图 6-15 左为波尔多杯，右为勃艮第杯

为什么葡萄酒酒杯形状各异？什么决定了酒杯的形状？尽管喝葡萄酒已经成为一种综合体验与享受，**但葡萄酒的口感（味道）才是王道，一切都是由此延伸出来的。**酒的味道决定了选择什么样的酒杯，我们的味蕾有酸、甜、苦、咸的味觉，分布在舌面上，如图 6-16 所示。果味、酸度、单宁和酒精之间的关系决定了葡萄酒的味道，而入口的葡萄酒味道是由葡萄酒的味道和我们的舌头来决定的。葡萄酒杯形状不同会造成入口方式不同，导致接触舌头的部位不同，因此会产生不同的刺激程度，从而影响葡萄酒在口中的味道。舌部的甜味蕾能减低苦、咸、酸、辣味，酸味蕾能短时间地掩盖苦味，又加强了甜味，苦味蕾能中和酸味，咸味蕾会加强苦味。有趣的是用两只不同的杯子来品尝同一瓶酒，会呈现两种不同的口感。

波尔多杯杯身较长，杯口较窄，令酒的气味聚集于杯口，直接切割的杯口让酒更顺利地流进口中，引导酒到舌头的中部，使得果味、单宁和酸度三者平衡，一般适合用来饮用高单宁或者中等酸度的红葡萄酒。

使用勃艮第杯在酒入口时重点接触舌尖，舌尖丰富的味蕾能更多地传递酒中的果味和甜味，因此特别适合酸度较高、需特别突出果味的酒，以平衡酒中的果味、甜味和酸度，如红葡萄酒中的黑比诺酒等。同时，杯口较大可以把鼻子伸进去闻香，而杯肚较大可以更好地聚拢香气。

白葡萄酒酒杯杯身修长、杯肚较瘦、杯口较小。它比波尔多酒杯更纤瘦，像一朵含苞待放的郁金香。这种酒杯为中等酸度的白葡萄酒设计，较短的杯身引导酒到舌的前部，以平衡各方面的元素，如图 6-17 所示。

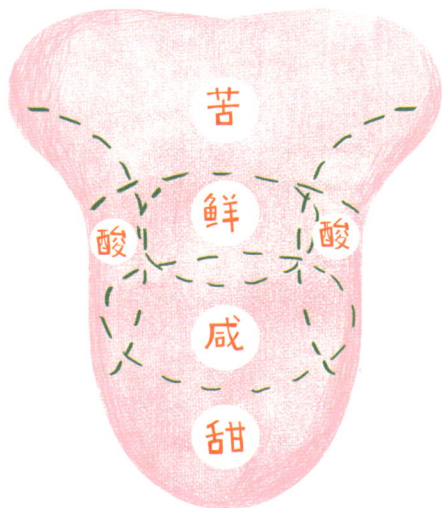

图 6-16 舌部味觉的分布

2. 握杯姿势

如前所述"葡萄酒的口感（味道）才是王道"，它不仅会决定酒杯的形状，也会决定握杯的姿势。

红葡萄酒的握杯姿势有三种：一种是握杯柱，另一种是握杯托，还有一种是握杯肚。其中，握杯柱是最正确的方式，一来不会把手掌的温度传送到杯子上，二来也可以欣赏酒的颜色，此外碰杯时还可以发出清脆的声音。

握杯托是相对时尚和专业的一种握法，一般品酒师、葡萄酒高手、葡萄酒行家喜爱这种握杯方式。

握杯肚是一种普遍存在的握杯方式，电影、广告、杂志中人们握杯肚的情况比比皆是，甚至有些明星、社会名流、政府高官、皇家贵族也采用这种握杯方式。那么握杯肚到底对不对？这种方式不能说不对，**但随着时代的发展，握杯柱的持杯方式有逐渐替代握杯肚的趋势。**换句话说握杯肚的持杯方式已经变成一种较旧的手法了。除非有需要走动、红葡萄酒温度偏低等特殊因素，握杯柱不论从外

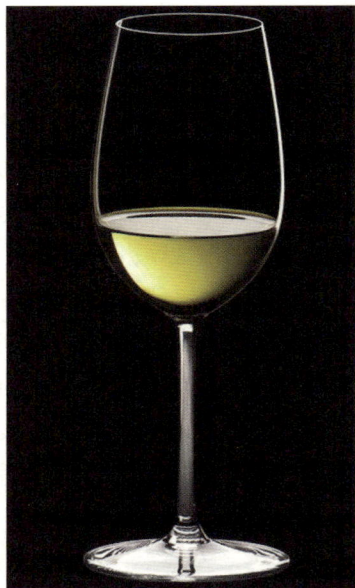

■ 图6-17　白葡萄酒酒杯

形还是口感上都更优雅和正确些。关于这一点，法国葡萄酒大使也给出了一番解释。

大使指出了握杯肚可能的三个理由：第一，当人们站着或者走动的时候，握住杯肚可以防止酒液溅出；第二，不是所有的人都了解葡萄酒文化；第三，在欧洲手掌的温度也许不会对酒产生太大的影响。但大使最终还是认为**"真正懂得葡萄酒的人不应该如此握，握杯柱除了是一个优雅的姿势还能在碰杯时发出清脆的声音，如果握住杯肚碰杯时是有点郁闷的声音。"**当然，如果酒温偏低握住杯肚可以让酒升温和加速氧化。因此，对这个问题不可绝对化，如果你不想出现任何意外，握杯柱是最佳选择。

白葡萄酒的握杯姿势只有两种：一种是握杯柱，另一种是握杯托。用手掌握杯肚是完全不可以的。

3. 倒酒姿势

葡萄酒倒酒的姿势也非常讲究。倒酒前应先用餐巾把瓶口和瓶颈擦干净，再用餐巾包住瓶身和瓶颈，手握酒瓶中部或者下半部，将酒标正标朝上，以便向客人展示酒款。倒葡萄酒时瓶口要距离酒杯约5cm高，避免与杯沿接触。在快要倒好酒时，为了收口干净、利落，防止酒滴出，需要轻轻转一下瓶口，让酒液自然停止流出。

4. 倒多少酒

关于红白葡萄酒倒酒的多少是争议最大的一个问题，各种书籍的观点并不一致。比较有代表性的至少有四个版本，版本一：红葡萄酒1/2，白葡萄酒2/3；版本二：红葡萄酒1/2，白葡萄酒1/3；版本三：红葡萄酒1/3，白葡萄酒2/3；版本四：红葡萄酒1/3或者1/4，白葡萄酒1/3或者更多一点，到底哪种正确？

其实倒酒多少与杯子大小是直接相关的。红白葡萄酒的酒杯形状有规范，但酒杯大小并没有严

格统一，来到不同餐厅，见到不同大小的酒杯是非常正常的事情，是否有一种可以品尝葡萄酒的标准酒杯？实际上国际标准化组织（ISO）早已制定了品酒杯的标准，其总容量为215mL，如图 6-18 所示。这样一只品酒杯斟酒时一般倒 1/3 比较合适，1/3 处是杯身下端最宽处，大约 50mL，一瓶 750 mL 的葡萄酒差不多可以分出 15 杯。这是杯子大小与倒酒多少的一个可供借鉴与参照的标准。

　　以此标准为参照，版本四是本书推荐的斟酒量。因为，如果按照红葡萄酒斟 1/3 的标准，排除了版本一与版本二，为何本书更加推荐版本四？尽管白葡萄酒酒杯普遍比红葡萄酒酒杯小，可以多倒一些，但由于受到酒温限制，2/3 不如少倒合适。加之目前很多餐厅葡萄酒酒杯的大小都超过了ISO 标准品酒杯，因此，综合考虑，版本四的观点更加实用。红葡萄酒酒杯的倒酒量还有一个可以参照的标准，大多数酒杯倒酒时不超过杯肚最宽处。

　　当然，很多非正式的饮酒场合倒酒多少并没有那么严格。在饭前、饭后的朋友小聚，三两朋友轻松交流，点一杯葡萄

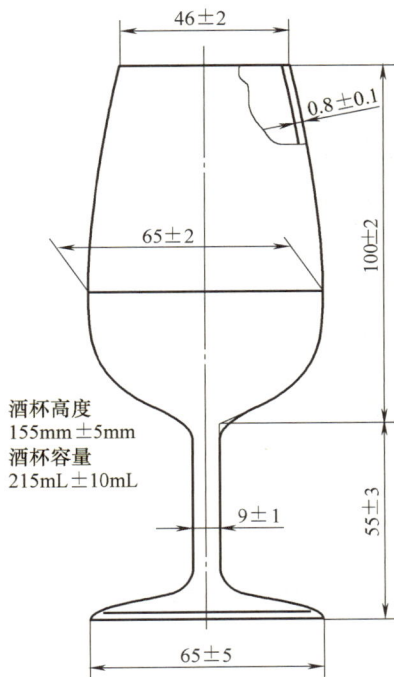

■ 图 6-18 ISO 标准品酒杯

酒助兴，通常会倒多一些，很多酒店、酒吧售酒以两种单位计算价格，一种论"瓶"，一种论"杯"，论杯点酒通常不会只倒一点点，而是足够多，一般会达到酒杯的 7 成，大约是 5 盎司，约 150mL。顺便提一句，如果是用葡萄酒旁边的水杯，一般会倒多一点，是 4/5 杯。

三、葡萄酒的品饮

　　葡萄酒的品饮除了要选择合适的酒杯、有正确的握杯子姿势以及倒酒量适宜，还有一些方面是需要注意的，那就是配餐、酒的温度以及酒的品鉴。

1. 酒与菜的搭配

　　在点餐时应该先点菜再点酒。通常来说，红葡萄酒应该与肉质鲜红的荤菜搭配，特别是牛肉、烤肉、猪肉、羊肉。红葡萄酒中的单宁与红肉中的蛋白质相结合，使消化几乎立即开始。白葡萄酒应该与开胃小菜、肉质浅淡的白肉相配，主要是指前菜、海鲜类食物（贝类、虾、螃蟹、鱼肉）及鸡肉、鸭肉。白葡萄酒可以去腥味，增加清爽的口感。当然关于红白肉的划分不同书籍的归类并不一样，最大的不同表现在猪肉、鸡肉与鸭肉，不同的书籍把它们分在不同的种类。如果按照烹饪前的颜色来区分，禽类肉自然属于红肉，猪肉、鸭肉和鸡肉也符合红肉的标准。如果按照烹饪后的颜色来区分，猪肉、鸭肉和鸡肉变成了白色。这里我们会采用一个简单的方法是把畜类肉如牛、羊、猪等当成红肉，**把禽类肉和海鲜如鸡、鸭、鱼类、贝壳类等当成白肉。**

总之，在配菜时，要以菜肴口味烧制的浓淡为主要依据。味浓、汁重的菜肴应以红葡萄酒为佐餐酒，而味淡、汁轻的菜肴应以白葡萄酒为佐餐酒。便于记忆人们总结出一句口诀"红酒配红肉，白酒配白肉"。**这个口诀简便易学，能够帮助初学者找到不同菜肴的配酒规律，但是如果过多地依赖这个原则可能会限制个人开发更多美好的味觉体验，或者说这种原则某种程度上来说已经过时了。**食物的烹饪方式和配料改变了食材原本的个性，因此，红白葡萄酒的搭配也有了更大的弹性，例如海鲜用烧烤的方式烹饪用红酒搭配更加合适，由此可见，搭配什么样的葡萄酒，取决于食物烹饪之后而不是烹饪之前。此外，每个人的就餐习惯不一样，有的人喜欢用红葡萄酒配白肉，有的人喜欢用白葡萄酒配红肉，我们不能对此随意批评，没有人愿意被人怀疑个人的选择与品位。

酒水之间有一个大致的先后顺序，他们是低度酒在先，高度酒在后；软性酒在先，硬性酒在后；有气酒在先，无气酒在后；新酒在先，陈酒在后；淡雅风格的酒在先，浓郁风格的酒在后；普通酒在先，名贵酒在后；干烈酒在先，甘甜酒在后；白葡萄酒在先，红葡萄酒在后。但原则中仍有灵活性。

2. 饮用温度

葡萄酒的温度会极大地影响葡萄酒的口感。一般来说，红葡萄酒的饮用温度相对于白葡萄酒要高，最佳饮用温度是 14 ～ 18℃，我们常常会听到一句话"红葡萄酒适合在室温下饮用"，这句话具有很大的误导性，欧洲的平均室温大约在 16 ～ 18℃，法国人的酒窖温度一般是 12 ～ 15℃。取出来无须冷藏直接饮用没有问题。而世界其他国家地区的室温并不如此，以中国为例，有些地区在夏天室温常常会达到30℃。所谓的"室温饮用"多数情况下是不适宜的。品酒专家都深谙喝30℃上下"室温"保存的红葡萄酒不但没有美的享受，简直是一种奇怪的感受，是对酒的一种浪费。**因此，其实我们不用太拘泥于"室温饮用"的原则，若觉得红葡萄酒酒温过高，当然可以放入冰桶降温。**

白葡萄酒的最佳饮用温度是 5 ～ 12℃，饮用前应先将白葡萄酒放在冰箱的冷藏室中，但不能冷藏太长时间，否则就没有生命力了。饮用时，将酒瓶置于冰桶中。

红白葡萄酒的续酒要求不太一样，总体上，尽量等客人酒杯差不多空了再为其倒酒。红葡萄酒可以在没有完全喝尽时续杯，白葡萄酒必须要等客人喝完才能续杯，因为，白葡萄酒温度更低，未喝尽就续杯，如果客人饮酒速度较慢，不同温度的酒中和在一起会影响口感。

葡萄酒饮用之前需要醒酒。对年轻的酒来说，醒酒的目的是散除异味及杂味，让酒与空气接触，尽情地呼吸，以便释放出本身的香气，使口感更好。醒酒时间通常是 1 ～ 2 小时，醒酒后的葡萄酒会变的圆润且柔顺易入口。对陈年的酒来说，醒酒的目的是去渣，通过氧化散发出封闭的香味杂质。陈年酒应适当缩短开瓶与饮用之间的时间。换句话说，陈年酒的醒酒时间通常比年轻酒短（但也不是绝对如此）。

> **小贴士** 还有一个方面可以帮助我们判断，酒的价格越便宜越不需要醒酒，价格偏贵的酒越需要重视醒酒，醒不醒酒是高档葡萄酒能否呈现品质感的一个非常重要的方面。

白葡萄酒 white wine

浅黄绿 pale yellow-green	
稻草黄 straw yellow	
黄金 yellow-gold	
金 gold	
古金 old gold	
黄棕 yello-brown	
氧化色 maderized	
棕 brown	

红葡萄酒 red wine

	紫 purple
	宝石红 ruby
	红 red
	砖红 brick red
	红棕 red-brown
	棕 brown

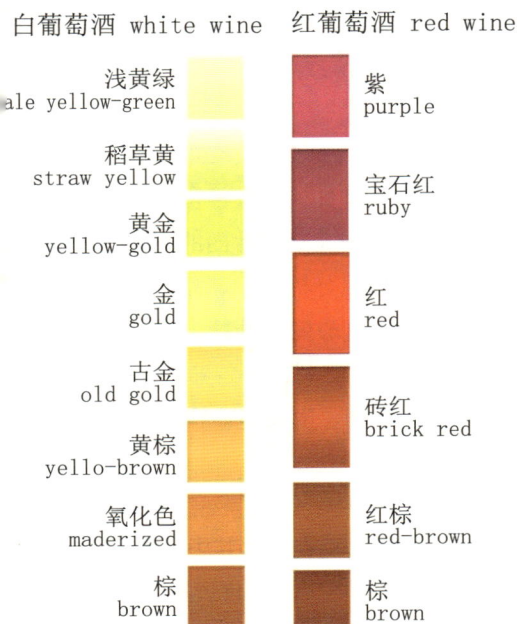

■ 图 6-19　红白葡萄酒颜色对比

3. 五觉品鉴葡萄酒

很多人把喝葡萄酒当成一种艺术，它已经超越了味觉这一种体验，是一种可以让五大感觉器官全部参与其中的享受。

喝红葡萄酒忌讳一口闷，大口干杯、喝完不知其滋味是不规范的。喝葡萄酒一定要结合人的五大感觉器官，用五觉品鉴。

品酒专家总结了"五部曲"，相信可以带我们踏上葡萄酒的体验之旅。

第一，用视觉看酒。（Sight）

颜色就似葡萄酒的面容，如正宗红葡萄酒的颜色一般为宝石红、紫红、砖红、红棕或棕，且颜色清亮。如果酒液的颜色异常浓艳、过浅或过暗，或者酒体浑浊，就有可能是假酒或过期酒。白葡萄酒的颜色比红葡萄酒更加丰富，颜色可以从浅黄绿、稻草黄、金黄、金、古金、黄棕一直变化到氧化色甚至到棕色。同时干白酒的颜色通常比较浅，年轻时常常带绿色反光，呈现出浅黄色，随着酒龄增加而逐渐加深。红白葡萄酒颜色对比如图 6-19 所示。

葡萄酒的颜色与其成熟程度也有密切关系，成熟度高的葡萄颜色深；年份不好、葡萄成熟度不足，酒的颜色也会相应变淡。这说明葡萄酒的颜色与土地等自然因素有着密切关系，同样品种的葡萄很有可能发生或多或少的变化，因此不能一概而论。时间往往会使多数白葡萄酒"衰老"，却使许多红葡萄酒成为被留恋的佳酿。

第二，用触觉摇酒。（Swirl）

一瓶葡萄酒经历了怎样的历程才到我们的手中，它就像熟睡的美人需要我们将它唤醒。酒入高脚杯中，需要我们缓缓地将杯中的酒摇醒，以展露它的特性，**摇晃酒杯最好逆时针方向，这样即使酒液溅出也不易溅到他人身上**。摇酒可以使酒中的酯、醚和乙醛释放出来，使氧气与红葡萄酒充分融合，最大限度地释放出红葡萄酒的独特香气。摇杯还有一个作用是观察挂杯的情况，摇杯后从酒杯正侧方的水平方向看酒从杯壁均匀流下时的速度。酒越黏稠，速度流得越慢，酒质越好。

第三，用鼻子闻酒。（Smell）

葡萄酒能够散发馥郁芬芳。葡萄酒的气味有两种，一种是在没有摇杯之前的"第一气味"，一种是摇杯之后的"第二气味"，我们所要探索的正是葡萄酒的"第二气味"，它比较真实地反映出葡萄酒的内在品质。

闻酒前注意周围环境中不能有影响嗅觉的气味，如烟味、香水味等，之后饮用一口清水，清理口腔，做个深呼吸，把鼻腔清理干净，然后将杯子倾斜 45°，将鼻子伸入杯中，可以体会酒散发的味觉感受。闻闻该酒是否气味芳香，葡萄酒的气味可以清淡、新鲜、酸、浓郁、刺激，带有花草香、果实香、泥土香、橡木香、烤肉香等诸多风味。劣质葡萄酒闻起来有一股不可消除的、令人不悦的"馊味"或刺鼻的怪味。如果只有软木或发霉的味道,那么说明木塞可能已经失效了。如果有软木或发霉的味道,而且酒呈现褐色,可能是因为酒保存过久或储藏时温度过高。

第四,用味觉品酒。(Sip)

好酒有灵性,没有细细品味就一下子灌入喉中,实在是糟蹋了一瓶好酒。那么,应该如何"品"呢?将酒杯举起,放在嘴边,轻啜一口酒,尽量让这口酒停留在舌面。酒是液体,如何能够停留在舌面呢?方法是用吸气的方式把酒留在舌面,酒在舌面跳舞时充分接触口腔内细胞,尤其是舌面的不同味蕾,咽下前轻轻搅动舌头,让酒接触整个口腔,360°无遗漏。体会酒的味道,分析单宁、甜度、酸度、圆润度、成熟度,咽下后体会酒的余韵。一瓶好的葡萄酒,应该是甜度、酸度、酒精、单宁四种味觉达到一种平衡的饱满感,是香味、酒味、余味的综合体验。不同的酒因其酿制方法各异,有的柔滑,有的刚烈,有的妩媚。有趣的是不同的人因为心情、情绪、身体条件不同,喝同一瓶酒时感知的味道可能会不一样。

第五,用听觉感知碰杯声。(Toast)

前面的四个步骤融入了人的四大感觉器官,还有一个器官"听觉"貌似没有参与其中,其实不然。在较正式的场合,葡萄酒入口之前,人们往往会干杯祝酒,干杯的仪式是怎么来的呢?这种习俗最早来源于古希腊。当时人们认为喝酒时鼻子可以闻酒香,眼睛可以看到酒的色彩,舌头可以品酒味,唯有耳朵没有享受的福分和条件,于是决定用彼此手中的杯子碰一下,让耳朵也来感受一下饮酒的快乐和热情。[○] 碰杯时清脆的声音悦耳、动听,像美妙的音乐,为宴会助兴。碰杯也喻示着美好的祝福、鼓励与赞赏,成为正式宴请中的一道美景。

案例:一瓶好酒期待懂它的人

对法国人来说,葡萄酒已经超越了酒的范畴,成为一种文化渗透到他们的宗教、政治、文化、艺术及生活的各个层面。葡萄酒的品饮绝不是张开嘴、喝下去那么简单。对于很多从事葡萄酒种植、酿造的专业人士而言,一瓶葡萄酒是用生命去酿造与呵护的,被他们视为自己的"宝贝",他们期待这个"宝贝"能遇到懂它的知音。

曾经在法国发生了这么一件事,一个旅游团参观一个法国酒庄。酒庄的主人是贵族后代,他用渊博的知识为大家介绍了一瓶瓶葡萄酒的年份、气候、口感、品饮方法、品饮感受等。其中一位富豪游客对这些介绍并不感兴趣,当了解到大家普遍评价较好的一瓶葡萄酒价格才9.9欧元后,像捡到大便宜一般,立马颇为豪迈又有气势地对酒庄主人说:"你们有多少瓶?我全要了!"。待翻译告知酒庄主人后,主人既没有对这句话感到高兴也没有发怒,而是风轻云淡地对这位富豪说:"我对葡萄酒文化以外的事情都没有兴趣。"

这是一句令人深思的话,如果对葡萄酒的文化没有兴趣,也不在乎这瓶酒如何成为现在的样子,买再多又有什么用呢?有些人认为有钱就能买到一切,其实不然,如果不能真正地

○ 裴少桦. 学做绅士与淑女 [M]. 杭州:杭州出版社,2000:7.

了解一件物品的内涵，了解它真正的价值，买到的就只是赤裸裸的实物而没有所包含的精神价值。一瓶好酒如果遇上真正懂它的人才是最好的归宿，这无关价格。

四、祝酒礼仪

西餐宴会的祝酒时间与中餐并不一致，一般是在热菜之后，甜品之前讲话。讲话之前，为了引起大家的注意，发言人通常会举起自己的酒杯站起来，礼貌地对大家说"请大家注意一下"，有时需要重复好几句。还有一种方式是讲话人会用餐刀或餐叉轻敲酒杯杯沿以吸引大家的注意力。在大型宴会上，有时还会有主方的人引荐客人，再由客人祝酒。

中国人祝酒除了重视良好的祝福，也重视对方酒杯中的酒喝多少。西方人祝酒不重视对方喝了多少酒，非常看重祝酒词的表达与内容。

1. 祝酒词的准备技巧

祝酒词应该遵循"KISS"原则，它是四个英文首字母的缩写，即"Keep it short & simple"（短小简约）。单调、冗长的祝酒词总是令人头痛。一般来说3～5分钟的祝酒词是受人欢迎的，如果超过十分钟就有点不"体谅"了。没有人愿意在餐桌上听人长篇大论。精彩的祝酒词总是受人欢迎，能够烘托气氛、愉悦心情、送去祝福。想要拥有精彩的祝酒词，提前准备是非常必要的。有一些小技巧可以使用：

第一，感谢总是必不可少的。西方人在祝酒词中一定会有感谢的言辞，比如说感谢举办方、组织者、主人、客人、厨师等。

第二，适当的幽默。西方人格外看重幽默，在非正式的祝酒词中幽默是非常重要的，是活跃氛围的调味剂。例如一位男士为自己三十年的好朋友玛丽与玛丽的母亲比尔太太的生日送上祝酒词，他是这么说的："今天是我三十年的好朋友玛丽与玛丽的母亲比尔太太的生日，请允许我为二位女士敬酒，亲爱的比尔太太，我得实话实说，您没有您的女儿漂亮。"正当比尔太太略显尴尬，玛丽笑而不语时，当事人接着说道"玛丽，请允许我实话实说，你母亲年轻的时候肯定比你漂亮！"所有人哈哈大笑，玛丽与比尔太太两位主角都乐得合不上嘴了！

第三，个人化的内容。为了让祝酒词更加生动，增加一些个人化的内容总是很好的，比如与被祝酒人过去的一些回忆、故事等。

第四，数字总是受人欢迎的，比如"请允许我为XX先生祝酒，理由有三点……"，或者"我们是好朋友有三个理由"，或者"我从三个方面祝福他"。数字可以让发言者思路清晰，也会让聆听者感觉良好。

第五，为被祝酒人订制祝酒词。祝酒人可以分享几个词，这几个词与今天的主题、内容、氛围相关，每一个词的首字母或者首字连在一起正好是被祝酒人的名字。这种订制的祝酒词效果非常好，总是能够博得阵阵掌声，屡试不爽。比如一位男士为一位叫Lucy（露西）的女士敬酒："我想用四个词形容我心目中的露西：第一个词是Loyal（忠心耿耿的），露西是一个忠心耿耿的人，值得人信任；第二个词是Understanding（理解人的），露西是一个善解人意的人；第三个词Cute（可爱的），露西是一个可爱的人；第四个词是 Youthful（有活力的），露西是一个有朝气、有活力的人。亲爱的朋友们你们同意吗？"当其他人反馈赞同时，这位男士接着说道："这四个词的首字母连在一起正好是 Lucy 的名字！"听者欢呼叫好，露西也露出了开怀的笑容。

2. 祝酒时客人的反应

西方祝酒与中国有共同点同时也有很大的差异。首先发起敬酒的人西方与中国一样，都是东道方首先发起敬酒，但在后续的表现上有很大不同。在祝酒人祝酒时，中国的被祝酒人是需要起身举杯以示尊重，并与祝酒人碰杯同饮的，有时还需要饮尽杯中酒。但西方的祝酒人为一位贵宾祝酒时，祝酒人举杯站起来讲话，讲话完毕邀请所有人举杯为贵宾祝酒，被祝酒人可以不用站起来，不用碰杯和喝杯中的酒，但一定要做到的是眼睛看着祝酒人，面带微笑认真聆听对方的祝酒词，当祝酒结束时说一句"谢谢"并环视，用目光感谢所有祝酒人。轮到被祝酒人回敬时，起身举杯为主人或者其他想祝福的人说一段祝酒词。此时，主人的表现也一样，无须起身、碰杯、喝酒。如果是在人数较多的大型晚宴，主人发起敬酒时，致完辞，客人应该根据主人的提议行动，如举起酒杯或者碰杯等，碰杯只在能够与之碰到酒杯的左右就餐者之间进行。正式敬酒完毕，大家各吃各的、各聊各的，如果跟某位聊得高兴了，偶尔会碰杯。整体而言，西方的祝酒更加简单，中国的祝酒更加频繁和热闹。

第五节　咖啡与茶礼仪

西方人爱喝咖啡，东方人爱喝茶。两种饮品均具有提神醒脑的功效。中国人应该了解一些西方的咖啡礼仪，同样，西方人也应该了解一些中国的品茶礼仪。世界因各种文化差异而呈现"和而不同"。

一、咖啡礼仪

咖啡是西方人生活中不可缺少的一种饮品。跟西方人打交道时，有很多场合可能需要一起喝咖啡。吃西餐的最后一道程序是喝咖啡或喝茶。西方人喝咖啡很讲究，如果不想在喝咖啡的时候做出一些失礼的举动，了解一下喝咖啡的礼仪是有必要的。

1. 关于咖啡杯与咖啡

最经典的咖啡杯是带咖啡碟、有杯耳的瓷质杯具，配套一把咖啡勺。咖啡碟的作用是避免弄脏衣服和放置咖啡勺与方糖等。咖啡勺是用来加糖和搅拌咖啡的，不要用勺子去捣碎方糖，用后要放在碟子边上。喝咖啡时不要把勺放在杯中，更不能用勺舀着喝，否则就贻笑大方了。绅士、淑女在喝咖啡时总是懂得不能将杯与碟分家，随着社会的发展，尽管很多人在餐桌上喝咖啡时已经不再端起咖啡碟了，但最经典的姿势仍是端起咖啡碟。饮用时左手端起咖啡碟至胸下部，右手端杯子饮用，这种姿势非常优雅，还可防咖啡溅出弄脏衣服。需要端咖啡碟的场合还包括在较矮的茶几旁、酒店大堂、鸡尾酒会等。如果桌子较高，则无需端起咖啡碟，直接拿咖啡杯饮用即可。如果咖啡是加冰的，最好使用透明玻璃杯，因为透明清亮的感觉能将咖啡的味道展露无遗。

咖啡可以分三种：一种是清咖啡，什么也不加；一种是混合咖啡，加入牛奶、威士忌酒等；还有一种是速溶咖啡。**在餐桌上，西方人比较喜欢清咖啡，可以化解油腻，西方人最不习惯的就是喝速溶咖啡。**

请人来家里喝咖啡通常安排在下午4点以前，而且最好不要用速溶咖啡。西方人看来，自制的咖啡档次较高，而速溶咖啡档次较低，届时别忘了准备一些点心。

2. 咖啡礼仪

喝咖啡的姿势可以很优雅。咖啡的杯子不大、杯耳很小，指头无法穿过，正确的姿势是用食指和大拇指捏住杯耳端起杯子喝。用右手整只手抓住杯子，或用左手握住杯底是不正确的握杯方式。如需加糖时需用糖夹子先把方糖加在咖啡碟内，再用咖啡勺把方糖加进杯子里，不要用糖夹把方糖直接放入杯中。

小贴士 男性不管是喝葡萄酒还是咖啡，都不建议翘兰花指。那样的手势过于女性化，并不适宜。

咖啡的饮用温度不能太低，以适宜饮用为宜。一般来说，以75 ℃为适宜，手一碰咖啡杯有被烫感、需迅速收回为合适的温度。当然，目前世界上咖啡品种与冲泡的方式多种多样，温度也会有差异。饮用时，咖啡如果温度略高，应该用咖啡勺和缓地顺时针或者逆时针搅动使之冷却，或者等待其自然冷却，然后再饮用。千万不要为了让咖啡更快变凉，而用嘴去吹。在西方人看来，这是一个非常不雅的动作。

在西方社交界，除了在餐后喝咖啡，还会在女士们喜爱的社交小聚上喝咖啡，类似英式下午茶。这种小聚时间不长，也不是那么正式要排位次，只是供女士们彼此认识与交流感情，喝咖啡时会配上一些精美小点心。此时，不要左右开弓：一手拿着咖啡杯，一手拿着点心，吃一口，喝一口地交替进行。在喝咖啡时应当放下点心，吃点心时则应当放下咖啡杯。

喝完咖啡后，不要将杯子直接放在桌上，记得要将它放回杯碟上。最专业的咖啡喝法是要配一小杯冰水，喝咖啡之前先喝小口的冰水清口。愿意加糖与牛奶的人也可以先品尝一下纯咖啡的味道，体验净饮、加糖、加奶的不同风味。

小故事：咖啡的起源

咖啡树自然生长在非洲的埃塞俄比亚。而将咖啡树上的红果实当作增强活力的原料来吃，甚至将这些果实煮成汤，当作提神剂，使之成为珍贵饮料的则是穆斯林。

有一段轶闻趣事这样说："自从阿拉伯牧羊人卡尔代在山中看到山羊吃下咖啡的红色果实后，竟然充满活力地飞跃奔跑，此后，穆斯林也开始饮用咖啡。"据说，穆斯林将咖啡当作通宵膜拜时的提神剂，也偷偷地当作增强体力的饮料。穆斯林当初将此种饮料以酒的名字"Karffer"来称呼，流传久了之后，却成了今天的Coffee（咖啡）的语源。穆斯林并不只是把咖啡当作提神剂，他们把饮用咖啡作为一种放松心灵与缓解压力的手段。之后，穆斯林的秘药——咖啡，逐渐普及于民间，而当时所饮用的咖啡是现今世界各国所栽培的咖啡代表品种——"安拉比卡种"的起源。现今另外一个品种"罗布斯塔种"则是在之后的 19 世纪在美国被发现的。

二、饮茶礼仪

中国是世界茶叶的发源地，中国人素有饮茶的习惯。近些年，随着人们生活节奏的加快，工作压力的加大，**倡导清静、淡雅、和缓的饮茶越发受到人们的喜爱**。到中国人家中做客，了解一点点中国的饮茶礼仪是非常有必要的。

1. 茶叶种类与茶具

中国的茶叶分为六种：绿茶、黄茶、青茶、白茶、红茶、黑茶。这六大类茶以"颜色"命名，增加了茶叶的审美性，那么茶叶的不同颜色是怎么来的呢？通常来说，制茶可以分为五大工序：萎凋、发酵、杀青、揉捻、干燥。茶叶的品种不同其工序也不同，有的包括全部工序，有的只包括几种工序。其中可以用发酵程度区别不同的茶叶种类。发酵可以分为四种：全发酵茶、半发酵茶、不发酵茶、后发酵茶。全发酵茶有红茶；半发酵茶有乌龙茶、黄茶、白茶，黄茶和白茶的发酵程度比乌龙茶淡一些，有的书籍会把这两类归为轻发酵类；不发酵茶有绿茶；后发酵茶有黑茶。

发酵是影响茶叶颜色的关键因素。一般来说，不发酵的茶叶如绿茶是绿色的；全发酵的茶叶是红色的；后发酵的茶叶是深红色的；半发酵的茶叶是黄绿色的。茶叶的口感各不相同，不发酵的绿茶最鲜爽、鲜嫩，后发酵的黑茶最劲道、醇厚。有人曾经打了一个比喻，不发酵的绿茶如婴儿，像一片秧苗，生命力很旺盛。半发酵的青茶如铁观音是壮年，像崇山峻岭，是阳刚茶的代表。全发酵的红茶如慈祥的妈妈，有如一片秋天变红了的枫树林。后发酵的代表产品普洱像出家的老和尚，喝它就像走进了深山古刹。

茶具对品茶也非常重要，主要有玻璃、瓷器、紫砂几种。

一般来说，绿茶用透色玻璃杯沏泡最好，应无色、无花、无盖，因为绿茶均为一芽一叶或者一芽两叶的嫩叶所制，透明玻璃杯可以看到茶叶在开水中翩翩起舞。当然，绿茶也可以用白瓷、青瓷、青花瓷无盖杯。红茶以温暖的特性著称，茶具可以用内挂白釉紫砂、白瓷、红釉瓷、暖色瓷的壶杯具、盖杯、盖碗或咖啡壶具沏泡。青茶又称乌龙茶，可以用紫砂壶杯具或白瓷壶杯具、盖碗、盖杯沏泡。普洱茶可以用紫砂或陶瓷茶具沏泡，同时可以用玻璃茶海装茶，以便于欣赏汤色。黄茶可以用奶白或黄釉瓷及黄橙色壶杯具或者盖碗、盖杯沏泡。白茶可以用白瓷及有色瓷沏泡。

在所有器具中紫砂制的是最为名贵的，紫砂不可再生，全球的数量有限，具有收藏价值。紫砂壶泡茶具有保温与透气的效果，用紫砂壶泡茶，传热慢，而且保温，使用时无烫手之感，是最神奇的一种泡茶工具。造型各异的紫砂壶具有实用、审美和收藏的价值。爱茶之人常用一把壶沏茶且在手中把玩，日久可以呈现光亮润泽的温润感。

2. 如何沏泡茶

泡茶是一门艺术，它是茶叶、茶具、水、温度与时间的组合。其中茶叶、茶具与水是静态的，温度与时间是动态的。作为茶艺展示的泡茶过程有一套程序化的流程，它包含的器具更多，如茶艺六用（茶则、茶匙、茶针、茶漏、茶夹、茶仓）、茶船、品茗杯、茶海、紫砂壶、滤网、茶壶、茶巾甚至茶宠，如图 6-20 所示。

图 6-20　正式泡茶的茶具

不同的茶叶泡茶的流程与程序略有不同，但大致来说包括温杯、放置茶叶、注水、温润泡（俗称洗茶）、出汤、分茶入杯、品茶几个步骤。

一杯茶喝入嘴中即是缘分，喝茶之人要有敬畏之心，泡茶之人应专心、用心。茶要泡好掌握动态的温度与时间至关重要，不同的茶叶对水温的要求并不一致。绿茶较嫩，一般来说的 75 ～ 85℃；红茶为 85 ～ 90℃；乌龙茶为 95 ～ 100℃；普洱茶属后发酵的大叶茶，水温要求最高，为 100℃。绿茶的叶子最嫩，红茶次之，这两种茶叶是最不经泡的，最精华的元素集中在前三四泡，之后口感逐渐减弱。乌龙茶与普洱比较耐泡，乌龙茶素有"七泡有余香"之说；普洱茶是最耐泡的，十泡不成问题，好茶可泡 15 ～ 20 泡。泡茶的时间因茶叶不同要求不一样。一般来说绿茶 5 ～ 10 秒，红茶 10 ～ 15 秒，乌龙茶 15 ～ 20 秒，普洱茶 5 ～ 10 秒。需要说明的是水温与泡茶时间这些数字绝非固定不变的。尤其是泡茶的时间弹性很大，这只是一种参考。很多因素会影响它们，比如茶叶的量，量多出汤稍快，量少出汤慢；茶叶泡的次数，次数多，后面的浸泡时间应该适当加长；个人的口感，喜喝淡茶的人出汤可以快，喜喝浓茶的人出汤可以慢；个人的喜好，有人对温度不太介意，不用高温泡嫩叶茶，却爱尝试用低温泡各种茶叶。

总之，**泡茶是一种艺术，是泡茶人对生命、生活的一种感悟。同一种茶叶、水温、器具，不同人泡出的茶滋味并不一致。茶艺师通过程序化的流程，让茶叶与水相遇、融合、分离，让客人均匀地享受每一口茶汤。**

3. 品茶礼仪

如果主人用好茶款待自己，品茶人应该有什么样的表现才是得体与合乎礼仪规范的呢？下面我们从几个方面进行介绍：

第一，熟悉品茗程序。正式的茶艺流程，品茶人要配合主人或者茶艺师完成品茗的流程，包括观赏茶叶、嗅闻茶香、欣赏茶汤、品尝茶汤四个程序，更严格的甚至有分辨茶渣。观赏茶叶是指观察干茶和茶叶开汤之后的状态。沏泡之前，泡茶人把干茶叶拨入茶荷中，请品尝人鉴赏，品茶人主要观察干茶叶的茶色、茶形。待干茶用开水沏泡出茶汤之后，泡茶人会再次请客人鉴赏，此时，进入第二步嗅闻茶香。嗅闻茶香是指嗅闻开汤后茶叶的香味与品闻一杯茶水的香味。如几人一起饮茶，主人请客人品闻盖碗内开汤后的湿茶，品茶人应轻轻揭开碗盖子，从碗内吸气，不要向盖碗内呼气，之后，把盖碗传递给下一位品茶人品闻。待沏茶人分茶入杯，每位客人手中均有一杯茶时，应首先嗅闻茶香，好茶的香气自然、纯正，闻之沁人心脾。紧接着进入第三步，欣赏茶汤。不同茶叶茶汤颜色不同，好的茶汤清澈明亮、有光泽。绿茶汤色浅绿或黄绿；红茶汤色红颜明亮，如茶汤周边形成一圈金黄色的油环，俗称金圈，更属上品；乌龙茶汤色从青绿、暗绿、蜜绿、金黄到蜜黄色不等，令人赏心悦目。最后一个步骤是品尝茶汤，品茶使用的杯子一般为小杯，品字三个口，应该一小口一小口慢慢喝，用心体会茶的美。不可一口气喝光，呈牛饮状。细细品茶之后，用心感受这种宁静、愉悦、无忧的境界。

第二，对品茶人的要求。 品茶人应该拥有一份宁静、安逸的心态，切不可匆匆忙忙、急促慌乱，否则与品茗所倡导的静、雅是相违背的。品茶人自身应保持清洁、干净、整洁的仪表仪态，着装整洁大方，女性切忌浓妆艳抹，大胆暴露，男性也应避免夸张怪诞，如留长发、穿过于前卫的服饰等。不管是泡茶人还是品茶人均不要涂抹香水，以免影响茶香。整个过程要注意轻声细语，不要大声喧哗。不论是观茶、闻茶还是倒茶都要动作迅速，不能只顾自己，延误其他闻香与品茗者的时间。**品茶时要求举止庄重得体，落落大方。这样才能符合安静、空灵、淡雅的环境以及清、敬、怡、真的茶道精神。**

第三，品茶人的修养。 客人在主人请自己选茶、赏茶或主人敬茶时，应在座位上略欠身，并说"谢谢"。如人多、环境嘈杂时，也可行叩指礼表示感谢。在品茶之后，客人还应对主人的茶叶、泡茶技艺和精美的茶具表示赞赏。一杯沁人心脾的好茶是多种因素综合的结果，茶叶、水、茶具、温度、时间、人、环境缺一不可。不是价格贵的茶叶就一定能够喝出好的感觉，也不是价格一般的茶叶就喝不出回味绵长。一个品茶修养较高的人不是对价格、品尝有苛刻要求的人，而是对待每一杯茶都有包容心的人，如图6-21所示。**将不同种类的茶视为独立的个体，以茶为友，尊重它、欣赏它、接纳它，这样才能从品茗中获得最大的快乐。**

■ 图6-21 对待每一杯茶都有包容心是品茶人的修养之一

第七章

涉外礼仪之宗教篇

　　随着国际交往的加深，中国人有越来越多与不同肤色、不同信仰、不同习俗的人打交道的机会。《礼记·曲礼》曾写道"入境而问禁，入国而问俗，入门而问讳"㊀。在涉外交往中，最大的禁忌是什么？什么是我们时刻需要绷紧的一根弦？**迟到、大声喧哗、着装不得体都不符合礼仪规范，但所造成的损失远远没有触犯宗教信仰者的"宗教禁忌"来得严重。**很多时候，它是不可挽回的，所以，它也成为涉外交往中最大的禁忌。

　　世界宗教信仰者的比例高达近84%，如何得体地与各种宗教信仰者打交道成为检验一个人涉外交往素养的一个重要方面。根据联合国网站的数据，2022年11月中旬，世界人口数量已达80亿。㊁发表于2022年2月11日的《地图：世界主要宗教》一文，根据皮尤研究中心（Pew Research Center）的数据，分析了世界不同宗教人口的分布比例。其中，基督徒数量最多，占全球人口的31%，构成了世界最大的宗教族群；穆斯林占全球人口的25%；印度教信仰者占全球人口的15.2%；佛教信仰者占全球人口的6.6%；民间宗教信仰者占全球人口的5.6%。除了基督徒与穆斯林之外，世界第三大族群为无宗教信仰者，占全球人口的15.6%。㊂

　　触犯宗教禁忌用最简洁的话来说就是两个方面：对对方崇拜之对象不敬、对对方禁忌之习俗不避。下面就结合世界影响力最大的三大宗教（基督教、伊斯兰教、佛教）的基本情况及其所崇拜、禁忌之内容进行分析。

第一节　基督教

一、基督教的基本情况

　　基督教（Christianity）是世界三大宗教之一，也是世界上传播范围最广、信徒人数最多的宗教。基督教是奉耶稣基督为救世主之各教派的总称，包括天主教、东正教和新教三大教派以及其他一些

㊀ 杨天宇．礼记译注：上册 [M]．上海：上海古籍出版社，2007：30．

㊁ 联合国．全球议题：人口 [EB/OL]．[2024-7-18]．https://www.un.org/zh/global-issues/population．

㊂ Anshool Deshmukh．Mapped: The World's Major Religions [EB/OL]．(2022-2-11)．[2024-7-18]．https://www.visualcapitalist.com/mapped-major-religions-of-the-world/．

较小教派。但在中国，基督教这一名称通常专指新教。**基督教作为一种世界性宗教，对许多国家特别是欧美各国的历史、文化等都有着深远的影响。**

基督教认为世界由上帝所创造并主宰，人生来就有"原罪"，上帝为救赎人类，派他的独生子耶稣降世，传播他的旨意，凡能接受者便可获救重生。基督教产生于公元一世纪的巴勒斯坦地区，最初只是犹太教内的一个小派别，受到罗马帝国的残酷镇压。但是到公元四世纪时，罗马帝国对基督教的态度发生了转变，基督教被罗马帝国定为国教。公元 395 年，随着罗马帝国分裂成以君士坦丁堡和罗马为首都的东西两个帝国，基督教也逐渐形成以希腊语为中心的东派和拉丁语地区的西派。公元 476 年，西罗马帝国灭亡后，以罗马为中心的西派逐渐成为西欧封建社会占统治地位的社会意识形态，而东派也成为东欧地区的统治宗教。公元 1054 年，东西两派正式分裂，东部教会以希腊语地区为主，以君士坦丁堡为中心，因标榜自己的正统性而自称为"正教"，因为是东部教会，所以又称"东正教"，也称"希腊正教"。西部教会以拉丁语地区为主，以罗马为中心，因强调自己的普世性，所以自称为"公教"，因其领导中心在罗马，所以又称"罗马公教"。在中国，由于罗马公教将上帝称为"天主"，所以汉语译作"天主教"。这样就形成了基督教的两大派系。

公元十六世纪，西欧兴起了宗教改革运动，从天主教中又分化出许多新的教派，主要有路德教、加尔文教、英国圣公会等。这些新教派各自都是独立的，但统称为"新教"，又称更正教、抗罗宗。这样又形成了基督教的第三大派系。**新教在中国一般称为基督教，又称耶稣教。**

1. 天主教

天主教（Catholicism），亦称"公教"（源出于希腊文 Katholikos）。在基督教的三大教派中，天主教会的人数最为庞大，2021 年全球天主教徒数量攀升至 13.78 亿人（来源：梵蒂冈新闻网），信徒主要分布在意大利、法国、比利时、西班牙、葡萄牙、波兰、美国以及拉丁美洲国家。

天主教的领导中心设在梵蒂冈，称罗马教廷，罗马教廷是其精神领袖中心。天主教内有一个严密的金字塔式管理体制，级别最高的是教皇，拥有无上的权威；以下是红衣主教，担任世界上重要教区的领导并管理教会；再往下是主教，主教是教区负责人；最下层为神父，管理和主持教堂并辅助主教工作。教皇由多数红衣主教选出，为终身制，各部首脑大多为红衣主教。世界各地设有教区，教区下有若干教堂。天主教规定，一切神职人员不能结婚，强调独身主义和禁欲主义。

2. 东正教

东正教（Eastern Orthodoxy），亦称"正教"（源出于希腊文 Orthodxia）。东正教信奉圣父，不同意天主教关于圣灵既来自圣父又来自圣子之说，恭敬圣母玛利亚。

罗马帝国分裂后，统一的基督教分裂为东正教和天主教，东正教是在东罗马帝国的特殊历史环境中形成的。它是基于正统教义与东方礼拜仪式制度的基督教三大分支之一。相比天主教，东正教更加保守，是强调自身正统性的宗徒继承教会，尽管为了适应现代社会生活的需要，东正教也不得不做某些方面的改革，但这些只是表面上的，而非本质的。截至 2014 年，全球东正教徒超过 3 亿。东正教的主要信奉国家是俄罗斯、乌克兰、白俄罗斯、罗马尼亚、保加利亚、塞尔维亚、黑山、马其顿、希腊、亚美尼亚、格鲁吉亚等。东正教的经典除《圣经》（新旧约）外，还包括《圣传》（即前七次基督教大公会议决议）和《尼西亚信经》，以及教父亚大纳西、大巴西勒、金口约翰等人的著作和神学家格列高利等人的作品。

东正教在组织上比较分散，不像天主教那样在全世界有统一的教会中心和统一的首脑。教职设有牧首、大主教、主教、司祭、辅祭等。自罗马帝国分裂后，各地区的东正教主教们为争夺牧首地位而经常进行斗争，每个地区的主教都想扩大自己的势力范围和影响，结果君士坦丁堡教区主教获胜。全世界有十几个中心或称独立自主教会，这些独立自主教会在名义上尊重君士坦丁堡教区主教为首席牧首，在思想上承认君士坦丁堡教区牧首是它们的精神领袖，但它们在组织上没有隶属关系，是完全独立和自治的，以自己特有的方式来领导本教区的教徒从事宗教活动。东正教准许除主教以外的一切神职人员结婚、离婚、再婚。

3. 新教

新教（Protestantism），亦称"抗罗宗"或"更正教"（源出于德文 Protestanten）。在中国，新教的各教会则自称基督教或耶稣教，而不称新教。中国人也习惯把新教称为"基督教"。新教为16世纪宗教改革运动中脱离天主教而形成的各个新宗派，以及从这些新宗派中不断分化出来的众多宗派的统称。新教各派相互独立，不承认罗马天主教的权威，只承认《圣经》，认为人人可以成为祭司，信徒无须通过教会和神父作为中介，信徒可以直接与上帝沟通，摒弃了教皇的统治，简化了天主教的烦琐仪式，允许用民族语言进行宗教活动。根据信仰调查网站的数据，截至2017年，全世界新教徒人数为5.6亿，主要信奉国家是美国、英国、澳大利亚、新西兰、丹麦、挪威、瑞典、冰岛、芬兰、爱沙尼亚、拉脱维亚、尼日尔和塞内加尔等。其中，美国和澳大利亚两国国内天主教的影响也很大。新教教派采用不同的教会制度，有主教制、公理制和长老制。在神职人员制度上，新教不采用天主教的修道院制度和独身制，神职人员可以成婚。

二、基督教的仪式和节日

1. 天主教的仪式与节日

天主教最主要的宗教仪式包括弥撒礼仪、圣事礼仪、周年礼仪、圣仪与祈祷等。下面介绍弥撒礼仪和圣事礼仪。

弥撒礼仪是天主教礼仪生活的主体与中心，教会的主要信仰活动都围绕着弥撒进行。弥撒的中心是成"圣体"，将象征耶稣"肉体"和"圣血"的薄面饼和葡萄酒，在弥撒祭献中经过神职人员的祝圣，使之真正成为耶稣基督的"圣体"和"圣血"，祭献天主，向天主表示钦崇、感恩、祈求和赎罪。

弥撒来源于《圣经·新约》中最后的晚餐。根据福音书记载，耶稣在受难前夕的晚餐中，分别拿起麦面饼和葡萄酒，感谢祝福后，把饼、酒比为自己的圣体和圣血，交给门徒们吃、喝，并命令门徒们这样做，来纪念他；晚餐后，耶稣即被交付，受苦受难，在加尔瓦略山上被钉上十字架而死，献出了自己的生命。教会举行弥撒，便是按照耶稣所吩咐的，直接重行他的晚餐祭献，间接重演了他在加尔瓦略山十字架上受难圣死的大祭。天主教中，只有神父和主教可以举行弥撒祭献，因此称神父为"司祭"，称主教为"大司祭"。举行弥撒时，主持礼仪的神父或主教叫"主祭"或"主礼"，辅助主祭的人员叫"辅祭"。

圣事礼仪是天主教徒表达信仰的方式。每个信徒通过领受"圣事",接受基督的恩典和庇佑。天主教的圣事（The Sacraments）包括七个部分,分别是圣洗（Baptism）、坚振（Confirmation）、忏悔（Confession）、圣体（Host）、病人傅油（Anointing of the Sick）、圣秩（Ordination）及婚姻（Matrimony）。

天主教主要有四大瞻礼（即主要节日）。第一,耶稣圣诞瞻礼,即圣诞节（Christmas）,是纪念耶稣诞生的节日,日期为每年12月25日。教徒一般都会参加12月24日午夜12时即25日零点在教堂举行的子时弥撒。第二,耶稣复活瞻礼,即复活节（Easter）,是纪念耶稣被钉十字架死后第三日复活奥迹的节日,每年春分第一个月圆后的第一个星期日为耶稣复活瞻礼主日。庆祝活动一般持续7天,而且瞻礼前还有隆重的庆祝仪式和活动。节日习俗包括复活节彩蛋、复活节兔子,食物多以羊肉和火腿为主。第三,圣神降临瞻礼,即五旬节（Shavuot）,是纪念圣神降临的节日,在耶稣复活瞻礼后的第50天即耶稣升天瞻礼后的第10天庆祝。圣神降临于人间,在神学上意味着天主圣子耶稣基督升天后,天主圣父差遣圣神永驻并运行于人间,关照信徒、教会和人世。第四,圣母升天瞻礼,即圣母升天节,日期为每年8月15日。是纪念圣母玛利亚肉身和灵魂一同荣召升天的节日。四大瞻礼复活节最隆重,圣诞节最喜庆热闹。

2. 东正教的礼仪与节日

宗教仪式方面,东正教教士衣着与天主教不同,东正教主教头戴圆筒帽,身穿银白色或黑神袍,胸挂圣像,手持权杖;天主教主教则头戴瓜子帽或四角帽,身着金黄色长袍,胸挂十字架,手戴权戒。祷告时,东正教除使用希腊语言外,许可使用地方民族语言,如斯拉夫语言,天主教则在长期内只能使用拉丁语言。洗礼时,东正教采用浸水式,而天主教则采用注水式。东正教的坚振礼在婴儿受洗后不久举行,而天主教则在婴儿长到七八岁时进行。唱圣歌时,东正教圣咏班没有风琴伴奏,而天主教圣咏班则有风琴伴奏;在圣餐礼上,东正教徒是饼酒同领,而天主教规定,只有神职人员才能饼酒同领,信徒只能领饼。

东正教与天主教一样也有七大圣礼:受洗、涂圣油、受圣职、告解、婚配、终傅、圣体血。

在节日方面,东正教认为复活节最为重要（又称耶稣复活瞻礼）,被誉为节中之节。但由于计算的历法不同,东正教与天主教的复活节时间并不一致。除复活节外,还有"十二大节日"。其中三个大节,依复活节为标准推算,一个是"主进圣城节",也称棕枝主日,在复活节前一周的星期天;一个是"耶稣升天节",在复活节后40天;一个是"圣三一主日",在复活节后50天。其余九个为定期瞻礼,即圣母圣诞节（约9月20或21日,公历,下同）、举荣圣架节（约9月26或27日）、圣母进殿节（约12月3或4日）、圣诞节（约1月6或7日）、主领洗节（约1月18或19日）、主进堂节（约2月14或15日）、圣母领报节（约4月6或7日）、主显圣容节（约8月18或19日）、圣母升天节（即圣母安息节,约8月27或28日）。

3. 新教的礼仪与节日

宗教仪式方面,与天主教和东正教相比,新教的仪式没有那么隆重、是最为简化的。新教的仪式只是一般崇拜,只承认两件圣事:洗礼与圣餐礼。洗礼时,新教一般采用点水式,有时也采用浸水式。

圣餐礼的形式较为灵活，引用《诗篇》、经课、祷文等，由信徒使用民族语言参加诵唱，如圣公会的《公祷书》，归正宗的《祷告式》等。新教在仪式中很重视讲道的作用，牧师根据当时当地的新闻发表一些和《圣经》有联系的议论。其内容为解释《圣经》，宣传教义，以坚定听众的信仰和诱发宗教热忱，有时还从教义出发，对社会道德政治问题做出评论。由参加礼拜的全体信徒同唱赞美诗也是新教在崇拜仪式上的特点之一，唱圣歌时，唱诗班人员有钢琴伴奏。新教主张理性信仰，最大的特点是适应社会发展的需要，提出许多新的神学，如理性神学、自由神学、社会福音神学等。

新教的节日没有天主教和东正教那么多，只过圣诞节和复活节。

三、基督教信仰者崇拜之对象

1. 神灵

三大教派都信奉上帝为万物之主，是宇宙的最高主宰，但具体来说又略有不同与侧重。

与基督教信仰者接触，任何亵渎上帝、基督耶稣的行为都是不明智甚至是危险的，最好的方式是对他们抱有敬畏与恭敬之心，给予尊重与理解。当然，对于圣母玛利亚也应持同样态度。

案例：亵渎耶稣漫画引发的冲突

2010年印度新德里一家出版社因在教科书上发表亵渎耶稣的漫画而引发了剧烈冲突。印度Skyline出版发行的画像中，耶稣一手持香烟、一手拿啤酒。个别媒体还争相转载了这幅亵渎性漫画。由此，招致了印度国内各基督信仰团体的强烈抗议。

印度西北部旁遮普邦贾朗达尔市的抗议浪潮最为激烈。当地的基督信徒以和平方式向地方当局表达了抗议，要求立即撤消此类画像。但戈达斯普郊外巴塔拉的局势失控，抗议浪潮蔓延开来。一些年轻的基督信徒试图到印度教徒的街区和商店里亲自摘掉这些亵渎耶稣的漫画，但遭到了印度教极端势力青年的阻挠。争吵、暴力随后蔓延了整座城市，以至于印度教极端势力组织走上街头煽动和挑起针对基督信徒的暴力。两座新教堂遭袭、纵火、被捣毁。教堂内的部分牧师遭到人身攻击、住所被袭。警方逮捕了部分卷入冲突的基督信徒，地方当局宣布实施宵禁，局势仍然十分紧张。

最初，西隆市圣若瑟学校的传教圣母会的修女们首先注意到了梅加拉亚邦学校孩子教科书中的这幅亵渎性漫画。修女们立即将孩子们手中的教科书收回，并致函当局对此类严重不尊重基督宗教信仰标志的行径表示强烈不满。于是，梅加拉亚邦政府宣布收回教科书。

印度的基督信仰团体采取了措施，天主教主教团新闻发言人巴布·约瑟夫神父表示，"我们已要求印度的所有公教学校收回课本、抵制Skyline出版社。这一亵渎耶稣的漫画是绝对不能容忍的、完全违背了各种相互尊重和对话的原则"。

2. 经典

基督教的主要经典是《圣经》（Bible），圣经分为《旧约》和《新约》两大部分。其中《旧约》是从犹太教继承下来的经典，共 39 卷，但天主教和东正教的《旧约》要多于 39 卷。《旧约》是从上帝创造天地开始，围绕着以色列人的历史，直写到耶稣降生前的三百年。《新约》是基督教自己的经典，由 27 卷组成，主要记述了基督教的起源、福音的传播，以及系统的教义和对末世的预言等。

• 《次经》（Apocrypha）

所谓《次经》，是指天主教和东正教的《旧约》多于 39 卷的部分，约有十几卷。对于《次经》，天主教和东正教承认它具有与《圣经》同样的正典地位，所以天主教和东正教的《旧约》将这一部分收入，这就使这两个教派的《旧约》的卷数比 39 卷要多，如天主教的《旧约》共计 46 卷加 5 卷补篇或附录。而新教则不承认次经的正典地位，认为它仅仅是应受到敬重的有益宗教读物。

• 《信经》（Creeds）

《信经》是指基督教权威性的信仰纲要，其中流行最广的是《使徒信经》《尼西亚信经》和《亚大纳西信经》。在基督教三大教派中，天主教和东正教认为《信经》和《圣经》一样，在信仰上具有最高权威。新教一般认为信仰的最高权威是《圣经》，《信经》仅为信仰的纲领性表述。

与基督教信仰者打交道，任何对《圣经》《次经》《信经》不敬的事情都不适宜做，这些行为包括诋毁的话语、轻视的语言、把圣经撕下包裹物品、踩在脚下、乱撕乱扯、随意涂画等。

3. 基本信条

第一，信仰上帝（God）。认为上帝是天地万物的创造者和主宰者，上帝无形无体无相，无所不知，无所不能，无所不在，全善全智全爱。上帝是三位一体（Trinity）的上帝，即上帝就其本质而言只有一个，但是具有三个位格：圣父、圣子（耶稣基督）和圣灵。

第二，信仰原罪（Original Sin）。原罪说是指人类始祖亚当夏娃违背上帝的旨意偷吃伊甸园中的"知善恶树上的禁果"而犯下的罪，这一罪恶人类自己无法自救，要传给亚当夏娃的所有子孙后代，成为整个人类的原始罪恶，以至后世的人一生下来就带有原罪。

第三，信仰救赎（Redemption）。认为人类既带有原罪，又无法自救，于是圣父就差遣其子耶稣基督通过童贞女玛利亚的贞洁受孕而降临到人世间，并在十字架上受难舍命，这是耶稣以此作"赎价"来赎相信者的罪，世人只有信奉救主耶稣才能得救。

第四，信仰得救（Being Saved）。认为世人都带有原罪，且无法自救，但若信奉上帝和救主耶稣基督，便能得到救赎，称得救，即认为得救的途径是信，信即得救。

第五，信仰审判（Last Judgment）。认为现世将有最后的终结，所有的世人都将接受最后的审判。

基督教的三大教派，除了以上的基本信仰，在教义方面的其他区别是：

天主教和东正教特别敬重圣母，认为童贞女玛利亚由圣灵感孕而生下耶稣，成为圣子的生母。而玛利亚自怀耶稣之始就不再受原罪的影响，称无原罪始胎。玛利亚又参与了耶稣救赎罪人的圣工，从而也是每个信徒的属灵母亲。这一教义新教不信奉。

天主教认为圣灵既来自圣父，又来自圣子，东正教则认为这是对《尼西亚信经》的篡改，由此产生了天主教和东正教的"和子句"之争。

新教特别强调因信称义说和《圣经》是信仰的最高权威。认为人得救的途径是信，信即得救。故每个信徒都可以直接从《圣经》领悟上帝的启示与真理，无须神职人员作为神和人之间的中介。

这五大基本信条规定基督教信仰者的信仰，不信仰基督教者，应该尊重基督教信仰者的基本信条。即使不明白、不理解，也不要表示出不能忍受、无法理解、反感抵触的态度。以包容的心态尊重对方的宗教信仰是对对方最大的尊重。

4. 举行宗教仪式的地点

基督教举行宗教仪式的主要活动场所是教堂。教堂是西方建筑中最完美的典范，有的教堂甚至建筑了几百年，它们气势恢宏、雄伟壮观，令人叹为观止。教堂一词源于希腊文，原指上帝居住的地方，由于人们不能亲谒上帝，便修建了一座座教堂来表达人们对上帝的顶礼膜拜之情。教堂有一种至高无上的神圣性，它是信徒们安抚心灵、寄托精神的场所，也是他们在现实世界的天国。

因此，进入教堂应该心怀敬畏、举止收敛。具体来说，形象方面，应该保持仪表庄重肃穆，衣着不整、不洁或穿拖鞋、短裤、暴露、低俗的服装入教堂是禁忌的。行为方面，应该举止端庄，不能粗俗鲁莽，在教堂内尽量轻声慢步，来回乱窜、东张西望、争抢座位是非常令人反感的。另外吃东西、抽烟也要绝对禁止。为了表示尊敬，进入教堂应脱帽、摘墨镜。声音方面，应保持肃静，高声喧哗、打情骂俏、交头接耳、接打手机是不妥的，如果需要打喷嚏和咳嗽应尽量克制，用纸巾或者手绢捂住并降低声音。有些教堂不允许拍照，非教徒进入教堂时一定要遵守教堂规则，不要造成不良影响。

四、基督教之禁忌习俗

1. 食物

基督教对于食物是有一些禁忌与限制的。不吃血是基督教信徒生活中一个比较明显的禁忌。《旧约》认为血是献祭礼仪上的一项重要内容。《新约》认为耶稣的血能洗净人的罪，是基于血以生命代替生命的救赎原则。血既然有如此重要的意义，所以出于纪念，不吃血是《圣经》对基督徒的一种要求，血成为一种食物禁忌。

基督教也禁食勒死的牲畜，这与禁食动物血的禁忌是一脉相承的。因为勒死（包括病死，或其他非宰杀原因而死）动物的血液未流出，已被吸收于肉中，故不食为妙，此外，勒死的动物不卫生，也不利于健康。

基督教规定，教徒每周五及圣诞节前夕（12 月 24 日）只食素菜和鱼类，不食其他肉类。天主教会为纪念耶稣基督在十字架上圣死，制定了守斋的规则。小斋，即素食，每逢星期五，忌吃猪、牛、鸡、飞禽、羊的肉，即热血动物的肉，但水族的肉、鱼虾等可以食用。大斋是教会规定于每年复活节前 40 天内守斋，故称封斋月。信徒因某种原因不能守斋的，可请求"豁免"，如孕妇或哺乳婴儿的妇女可以不守大斋。天主教还有禁食的规定，即在耶稣受难节和圣诞节前一天，只吃一顿饱饭，其余两顿只能吃得半饱或者更少。基督徒在饭前往往要进行祈祷，如和基督徒一起用餐，要待教徒祈祷完毕后再拿起餐具。

关于猪肉，在《旧约》中规定是禁止吃猪肉的，但是现在的基督徒抛弃了这方面的律例。不吃猪肉成为犹太教的规定。基督徒也不会吃无鳞无鳍的食品，如蛇、鳝、鳅、鲢；不吃宠物，如猫、狗、鸽子；不吃动物的头、脚和内脏。

关于酒与烟，《旧约》将饮酒作为禁忌，而《新约》相对而言较为灵活，少见直接的禁绝，而留给人们自己做出选择。吸烟问题虽然没有《圣经》的明训，但大部分基督徒对吸烟持反对态度。不过，在教会聚会和崇拜活动中禁止吸烟，这是教会的一致看法。

2. 数字

基督徒对于数字 13 和星期五非常讨厌，因为传说耶稣是在临死前的最后一顿晚餐上被其教徒犹大出卖的，而犹大正好是座席上的第 13 个人。他们讨厌 13 就像中国人讨厌 4，很多高层建筑没有 13 层，房间没有 13 号。与此同时，耶稣受难的日子正好是星期五，所以如果哪一天正好是 13 号又是星期五，就会被称为黑色星期五，是一个非常不吉利的日子。

基督徒也忌讳数字 666。来源于《圣经》中的《启示录》，《启示录》中提到世界末日到来之际有一恶兽出来制造混乱，其名字数目为 666，称兽数 666。还有一说法是象征公元 1 世纪时迫害基督徒的罗马皇帝、暴君尼禄的名字。尼禄的名字按希伯来文拼写为 NEROWN QESAR，由于在希伯来文中没有专门的数词，是用字母兼作数字的，故尼禄名字的希伯来字母所代表的数码相加总和为 666。

3. 动作

十字架是基督教的主要标志，象征着耶稣基督在十字架上受难舍命以救赎世人。画十字是基督教徒常做的一种动作，以纪念耶稣基督在十字架上为救赎世人而受难。在基督教的洗礼和坚振礼中，神父或主教把画十字作为向受礼者祝福的一部分；在崇拜仪式中，神父祝福时也在自己前面画十字；教徒在进入教堂和某些礼拜仪式中，通常也画十字。故画十字可以表明教徒的信仰、祈祷、祝福或献身。

在基督教的三大教派中，东正教与天主教画十字的顺序略有不同。东正教徒是用右手的 3 个手指（拇指、食指、中指）从额头到胸部，然后从右肩到左肩画十字；而天主教徒则是用右手的整个手掌从额头到胸部，然后从左肩到右肩画十字；新教教徒不画十字。

在与基督徒打交道时，如果不是特意为信仰、祈祷、祝福画十字，其他情况下尽量少出现十字架的形状，比如握手时的交叉式握手、双手在胸前做出交叉的手势等。

4. 话题

与基督教神职人员交谈时，婚姻、家庭类话题要特别谨慎。天主教强调独身主义和禁欲主义，一切神职人员如主教、神父、修女是不能结婚的。所以，同天主教徒交往时，不可随便问"您结婚了没有""有几个子女""您妻子在哪里工作""结婚纪念日是哪一天"等问题。东正教准许除主教以外的一切神职人员结婚、离婚、再婚，所以对于主教也不宜问类似问题。新教的神职人员是可以成婚的。由于各派别的规定不一样，所以类似话题谨慎为宜。

此外，很多人弄不清基督教三大教派的区别，其实本质上，他们是兄弟的关系，是一个宗教里面发展出来的不同派系。因为历史、政治、经济等原因，教派之间存在很深的恩怨瓜葛，天主教与东正教曾经处于水火不相容的境地，1965 年 12 月 7 日，天主教和东正教彼此废除了加给对方的绝罚，在罗马和东方的法纳耳（Phanar），双方同时宣读了相互宽恕书，取消了 1054 年两教会对对方判处的绝罚，使基督教东西两教会合一的希望放出光芒，但真正合一谈何容易。三大教派有联系也有区别，各有特色。教派之间为争夺信仰者也出现相互指责的情况，但作为外人不宜介入其具体的争执与分歧，最佳做法是采取超脱之势。

第二节　伊斯兰教

一、伊斯兰教的基本情况

伊斯兰教是世界性的宗教之一，与佛教、基督教并称为世界三大宗教。伊斯兰教中国旧称大食法、大食教度、天方教、清真教、回回教、回教等。"伊斯兰"（Islam）在阿拉伯语中是"顺从（真主），（以求）和平"的意思，信仰伊斯兰教的人统称为"穆斯林"（Muslim），在阿拉伯语中是"顺从者"的意思。

七世纪初在游牧部落中，阿拉伯半岛各部落之间为了各自利益经常发生战争，战争加剧了阶级分化，实现半岛上政治的统一已成了历史进程的客观要求。伊斯兰教的创始人是穆罕默德，他中年时期在麦加城联络亲友，结成团体，创立了伊斯兰教。穆罕默德自称是"安拉"的使者，是"先知"，是代表"安拉"向人们启示的。他创教后，由于遭到当地掌管多种崇拜祭祀大权的贵族的反对，于 622 年被迫从麦加逃往麦地那。他在麦地那传教获得了成功，进而利用宗教势力建立了政权，组织了穆斯林军队，于 630 年攻占麦加城。两年后，伊斯兰教推广到了各个定居的和游牧的部落中间，统一了半岛。伊斯兰教在唐代传入中国。

公元 7～17 世纪，在伊斯兰的名义下，曾经建立了倭马亚、阿拔斯、法蒂玛、印度德里苏丹国、土耳其奥斯曼帝国等一系列大大小小的封建王朝。经过一千多年的历史沧桑，这些盛极一时的封建王朝都已成了历史陈迹，但是作为世界性宗教的"伊斯兰"却始终没有陨落，反而成为历史上发展最快的宗教。

信仰国家主要分布在中东、阿拉伯半岛以及非洲、亚洲的其他一些区域，如非洲的塞内加尔、冈比亚、几内亚、塞拉利昂、马里、尼日尔、乍得、尼日利亚、吉布提、索马里和科摩罗，欧洲的波黑和阿尔巴尼亚，西亚的土耳其、阿塞拜疆、伊朗和阿富汗，中亚五国，南亚的巴基斯坦、孟加拉国和马尔代夫，东南亚的印度尼西亚、马来西亚和文莱。

在穆罕默德在世时，曾一再告诫其追随者，要保持统一，不要分裂。但由于穆罕默德去世前没有指定继承人，也没有安排如何选定继承人，于是在穆罕默德去世后，伊斯兰教很快就因争夺继承权而出现了分裂征兆。后经协商，先后推选出前三位哈里发[⊖]，即阿布·伯克尔、欧麦尔、奥斯曼。

⊖ 哈里发：指穆罕默德之后继任的伊斯兰教国家的政教合一的领袖。

656年，出身于哈希姆家族的穆罕默德的堂弟和女婿阿里被推举为哈里发后，伊斯兰教领导集团内部分裂加剧，所以正是在穆罕默德去世后的四大正统哈里发于632—661年执政时期，伊斯兰教形成了教派，其中最主要的是逊尼派和什叶派这两大教派。

逊尼派，原意为"遵守逊奈（传统）者"，自称正统派，该派在伊斯兰教历史上长期居主导地位。目前世界上的穆斯林大多数是逊尼派，大约占全世界穆斯林的85%。中国的穆斯林大多数也属于逊尼派。

什叶派，原意为"追随者"，是伊斯兰教少数派中人数最多的一个教派。该派在伊斯兰教的历史上处于非主流地位，但也曾建立过政权。目前全世界什叶派穆斯林占全世界穆斯林的10%～15%，有1.9亿～2.86亿，主要分布在伊朗、伊拉克、南亚、西亚等地。

逊尼派和什叶派的主要区别，在哈里发的承认方面：逊尼派认为正统哈里发时期的四大哈里发都是穆罕默德的合法继承人，同时也承认在他们之后的所有阿拉伯帝国的哈里发的合法性。而什叶派只承认正统哈里发时期的第四任哈里发，即穆罕默德的堂弟和女婿阿里为穆罕默德的合法继承人，不承认前三任哈里发以及后来的阿拉伯帝国时期的哈里发的合法性。

在宗教领袖称呼方面：逊尼派将宗教领袖称之为哈里发，但什叶派将宗教领袖称之为伊玛目[⊖]。什叶派认为阿里具有与穆罕默德同等的地位，是第一代伊玛目，只有阿里的后裔才是伊玛目的合法继承人，并认为伊玛目共传十二代，最后一位伊玛目是"隐遁的伊玛目"，他没有死，而是被安拉隐藏起来了，当世界末日到来之际将以"马赫迪"（Mahdi，救世主）的身份重返人间，主持正义。

在《古兰经》方面：逊尼派和什叶派虽然都认为《古兰经》是伊斯兰教的经典，但两派对此也存在着分歧。什叶派认为《古兰经》有表义和隐义之分，表义是指经文字面的意思，隐义是指经文中隐含的意思，它才是伊斯兰教的真谛。而逊尼派则不承认这一点。什叶派与逊尼派在注释《古兰经》上最大的分歧是关于阿里的继承权问题：逊尼派否认在《古兰经》中有任命阿里的意思，而什叶派认为《古兰经》中提到的有关任命阿里为继任者之处都被奥斯曼下令删去了，待隐遁的伊玛目重现人间时将其公之于世。

除了逊尼派和什叶派，伊斯兰教还有哈瓦利吉派、苏非派等许多派别。

二、伊斯兰教之基本信仰

伊斯兰教包括六大信仰：信安拉、信使者、信经典、信天使、信末日、信前定。

第一，信安拉（Allah）。安拉是阿拉伯文的译音，安拉最初是穆罕默德所在的古莱氏部落崇拜的部落主神，或者也是一位受阿拉伯人普遍崇拜的阿拉伯神，伊斯兰教创立后成为伊斯兰教所信奉的唯一神和真主的名称。

⊖ 伊玛目在阿拉伯语中意为"领袖""率领者""权威"等。有多种用法：什叶派用以专指他们的精神领袖和教权代表；清真寺内率领穆斯林礼拜的宗教师亦称清真寺伊玛目；伊斯兰教的思想、理论奠基人或权威人物也称伊玛目。

伊斯兰教认为，安拉是宇宙间独一无二的、创造主宰一切的真主。安拉没有形体特征，所以伊斯兰教反对塑造安拉的塑像（反对偶像崇拜），认为这是对安拉的亵渎。由于伊斯兰教反对偶像崇拜，所以后来又扩大到也反对为人物和动物造像，尤其是在清真寺、殉教者的墓地等宗教场所更是禁止出现人或动物的造像。在严格执行伊斯兰教法的国家中（如沙特），甚至至今仍对绘制或塑造人物肖像有着严格的规定，像工艺品中的人物塑像、儿童玩具中的洋娃娃、商店橱窗中的模特都是被禁止的。

第二，信使者（鲁素勒 al-Rusul）。伊斯兰教宣称，安拉在不同时期曾向不同民族派遣过许多使者，他们不是神，是能力超凡的先知。《古兰经》中提到的先知或使者有二十八位，其中最著名的有六位，也是伊斯兰教的六大使者，即阿丹 Adam（相当于犹太教和基督教《圣经》中的亚当 Adam）、努海 Nuh（相当于犹太教和基督教《圣经》中的挪亚 Noah）、易卜拉欣 Ibrahim（相当于犹太教和基督教《圣经》中的亚伯拉罕 Abraham）、穆萨 Musa（相当于犹太教和基督教《圣经》中的摩西 Moses）、尔撒 'Isa（相当于基督教《圣经》中的耶稣 Jesus）、穆罕默德 Muhammad。穆罕默德是众使者中的最后一位，也是众先知的封印，因而是最伟大的先知和使者，他的一言一行都代表了安拉的意志。

第三，信经典（Scripture）。伊斯兰教认为，安拉曾给每个使者"降示"过一部经典，据说先后共降 114 部"天经"，其中《古兰经》被认为是安拉"降示"的最后一部"真经"，即 114 部"天经"之终。《古兰经》用阿拉伯文写成，只有《古兰经》才是唯一神圣的、最完美无缺的经典。

古兰是"诵读"的意思，所以从字面解释是"诵读之经"，它是穆罕默德在 23 年的传教活动中陆续宣布的"安拉启示"的汇集，但实际上是穆罕默德以奉真主颁降的名义，陆续发表的有关宗教和社会主张的言论集。《古兰经》包括 30 卷、114 章、6236 节（77934 个词），可分为麦加（约占 2/3）和麦地那（约占 1/3）两部分。

伊斯兰教的经典还有《圣训》（哈迪斯·奈白维 al-Hadith al-Nbawi），又称"逊奈"（Sunnah），即行为、常道之意，是伊斯兰教先知穆罕默德的弟子们对穆罕默德传教、立教的言论和行为举止的记录。伊斯兰教各教派都奉《圣训》为仅次于《古兰经》的基本经典，并有自己所辑录的圣训集，其中逊尼派有《六大圣训集》，什叶派有《四大圣训经》。

第四，信天使（麦拉伊凯 al-Mala'ikah）。伊斯兰教认为，天使（天神）是安拉创造出来的一种精灵，他们无性别并长有翅膀，神通广大，变幻莫测，但人用肉眼无法观察到。天使数目众多，其中最著名的是四大天使长。在每一个世人的两肩上各有一个天使，时刻监视其言行，其中一记善一记恶，待人死后，其记录作为将来末日审判时的依据。

天使是人类的朋友，但唯独易卜劣斯（Iblis）[○] 除外，因为易卜劣斯是安拉从火中造化而成的，人类是安拉用土造化而成的，所以易卜劣斯不服从安拉的旨意拒绝向人类下拜，因而遭到安拉的诅咒，被应允缓期到末日审判后罚下火狱，但此期间仍与人类为敌，不断作恶，到处诱惑不敬安拉者走上歧途。再有，伊斯兰教虽然强调信天使，但反对将天使当作神灵来敬拜，因为伊斯兰教除安拉外，不敬拜别的神灵。

○ 易卜劣斯（Iblis）原意为"穷凶极恶者"，相当于基督教的魔鬼撒旦，所以常译为撒旦.

第五，信末日（Yaum al-Akhir）。伊斯兰教认为，现世终有一天会毁灭，毁灭后还有一个后世，在那里有天园（占纳特 Jannat 或占奈 Jannah）和火狱（哲罕南 Jahannam，中国穆斯林称"垛子海"或"多罪海"），它是人的真正归宿。由现世进入后世要经过末日审判。安拉将根据各人在今世的善恶表现通过审判来决定赏罚，善者进天园，恶人下火狱。所以伊斯兰教是主张两世兼顾的，号召穆斯林在现世中应多做善功为未来的后世归宿创造条件。

第六，信前定（盖德尔 Gadar）。伊斯兰教认为，凡万事万物，包括人生的一切都是由安拉预先安排好，即前定好了的，人自身无法改变，但人也有相对的自由。前定与自由的相互关系是：前定是绝对的，自由是相对的，"前定如大海，自由如舟楫"。伊斯兰教不承认原罪说，而认为人的后世是进天园还是下火狱，都是由自己在现世中的言行所决定的。

伊斯兰教的宗教信仰包括了以上这六大信仰，但最基本的信仰是信安拉、信使者和信经典，它是伊斯兰教信仰的核心。清真言"万物非主，唯有真主，穆罕默德是主的使者"就体现了这一信仰核心中的两点。

三、伊斯兰教之宗教义务

伊斯兰教的宗教义务主要包括念功、礼功、斋功、课功、朝功五项宗教功课，我国穆斯林称之为"五功"。

1. 念功，即念诵"清真言"和"作证词"。其中清真言是"万物非主，唯有真主，穆罕默德是主的使者"，作证词也是围绕着清真言，其内容为：我作证"万物非主，唯有真主"；我作证"穆罕默德是主的使者"。清真言可以说是每个穆斯林一生中说得最多的话。当穆斯林婴儿初生时，来到人间首先听到的就是这句话；穆斯林每日经常口念的是这句话；穆斯林作证时说的是这句话；穆斯林临终时，最后说出的也是这句话。

2. 礼功，即礼拜，是穆斯林面朝麦加方向，向安拉的拜祷活动。礼拜包括日礼、聚礼、会礼三类。日礼每天五次，包括晨礼（日出之前）、晌礼（正午刚过）、晡礼（日落之前）、昏礼（天黑之前）、宵礼（入夜之后）。聚礼每周一次，即每星期五午后举行的集体礼拜活动。会礼每年两次，即在开斋节和宰牲节举行的集体礼拜活动。

3. 斋功，即斋戒。伊斯兰教的斋戒很多，但主要是指主命斋，是指伊斯兰教规定伊斯兰教教历9月为斋月，在此月白天不吃不饮，戒房事，戒恶语，戒放血等。斋月期满后于10月1日开斋，这一天为开斋节。

4. 课功，即天课。伊斯兰教规定，凡穆斯林所占资产超过一定限额时应按一定比例缴纳天课，实际上是以安拉的名义向穆斯林征收的一种宗教税。

5. 朝功，即朝觐。伊斯兰教规定，凡是有条件的成年穆斯林一生中必须去麦加朝觐一次，如条件不具备，也可由别人代朝。朝觐分为正朝（大朝）和副朝（小朝），正朝是指在规定的朝觐期（伊斯兰教教历12月8日～12日）去麦加朝觐，副朝是指一年四季的其他时间去麦加朝觐。朝觐活动是一种复杂而繁重的宗教礼仪，其中比较重要的有：巡礼天房（围绕麦加禁寺中的克尔白自玄石按逆时针方向绕行七圈），奔走（在天房东面的赛法和麦尔卧两座小山之间往返奔走七次），站阿拉法特山（到麦加以东 25 公里处的阿拉法特山面向克尔白进行隆重的祈祷礼拜仪式），射石驱邪（在米那山向象征着魔鬼易卜劣斯的三根巨石投射石子），宰牲（在朝觐的最后一天杀牲献祭，以纪念安拉的慈惠），辞朝（围绕禁寺中的克尔白再绕行七圈，否则朝觐无效）。

四、伊斯兰教之禁忌习俗

1. 食物

伊斯兰教有一系列的戒律和禁忌，在其戒律中，最具特色最烦琐的就是饮食禁忌。 主要有以下方面：

禁吃猪肉：这在伊斯兰教信仰者的饮食禁忌中是最为严格的，主要是从卫生角度出发，伊斯兰教饮食特殊的根本原因在于讲究卫生。中国穆斯林学者也历来认为，不吃猪肉是出于卫生方面的考虑。伊斯兰教禁食猪肉还有其更深的民族与宗教根源。在伊斯兰教传播前的阿拉伯半岛乃至整个中东地区，许多民族都有禁养猪和禁食猪肉的习惯，如古埃及人认为猪是最肮脏的动物，不但不吃其肉，连摸或碰一下猪都不行，甚至对牧猪人也讨厌。简言之，信仰伊斯兰教的穆斯林因遵守教规而禁食猪肉，由于恪守不渝，久而久之，教规戒律就逐渐演变成为一种民族饮食习惯而沿袭下来。

禁食血液：血液是动物所需各种养分的输送渠道，往往存留有各种有害物质，吃了会有碍健康。

禁食非屠宰之物：非屠宰的动物自然死亡或因疾病而死、衰老而死、中毒而死、勒死、跌死或野兽吃剩，禁食。因为其尸体内往往潜伏着各种传染疾病，身上有各种感染细菌，粪便里也有害人的毒素，伊斯兰教为保证穆斯林的身体健康，要求吃洁净食物，而不吃不洁净的东西，以免身体受到损害。但伊斯兰教有也灵活性，指出如果为势所迫，非出自愿，且不过分者，是允许的，因为真主是至慈的。

禁食非清真宰杀的动物：伊斯兰教认为，真主是万物（包括被宰的动物）的创造者，是所有生命的赋予者和掌握者，因此，穆斯林在宰牛、羊、鸡等可食动物时念诵"以真主之名"，结束该动物的生命是以真主的名义进行的，是合法的，是清真的，否则即便是可食的动物，是非穆斯林宰杀的，也不清真，故不能食用。另外，非清真的餐具、茶具也不能招待穆斯林。

禁止饮酒、吸烟、吸毒：伊斯兰教对一切能使人致醉的酒类饮料严加禁戒。把饮酒与崇拜偶像相提并论，并称其为"秽行"和"恶魔的行为"，言其能引起人间仇恨，妨碍正当事物，是一种丑恶有害的行为，所以让人们远离。先知穆罕默德为了使人们清楚区分酒与饮料的不同性质明确说："凡是使人麻醉的，都算是酒；凡是酒，都是非法的。"因此，不考虑酒是什么原料制成的，只考虑酒所产生的使人致醉的后果。吸烟、吸毒也是被禁止的。

随着历史的发展，伊斯兰教的这些饮食禁忌已成为全世界穆斯林共同的一种风俗习惯，在中国它已经成为穆斯林对外区分、对内认同的重要标志之一。所以，非穆斯林在与穆斯林打交道时，必须尊重他们的饮食禁忌习俗。

案例：他为什么拒绝领奖？

亚亚·图雷（Yaya Touré）是一名科特迪瓦足球运动员，2012年5月7日亚亚·图雷几乎凭借一人之力帮助曼城在客场击败了纽卡斯尔，这名前巴萨中场也毫无争议地被评为全场最佳球员。不过，在赛后全场最佳颁奖仪式上却出现了一点意外，亚亚·图雷当场拒绝接受全场最佳的奖品——一瓶香槟。来自科特迪瓦的图雷是一名穆斯林，因此他把香槟给了队友莱斯科特。图雷说："我不喝酒，因为我是穆斯林。这个你拿去好了。"而同一天有报道称，英超联赛方面可能考虑在特殊情况下改变奖品。

根据英国《每日邮报》披露，全英超一共拥有68个国家的球员，英超联盟已经事先征求过所有宗教、民族的习惯，但没想到还是不能面面俱到，英超联盟称将会考虑改用其他更合适的奖品。

这个案例中有一句很值得思考的话"但没有想到还是不能面面俱到"。**俗话说"知易行难"，如何避免触犯对方的宗教禁忌，把知识落实到行动上是最难的。**

2. 着装

服饰能够反映宗教观念，伊斯兰着装体现伊斯兰教义。穆斯林男子一般都使用缠头巾，波斯语称"戴斯塔尔"（Dastar），阿拉伯语称"尔玛麦"（'I mamah），但各地区各教派的款式各异。沙特阿拉伯多白色方巾，上加黑色头箍。伊朗等地区为左右上下交叉缠巾。中国穆斯林多习惯为白帽。**再有，部分伊斯兰学者认为，男子肚脐以下膝盖以上是羞体，女子除手足外都是羞体，不可让别人观看。**因此穆斯林妇女除穿不露羞体的衣服外，还必须戴面纱（黑玛尔 Khimar），这项规定至今在一些伊斯兰国家（如沙特、伊朗等）还执行着，但在许多国家已逐步放弃。在中国，穆斯林妇女称面纱为盖头，一般未婚妇女习惯戴绿色盖头，已婚妇女习惯戴黑色盖头，老年妇女习惯戴白色盖头。除此之外，穆斯林的着装、服饰还有一些要求与规范，表现在以下几点：

保持服饰的干净：伊斯兰教认为清洁是美好仪表的根本条件。伊本哈撒尼传述，使者说："你们保持清洁，因为伊斯兰教是清洁的。"《艾布·达吾德圣训集》记载，使者嘱咐他的圣门弟子——他们是从旅行归来的，要重视清洁和优雅的仪表，并用这样的话嘱咐道："你们当改善你们的家庭，改善你们的服饰，直至你们令人心旷神怡，因为安拉不喜爱丑恶和说污言秽语者"。伊斯兰教还重视信徒发型和胡须的清洁与梳理，如有能力者最好涂香。

保持适当的服饰：在服饰方面，伊斯兰教认为穆斯林不能奢侈浪费或者过度节俭。安拉说："他们用钱的时候，既不挥霍，又不吝啬，谨守中道。"穆斯林的服饰应该适当装饰，不能邋遢、随意。同时，又禁止穆斯林穿戴有名和骄矜性的服饰，理由是这些衣服往往以一些无意义的外表在众人之间引起骄矜、争荣、攀比、夸耀和浪费。而在特定的场合，伊斯兰教鼓励人们进行装饰，例如参加集体拜功、会礼，特别准备衣服是教法的规定。伊斯兰教对于服饰的观点，强调不偏不倚的中正之美，这一点与儒家中庸的观点相同。

禁止男子穿着和佩戴丝绸和金子：伊斯兰教不允许男性用银器皿吃喝。金子和丝绸的装饰对男性是非法的，理由是维护男性的勇敢和英雄气概，不要有软弱和女性的特征，放弃奢侈挥霍和放荡，从而根治来自于人性的炫耀，同时保存了实力。

禁止女性过分装扮：女性可以享受金子和丝绸的装饰，这是为了确保女性的特征，满足妇女爱好装饰，取悦丈夫的天性，以便丈夫见到她时光彩夺目，婀娜多姿。但穆罕默德也告诫女性们，不要打扮得花枝招展、芳香扑鼻，去吸引人群的每一双眼睛。禁止妇女展露性感或穿着透明、半透明的衣服，有意突出乳房、腰部、臀部等易诱人性欲的暴露、紧身衣裤也属于禁忌的范畴。

禁止呈异性装扮：伊斯兰教禁止男子装扮成妇女，妇女装扮成男子。彼此装扮是大罪，其中的道理是这种装扮会放弃被赋予的天性，违背安拉制定的原造。安拉的使者诅咒男子穿戴妇女的服饰，女子穿戴男子服饰的人。

禁止改变安拉的原造：伊斯兰教反对改变个人身体的状态，比如对身体进行刺青、锉牙、彩绘、续发、戴假发等都属于禁忌之列，当然，摘除对身体造成痛苦的器官应当除外，如阑尾切除术。

最后，伊斯兰教是反对偶像崇拜的，因此禁止在服装中出现任何偶像，伊斯兰服饰图案中，以花卉、草木为美。这些规范与禁忌虽然是针对伊斯兰教徒的，但非穆斯林在与穆斯林进行交往时也应当了解。

3. 动作

对于左右而言，穆斯林认为右上左下，左手是不净不洁的，而右手是干净高贵的。所有美好的事情都通过右手完成，如吃饭、递物、握手、挥手、签字等。而左手则是做一些不净的事，穆斯林如厕出恭后用左手擦拭或者洗净。穆斯林每日要行五次礼拜，礼拜前要保证身体干净，净身时一般用左手。小净、梳头都以右开始，脚也一样，穿袜子穿鞋，他们总是先穿右脚再穿左脚，脱袜、脱鞋时，先脱左脚。进入清真寺和住宅时，也会刻意调整步伐，先跨右脚，再跨左脚，出门时则是先跨左脚。**与穆斯林接触时避免用左手递物品、签字、握手等，与穆斯林女士见面时，异性之间要避免握手。**

在第一章我们曾经分享了一个案例，美国与埃及方签合约时美方老总差一点因为左手签字导致合同流产。有人提出美国老总应该尊重穆斯林不用左手签字，那埃及方是不是也应该尊重美国老总的习惯？对于这个问题，我们的看法是在签字等仪式性的重要活动中，如果美国公司老总不想改变左手签字的习惯，应该事先与埃及方沟通，获得对方的理解。当然，最理想的结果是美国公司老总充分考虑对方的宗教禁忌，改为右手签字，这样对自己的损失并不大，却充分表达了对对方宗教信仰的尊重，用这种态度经商可以获得更大的利益，交到更多的朋友。

案例：尴尬的法国外长

2013 年 9 月初，法国外长法比尤斯访问阿联酋期间，曾到巴黎索邦大学阿布扎比分校参观，在会见在校学习的大学生时，法比尤斯伸出手想与一名穆斯林女大学生握手，该女大学生很礼貌地拒绝了，见此情景，法比尤斯只好难堪地收回了自己的手，当时的气氛非常尴尬。这一事件在当地社交网站上引起议论，但科威特《祖国报》网报道指出，这名女大学生的做法没什么不妥，因为伊斯兰教法规定，穆斯林妇女不能与陌生男子单独会见或握手。

4. 参观清真寺

举行伊斯兰教穆斯林礼拜的地方叫清真寺。**伊斯兰教义说："人们在清真寺内口若悬河大肆吵闹，离末日就不远了。"** 寺内禁止带入任何污秽物，禁止神志不清者入内，无大净者和女子月经期或分娩后身体不洁者不可进入礼拜殿，也不能把吃奶的婴儿带入清真寺，因为婴儿排泄无控，有碍圣地清洁卫生。去清真寺之前，不要吃葱、蒜、韭菜等味道很大的食物。还应该保持身体、服饰的清洁。穆斯林进入清真寺必须脱鞋，以免鞋底的脏物玷污了圣洁之地，所以干净、清洁的鞋子、袜子等非常重要。进清真寺时先迈右脚，出清真寺的时候先出左脚。着装方面，不能袒胸露背，要着装保守清洁。暴露、穿短裤、短裙者禁止入内。在清真寺里念"邦克"后就不要出寺，礼完主命拜再走，除非有特殊情况。在礼拜殿中不可大声喧哗、嬉笑闲谈、吵闹打骂、挑拨是非、做买卖、找遗失物等。在礼拜殿中，不要从礼拜者面前经过，不要打搅别人诵经、礼拜。有伊玛目演讲时，不要讲话，应当静听。保持清真寺内的清洁卫生，不要乱扔果皮纸屑，随地乱吐痰。

5. 话题与办事日期

与伊斯兰信仰者打交道，需要注意一些话题是不适宜涉及的。对于伊斯兰教最大的两个教派逊尼派和什叶派之间的矛盾，作为外人不宜议论或者评价他们之间的是是非非、恩恩怨怨。

同时，安拉是伊斯兰信仰者的唯一神，伊斯兰反对偶像崇拜，任何带有偶像崇拜的话题与物品都要回避，如雕塑、画像等。此外，他们禁食的猪肉也不要提及。

与穆斯林打交道，拥有时间的敏感度也是非常重要的。每年的九月是伊斯兰的斋月，从日出到日落要禁止饮食、不抽烟、不劳作。如果与对方有贸易、商务、学术的交流，最好选择避开这段时间，否则可能会吃闭门羹。

需要注意的是伊斯兰斋月的时间是伊斯兰历的九月，与中国人使用的"公历"略微不同。 伊斯兰教历，即希吉来历（al-Taqwim al-Hijrjy），为伊斯兰国家和世界穆斯林通用的宗教历法，中国称"回历"，通常用 A.H. 表示，意为"迁徙后"（After Hijra）。在伊斯兰教历史上，由于穆罕默德于 622 年率领穆斯林由麦加迁徙到麦地那，这在伊斯兰教史上是一个划时代的大事，它标志着伊斯兰社会的正式建立。所以第二任哈里发欧麦尔决定以穆罕默德的迁徙日这一重要历史事件作为纪元的开始，将公历 622 年 7 月 16 日定为希吉来历的起始日（元年元月一日），从 639 年开始使用。

希吉来历为太阴历，一年共有 12 个月，其中单数月为 30 天，双数月为 29 天，逢闰之年 12 月为 30 天。由于希吉来历一年只有 354 天，比公历少 11 天，这样就使得希吉来历与公历之间的换算比较复杂，每年的新年、斋月、朝觐等也都会出现在不同的季节里。

希吉来历还使用七曜记日的周日法（日、月、火、水、木、金、土合称七曜）。其中日曜日为周日，月曜日为周一，火曜日为周二，水曜日为周三，木曜日为周四，金曜日为周五，土曜日为周六。每周逢金曜日为"主麻日"，穆斯林在此日要举行聚礼，所以也称聚礼日。伊斯兰国家一般以这一天为公共休息日，穆斯林的婚喜祝庆聚会一般也都选在此日举办，以求得吉庆。

案例：吃闭门羹的老总

亚洲某企业老总赴美国洽谈业务，由于与中东某个国家也是潜在生意伙伴，这位老总决定去美国之后顺访这个国家。准备联络感情、增加商业的成功性。由于赴中东某国是临时决定的，不想到了当地潜在的生意伙伴闭门不见，好像并不重视商业合作。来自东方的生意人非常懊恼，事后才知道那几天是在伊斯兰教的斋月期间，斋月期间信仰者有严格的规定，穆斯林每天从朝光拂晓开始，白天不吃不喝、不抽烟、戒房事，直到日落后，才能饮食。斋月期间阿拉伯国家白天的工作效率较低，经常找不到人。所以，亚洲的老总只得扫兴而归。

第三节 佛教

一、佛教的基本情况

佛教作为世界三大宗教之一，对世界影响深远。佛教于公元前6世纪，由今天尼泊尔境内的古印度释迦族王子乔达摩·悉达多所创建，是世界上历史最悠久的宗教，其经典为《大藏经》，目前信徒有5.06亿。佛教主要存在于亚洲，对亚洲文化思想发展影响较大。以佛教为国教的国家有泰国、缅甸、柬埔寨、不丹；佛教信仰人数占大多数的国家有斯里兰卡、蒙古、老挝、越南、新加坡；佛教徒较多的国家包括中国、朝鲜、韩国、日本。佛教传播到每一个地区以后，由于受到当地社会、政治、文化的影响，形式和内容都有相应的变化，形成了许多宗派。

尽管古印度是佛教的发源地，但由于伊斯兰教和本地印度教势力的扩张，佛教在今天的印度并不占主要地位，而是从印度往北和东南流传出去。公历纪元前后，佛教最初由西域传入中国，东汉初年开始广泛流传，寺庙也开始出现，汉代的白马寺就是其中较为有名的。到隋唐时期，佛教流传更为广泛，全国已经有很多寺院。由于传入时间、途径、地区和民族文化、社会背景的不同，逐渐形成了三大派系，即大乘佛教（汉语系）、藏传佛教（藏语系）、上座部佛教（巴利语系）。

大乘佛教又称汉传佛教，"乘"一般解释为运载、车辆、船、运度等义。按照梵文语根Yana有"道路"或"事业"的意思。"大乘"的梵语是Mahayana，有大的车乘之意或行程之意，意指用大的交通工具将无量众生度到彼岸，佛教中用马车来比喻度众生的工具。大乘佛教认为修行的目的不只是获得自我解脱，更重要的是要救度众生，使众生都达到觉悟。大乘佛教认为信仰者通过修行可以修成正果，从而降低了进入极乐世界的门槛。汉传佛教事实上成为大乘佛教的主要发展与继传者，并传播到中国、日本、朝鲜半岛、越南、新加坡等地。

藏传佛教或称藏语系佛教，与汉传佛教一道合称为"北传佛教"。藏传佛教是自7世纪以后由印度、尼泊尔和中国汉族地区传入中国西藏，至10世纪中叶后形成藏语系佛教。藏传佛教与汉传佛教、南传佛教并称佛教三大地理体系。藏传佛教是佛教传到西藏后与当地固有的宗教——苯教结合而成的产物，二者经过长期的斗争、融合，今天苯教几乎成为佛教的一部分而存在。但也有学者坚决反对苯教是佛教一部分的说法，认为尽管二者有斗争、接触，但苯教是苯教，佛教是佛教，不能合二为一 ⊖。尽管藏传佛教又可分成密教与显教传承 ⊖，或显密合修，但藏传佛教以密宗传承为其主要。藏传佛教没有传承小乘佛教，但是小乘佛教的"说一切有部"及"经量部"对藏传佛教的形成仍有很深远的影响。藏传佛教的流传地集中在中国西藏地区、尼泊尔、不丹、印度的喜马偕尔邦、拉达克和达兰萨拉。13世纪，开始流传于蒙古地区，至今，蒙古族、土族、裕固族等民族，仍多信奉藏传佛教。近现代，藏传佛教逐渐流传到世界各地。

上座部佛教又称"南传佛教""小乘佛教"。因"小乘"一词污蔑之意明显，1950年召开的佛教大会明确规定不使用小乘而是用"上座部佛教"。它是以自我完善与解脱为宗旨。主要的信仰地区是南亚和东南亚地区。大乘佛教和上座部佛教有着诸多不同，最主要的区别表现在"自度与度他"。大乘佛教更重视"度他"，即拯救众生，上座部佛教比较强调"自度"，也就是自我解脱。主要信仰国家在斯里兰卡、缅甸、泰国、柬埔寨、越南、老挝及中国云南的西双版纳及德宏地区。上座部佛教认为要实现自己的理想，非出家过禁欲生活不可。

二、佛教的仪式和节日

从简单念诵到各种仪规都可称为佛事仪式。从广义上来说包含三皈五戒到三坛大戒，一般主要指为信徒、施主等修福、荐亡所做的各种法事。原是释迦时代所行的宗教活动，释迦时代的僧团实行乞食制，僧伽受信仰者斋供。常用念诵作为回向，后来逐步发展成应赴社会的经忏、佛事等一整套固定仪式。大乘佛教的主要佛事礼仪有忏法、水陆法会、盂兰盆会、焰口等。藏传佛教地区的佛事仪式，其诵经说法、传召大会等显宗法事与汉族地区佛教基本相同。另外还有密宗的传法灌顶和修法等仪式。上座部佛教的国家，每逢丧葬仍要请僧侣念经。

⊖ 吴均. 藏传佛教面面观 [M] 北京：中国藏学出版社，2010：9-29.
⊖ 藏传佛教佛学分显学和密学，显学即可以通过经典来学习。密学即用一定的咒语、一定的手势、身体符号，心里想着本尊，三密合一，就可以达到成就的目的。

佛教的宗教节日主要有"佛诞节"，也称浴佛法会，是纪念释迦牟尼诞生的节日。各国日期不一，中国以农历四月初八为佛诞节。这一天要在大殿或露天放一盆水，供上数寸高的释迦牟尼诞生像，佛教徒们以各种香水沐浴佛像，以示欢庆和虔诚的供养之心。在我国云南傣族地区，浴佛庆典与傣历新年习俗逐渐合并，演化为每年四月中旬的泼水节。"盂兰盆节"也称盂兰盆会或中元节，是佛教超度祖先的一种仪式，中国、日本等国在每年农历七月十五举行。届时要向僧众施斋饭，寺院还要举办水陆道场、放焰口等活动。"佛成道节"又称成道会、佛成道日，是纪念释迦牟尼成佛的节日。成道日在哪天，印度、中国等地区不尽相同，中国南北各地，开始的时候也不尽一致。中国地区把腊月初八作为成道节。佛成道节的一项重要内容就是向四众弟子散粥。天长日久，民间也在这一天做腊八粥。

三、佛教信仰者崇拜之对象

1. 创立者

佛教的创立者是古印度的一名王子，原名是乔达摩·悉达多，后人尊称他为释迦牟尼，意为"释迦族人的圣人"。

关于对佛祖释迦牟尼是否是神灵这一问题，大乘和上座部佛教的观点略有不同。在大乘佛教兴起之前，分派佛教都认为，尽管在释迦牟尼之前还有六佛，未来还有弥勒佛，但是释迦牟尼是唯一现存的佛，这种信仰本质上是与教主崇拜相联系的一佛信仰。尤其是在佛教早期，认为他是导师而不是救世主。人们之所以信仰他，在于他发现并且实践了解脱人生苦难的真理，在于他思想伟大，精神高尚，智慧深邃。换句话说，上座部佛教把释迦牟尼当成教主而不是神，他是一个宣教师，是水平最高的和尚。上座部佛教不仅崇拜佛祖还崇拜佛牙、佛塔和菩提树等释迦的纪念物。

大乘佛教是在上座部佛教的基础上发展起来的，大乘佛教把释迦牟尼完全加以神话，说他是至高无上、全知全能、神通广大的"佛"，是一切众生崇拜的偶像。同时，大乘佛教认为三世十方有无数佛同时存在，释迦牟尼是众佛中的一个。大乘佛教还认为凡人亦有佛性，有可能成佛。大乘佛教中的汉地佛教神灵众多，除了信仰释迦牟尼还有阿弥陀佛、观世音菩萨、弥勒佛等。

藏传佛教历史上采用政教合一，如今已不复存在。独有的活佛转世制度仍然保持至今，它是藏传佛教的一大特色。

2. 经典

佛家的经典是《大藏经》，又称《藏经》，俗称《佛经》，是释迦牟尼传道时的言论和行为及其后世弟子的阐述归集成为佛教的经典。一般由《经》《律》《论》三部分组成。《经》是指释迦牟尼佛亲口所说，由其弟子所集成的法本。《律》是指佛陀为其弟子所制定的戒条。《论》是佛陀的弟子们在学习佛经后所得的心得。

《大藏经》是在佛教发展的漫长历史中逐渐积累而成的，在释迦牟尼佛有生之年，他的学说只是口头传承，并未书于文字，佛陀圆寂后其弟子为了继承其传教事业，开始以集体忆诵和讨论的方法收集整理他的言论，经过四次结集，形成了佛经。其内容博大精深，是人类历史上一笔丰厚的文化遗产。

《大藏经》按语系划分，一般认为有三大系统：汉语系、巴利语系、藏语系。梵文经典只有少量残存于尼泊尔、印度和中国。汉语系《大藏经》流传在中国、朝鲜、日本、越南等国，主要内容为翻译印度的佛教《经》《律》《论》和中国、朝鲜等国僧人的撰述，其中大部分是从梵文译出的，一部分是从巴利语或西域语言（胡语）译出的，版本甚多。目前中国正在编纂《中华大藏经》，拟收 23000 卷，从 1984 年起已陆续出版发行。

藏传佛教的主要经典是《藏文大藏经》，流传在中国藏族、蒙古族、土族、羌族、裕固族等民族以及尼泊尔、不丹、蒙古、俄罗斯西伯利亚地区，内容分为《甘珠尔》《丹珠尔》《松绷》三大类。《甘珠尔》又名正藏，收入《律》《经》和《密咒》三个部分；《丹珠尔》也称续藏，收入《赞颂》《经释》和《咒释》三个部分；《松绷》即杂藏，收入藏、蒙佛教徒有关著作。藏文《大藏经》自 1313—1939 年，各地共刻出 11 种不同的版本。藏文与汉文的《大藏经》的区别在于藏文的《大藏经》把汉文的《经》《律》归于一篇统称《甘珠尔》，他们认为既然律条是佛所说，就应列入《甘珠尔》，后人所讲的一些律例等则应归入《丹珠尔》。

巴利语系《大藏经》流传在斯里兰卡、缅甸、柬埔寨、老挝、印度、泰国和中国云南的傣、布朗和德昂等少数民族聚居区，主要是上座部佛教的经典，现存的最完善版本的巴利语《大藏经》是 1954—1956 年间缅甸政府召集的第六次结集时勘定的。另外，这个体系也包含用僧伽罗文、泰文、缅甸文、高棉文和老挝文等译出的佛典。

对于这几个佛教教派的经典，任何人都应该拥有敬畏之心，任何不恭敬、不礼貌的言行都是不允许的。

案例：中国国家图书馆的镇馆之宝——《赵城金藏》

中国国家图书馆内有诸多价值不菲的宝贝，《赵城金藏》即是一例。它与《永乐大典》《四库全书》《敦煌遗书》并列为国家图书馆的四大镇馆之宝。《赵城金藏》是金朝熙宗皇统（1141—1149）初年，潞州（今属山西长治）民女崔法珍在山西、陕西部分地区断臂化缘募资所刻汉文《大藏经》，雕造经板共 16 万 8 千余块。因发现于山西赵城（现已并入洪洞）广胜寺，故后世称之为《赵城金藏》。1933 年《赵城金藏》被发现，之后历经坎坷，日本两次欲高价买断没有得逞，广胜寺僧人防止其遭遇不测，他们把 5000 余卷经卷放进 13 级琉璃飞虹塔，并用砖石固封，进行集中保管。1937 年与 1938 年蒋介石与阎锡山意图转移《赵城金藏》，两次均被寺庙住持苦口说服。日本侵华战争之际，1942 年为了防止日军抢劫，寺庙提出要将经卷交给抗日政府，并要求转运延安。经逐级呈报之后，党中央马上复电命令太岳区全力保护《赵城金藏》，绝不可让国宝落入侵华日军之手。百余人借助夜色，经四个多小时的抢运，从琉璃飞虹塔将 5000 卷经卷全部转移出寺庙，由民工驮运队运抵安全地带。当日军发现时经卷早已搬空，欲拿力空和尚问罪，但力空和尚连同经卷早已不知去向。接下来为了保护《赵城金藏》，这些经卷又被分别藏在山洞、废煤窑内，后又几经辗转迁移。1949 年《赵城金藏》移交北平图书馆，可是由于多年保存条件恶劣，多数经卷潮烂断缺，粘连成块，十之五六已经不能打开。国家专门调来 4 位富有经验的装裱老师傅帮助修复，历时近 17 年，终于在 1965 年修复完毕。

《赵城金藏》不仅是中国宝贵的文化遗产，也是全人类的精神财富。民女崔法珍断臂募资私刻的壮举、各界人士冒着生命危险保护经卷的付出、经卷自身的坎坷命运、修复人员 17 年的努力。想到这些还有什么理由不对这些凝聚了血汗的经典持有恭敬之心呢（见图 7-1）？

3. 佛教的基本教义与理论

《佛经》上对佛教的分裂有一个比喻，一支金手杖，断为 18 截，手杖虽然断了，但每截都是纯金的。尽管佛教各流派在许多方面已经本地化了，但在对佛教的基本教义和戒律等方面有很多共同点。

佛教最主要的教义是四圣谛与八正道。

四圣谛即苦、集、灭、道。谛，即真理的意思。所谓四圣谛，就是探究人生痛苦和解脱之道的四个真理。苦谛，是指人生充满痛苦，包括生、老、病、死、怨憎会、爱别离、求不得、

图 7-1 为了纪念国人对《赵城金藏》的保护与它自身的坎坷命运，中国国家图书馆至今保留了一卷尚未修复的《赵城金藏》

五取蕴等八苦。集谛，是探究人生痛苦的原因，包括色、声、香、味、触等五蕴。灭谛，是灭除苦因，达到解脱。道谛，是阐述了达到涅槃的修行方法。

八正道是达到涅槃境界的八条正确途径：正见、正思、正语、正业、正命、正精进、正念、正定。

佛教基本理论除了四圣谛与八正道外，还有缘起、因果业报、涅槃、三宝、八苦、五蕴、五戒、八戒、十戒等。

缘起：即诸法由因缘而起。在《杂阿含经》中，释迦牟尼曾经给缘起下了一个这样的定义："此有故彼有，此生故彼生，此无故彼无，此灭故彼灭。"此缘起之理为释迦牟尼悟道成佛之所证悟，为佛教之基本原理。佛教以缘起解释世界、生命及各种现象产生之根源，由此建立起佛教特殊的人生观和世界观。

因果业报：因果，或称因果律，为佛教教义系统中用来说明世界一切关系的基本理论。一切事物皆由因果法则支配，有因必有果，有果必有因。

涅槃：亦译作灭、寂灭、灭度等，是佛教修行的最终目的和最高境界，一般指破除烦恼、无明后所证得的精神境界，这是一种不生不灭、超越生死、永恒安乐的境界。此外，出现于此世为人的佛（特指释迦牟尼），其肉体之死，称涅槃（寂灭）或般涅槃（圆寂）。

三宝：佛、法、僧。佛宝，是指已经成就圆满佛道的一切诸佛。法宝，即诸佛的教法。僧宝，即依诸佛教法如实修行的出家沙门。

八苦：生、老、病、死、怨憎会、爱别离、求不得、五取蕴等。

五蕴：人本能的欲望（色、声、香、味、触五欲）。

五戒：不杀生、不偷盗、不邪淫、不妄语和不饮酒。

八戒：不杀生、不偷盗、不邪淫、不妄语、不饮酒、不着香华、不坐卧高广大床、不非时食。

十戒：不杀生、不偷盗、不邪淫、不妄语、不饮酒、不非时食、不歌舞及旁听、不着香华、不坐卧高广大床、不蓄金银财宝。

4. 举行宗教仪式的地点

佛教举行仪式的地点是寺庙。进入寺庙后有一些礼仪规范与要求。

形象方面：衣饰整洁、衣着端庄，女性不穿性感、随意的衣服。

举止方面：应举止检点、慢步轻声、不乱闯、不攀爬、不拍照、不支脚、不倚壁、不靠桌、不托颚叉腰站，坐时不可箕坐。不干扰佛教徒的佛礼之事。在大殿内勿打呵欠、吐唾液、放屁等，迫不得已时，应退出殿外。打呵欠时应以袖掩口，吐唾液时用卫生纸包好放于口袋内，勿进进出出影响大众。

声音方面：不能高声喧哗，大殿内不可谈世俗言语，亦不可高声言笑。言行要谦虚、恭敬、礼貌而有教养。

寺庙法器：寺中钟鼓不可擅敲，袈裟、海青等物不可乱动。

行走顺序：佛殿内只能顺时针绕转，以示正道。

案例：泰国曼谷大皇宫门前被拒进入的游客

泰国的大皇宫地处曼谷市中心，是历代王宫保存最完美、规模最大、最有民族特色的王宫。大皇宫其实是一个大规模古建筑群，里面既有皇宫建筑群也有寺庙建筑群，皇宫建筑群金碧辉煌，玉佛寺建筑群精巧壮观。它们是外国游人赴泰必去的一个旅游景点。

但在大皇宫门口，每天都会有被拒进入皇宫参观的游客。他们穿着过于随便或者暴露，有的是短裤短袖、有的是袒胸露臂。类似情况经常发生，导游抱怨但仍有团友不听建议，招致恶果。游客无奈只好到附近的商店购买长衣长裤。

除了衣着需要规范、进入寺庙需要脱鞋，同时拍照也是明令禁止的。但总是有人做不到，尤其是禁止拍照最难做到，总有人要偷拍，这让管理人员很反感和头痛，因为泰国人认为闪光灯会影响神的灵性。

四、佛教之禁忌习俗

1. 称呼

汉传佛教把男出家人称为"僧"，女出家人称为"尼"，合称僧尼。男女出家人都能称为僧人，僧是僧伽的简称，它的意义就是"大众"。僧伽是佛教徒的团体，一人不能称为僧伽，只能称僧人。但直接称呼又有一些不同，很多人把僧人称为"和尚"，按照佛教的制度，只有大师院的方丈才能称为"和尚"。此外，沙弥的剃度师也可称为和尚，比丘的得戒师也称"戒和尚"，其他僧人一般不能称和尚，和尚实际上是很尊重的称呼[一]。年满 20 岁受了具足戒的称作"比丘"，受了具足戒五年之内的比丘，可以称呼"某某法师"。法师本是一种学位的称号，不是任何人都可以称的，通达佛法的、能为人讲说的人才能称法师。一个法师如果三藏皆通，就被称为三藏法师，是遍通经律论三藏者的学位，如唐代玄奘、义净都获得了这个称号[一]。如果只是单独精通某一项称呼也不一样，精通经藏的称为经师；精通律藏的称为律师，弘一法师即是律师；精通论藏的称为论师。受比丘戒十年以上的称上座或长老，二十年以上的称大上座或大长老。一般不要直呼僧人的"号"，这样显得不尊重僧人。

对于女出家人，称呼年满 18 岁受了十诚再加六法的人为"随学比丘尼"，称呼"某某法师"。受过具足戒的就是比丘尼，可以称呼某某尼师、某某法师、某某师父、某某师太。

不出家者称为居士。僧的居所称为"寺"，尼的居所称为"庵"，有时统称为寺庙。与僧人谈话应使用敬语"您"，不宜称"你"。自称为"弟子"。在中国的东晋时期，道安大师首倡所有出家人皆以"释"为姓，名则得之于受戒师。此后汉地出家佛弟子的法名均由此构成，如释道安、释法云等。

对藏传佛教的称呼可以从教派与僧人两个方面来分析。首先从教派来说，密宗主要的宗派有格鲁派、萨迦派、宁玛派、噶举派。汉人分别俗称为黄教（格鲁派）、花教（萨迦派）、红教（宁玛派）、白教（噶举派）。其实这仅仅是汉人为了方便的称呼，事实上仅有格鲁派有时自称黄帽派，其他教派并不以颜色自称。所以为了尊重故建议不要使用这些名称。就如同"小乘佛教"的称呼，其实是大乘佛教对上座部佛教带有贬义的称呼，上座部佛教自己并不接受。

其次，对具体的藏传佛教者来说，最常听到的称呼是喇嘛，在元代喇嘛译为尚师，近代称为上师。但这种尊称，在习惯上已经被滥用了，不是所有出家人都可以叫喇嘛，只有一些有知识或学识的僧侣、自己的经师及活佛方可称为喇嘛。藏区有一些宗教教职人员的称呼，和内地有些不一样。堪布（mkhan-po）相当于汉传佛教寺庙的方丈。翁则（dbu-mdzad）是诵经的领诵者，也叫首座。普通的出家人称为扎哇或扎巴。

上座部佛教作为宗教称呼来说，他们不太愿意被外人称为"小乘佛教"。对僧人来说，佛教四众分为两个社会群体，即出家众和在家众，分别有各自的称谓系统。出家众称为僧伽、僧众，又分

〇 徐玉成. 佛教的禁忌 [J]. 中国宗教，2001（3）：33.
〇 赵朴初. 佛教常识问答 [M]. 南京：江苏古籍出版社，1988：94.

为男女二部，男部由比丘、沙弥、十戒男组成；女部由丘尼、沙弥尼、十戒女组成。以上所有这些名称一般不用于相互之间的称谓，僧人与僧人之间、俗人对僧人称呼时，按照长幼、身份、职业和职责有许多不同的称呼方式。

称谓形式是法师或师傅，无论长幼、身份高低、是否认识，都可以使用。为了称呼得更加确切与具体，可在前面加不同的定语。对于年幼的小沙弥出家人、在家人一般称之为小师傅。对于年纪稍长，或有身份的僧人，如一寺之住持，则使用大和尚、大法师称呼。另外，在上座部佛教国家，僧人可在政府、学校及其他社区部门任职，因此，根据他们各自不同的职业有不同的称呼方式，如从医的法师、占星师、老师等。

2. 话题

大乘佛教宣扬慈悲为怀，要做到五戒，谈论血腥、残暴的话题是不合适的。大部分教派戒僧人结婚、生子。谈论性、色情、情爱、婚姻类的相关话题是非常不妥的。大乘部佛教有非常严格的戒律，结婚、生子、吃肉、饮酒均禁止。直接问僧人"是否结婚""孩子多大"都是不合适的。当然，教派不同戒律也不同。

大乘佛教的一个分支，日本佛教的突出特点是世俗化或社会化的程度较深。　日本的僧人可以娶妻生子，日本佛教徒出家、在家的界限已经很不明晰，有些寺庙实际上是家庭式的，主持也就是一家之主，可以结婚、生子。主持若去世则由其子继任，形成世袭。有人认为日本的僧人很似汉传佛教的"居士"，把日本佛教称为"居士佛教"，突出其世俗化倾向，不无一定道理。但日本的尼众还是出家如律持戒的。

在藏传密宗中有些佛像具有一定的神秘色彩，比如忿怒像、双身像等，有人把双身像理解成别的意思，比如是男女淫乐的体现是不妥的。这是不了解藏密佛像的特点，不应随意评论。双身佛是男女拥抱之形象，受印度教的性力派影响，认为世界由湿婆和配偶结合而成，所以解脱也必须从具有神圣来源的两性结合中去寻求。拥抱结合象征着密教教理中的"悲智和合"，女为佛和菩萨的化身，男为愚昧的代表，拥抱象征着超度愚顽，将其调伏引领到佛的境界。双身修法是密宗修行的最高阶段，并不是一般僧人可以进行的，历史上只有极少数高僧实行过双身修法。所以简单地把双身像理解为男女淫乐是肤浅且不严谨的。

此外，藏传佛教中有一些法器，比如密宗的嘎巴拉碗，是由人的头盖骨制成的，是密宗中最受保护和最为神圣的法器。嘎巴拉碗大多是依照高僧大德生前的遗嘱，从其遗体上取下制成的，只有大成就的密宗上师在进行高层次修密时才能持用，一般人绝不允许持拿，更不能对这类法碗有不敬之言。与此类似的还有嘎巴拉鼓（两块人头骨粘接而成，再在两面蒙上猴皮）、人骨号（人大腿骨制成的骨号）、人骨念珠等。

另外，在藏区有一种特殊的殡葬方式——天葬。在藏区，一般活佛、高僧和社会名人采用火葬，一般人采用河葬和天葬。由于其他民族对天葬一般很难理解，因而西藏自治区政府已明令禁止参观和拍摄天葬活动，对此的不敬之言论更应当避免。

上部座佛教主张男子一生要过一段脱离家庭的宗教生活，出家的时间长短不一，最短不能少于三个月，长的数年或数十年。人人都要出家一次，过一段严格的持戒生活，成为受教化的人，才能取得社会地位和人们的尊重，才能拥有结婚建立家庭的权利。终身为僧的人只是极少数，需要举行剃度仪式受沙弥戒。所以上部座佛教的男士只要结束了出家，均可以结婚、生子。

3. 食物

佛教规定出家人饮食方面的禁忌很多，食素是最基本、最重要的一条。素食不包括"荤"和"腥"，"荤"为有异味的蔬菜，如葱、蒜、韭、芥末等，《楞严经》说：荤菜生食生嗔，熟食助淫。所以佛教要求禁食。所谓"腥"为肉类食品，即指各种动物的肉，非常严格的甚至包括蛋，出家人是不能吃的。佛教还要求僧人不饮酒、不吸烟。酒包括米酒、果酒、大麦酒、啤酒等。毒品更是在禁忌之列。与出家人接触敬烟、敬酒、劝吃肉是不合适的。

在饮食上不同教派的戒律亦不一样。汉传佛教依据大乘经典将素食制度化，并以此成为汉传佛教的一大特色。一般来说讲究过午不食，不饮酒，食素。但中国汉族禅宗僧人从古就有自己耕种的习惯，由于劳动的缘故，晚上非吃东西不行，所以多数寺庙中开了过午不食的戒，但持过午不食的僧人还是很多的。

而藏传佛教、南传佛教、以及东传日本的佛教均没有明确要求佛教徒必须素食，但食肉是指允许吃"三净肉"。具体来说，表现如下：

就藏传佛教来说，宗教的饮食要求也与当地的生存条件相结合了。忌荤吃素本是佛门弟子应遵循的一条戒律，但是在平均海拔 4000 米以上的青藏高原，由于高寒地区条件有限，人们主要依靠耐寒作物青稞、豌豆和小麦以及抗寒牲畜牦牛和山绵羊来维持生活。所以藏僧也并不忌讳食用牛羊肉食（牦牛和绵羊肉），他们以牛羊肉食、酥油咸茶和糌粑为日常食品。他们不是什么肉类都吃，在藏区绝对禁吃驴肉、马肉和狗肉，一般也不吃鱼虾、鸡肉和鸡蛋。在肉类的选择上，为了生存需要，非要食肉也会选择体量较大的动物，比如牛，因为宰杀一头牦牛可以让一个人吃食比较长的时间，而吃体量较小的鱼虾则要宰杀无数的生命才能让一个人吃饱。因此，表现在饮食上他们的出发点还是慈悲和悲悯。

南传佛教讲究过午不食，但比丘戒律中并没有不许吃肉的规定，因为僧人的饮食是到别人家托钵乞食或由附近人家轮流送饭，因此，他们有什么吃什么，对肉食不戒。

世俗化倾向明显的日本佛教僧人不禁烟酒、荤食。日本亦有和尚开酒吧。

4. 着装

佛教的教义认为人生充满痛苦，痛苦的原因是来源于色、声、香、味、触这五欲，要解除痛苦就要戒除这五欲。因此，与佛教徒交往，任何可能勾起人欲望的着装都是不合适的，在佛教徒面前要避免衣装不慎、穿着暴露的服装。哪些服装算是衣着不慎呢？过分突出女性特质的服饰都是不合适的，比如露胸、露背、露肩、露腰、包臀、收腰、过短的迷你裙等。身穿有领、有袖（长袖更为合适）且较为宽松的服装会比较合适。这既是对佛教的尊重、僧人的尊重也是对自己的尊重。

5. 动作

与佛教徒接触，行为动作也有一些需要注意的。佛教认为头是通灵之处，不能轻易去摸，也不能从佛教徒头顶越过取物。佛教徒认为脚是身体位置最低的部位，因此不可用脚对着佛教徒。见到僧人，行合十礼较为合适，与之交谈，尽量不要用眼睛直视对方，国际礼仪规范认可的以较多目光接触表示尊重的做法在面对僧人时要略做调整。

与僧人交谈，双方的距离不能太近，标准要远于爱德华·霍尔提出的四种距离。

与僧人同桌就餐不要与出家人干杯，也不宜邀请僧人娱乐，比如观看歌舞、唱歌跳舞等，同时不宜邀请他们乘坐奢华的交通工具、入住奢华的酒店。

女性不宜与男性僧人独处。同样，男性不能单独进入比丘尼的房间，也不要主动与比丘尼握手。

此外，僧人并不喜欢被人随意拍照，游客参观寺庙如果非常想这么做，一定要征得对方的同意。不管是为僧人单独拍照还是与游客合影，都不推荐大家这么做，僧人也许出于慈悲之心难以拒绝游客，但本质上他们是不喜欢被打扰的。

第八章

涉外礼仪之习俗篇

第七章介绍了与不同信仰者打交道的注意事项。本章介绍不同区域的一些重要国家或者与中国接触较多的国家的习俗。宗教与习俗很多时候是分不开的，宗教对习俗的形成影响非常大，对于不信教的国家、人民，生活中的禁忌与偏好主要是靠习俗决定的。

第一节　亚洲国家的习俗礼仪

一、日本、韩国

日本、韩国位于中国的东北部。与中国的渊源、联系很深，历史上受到过儒家文化的熏陶与影响。建筑、语言、文字、宗教、服饰均能找到中华文明的痕迹。大部分居民具有蒙古人种特征，基本为单一民族国家。

1. 日本

日本的人口总数约 1.2339 亿（截至 2024 年 1 月），99% 的居民是大和族，国土面积约 37.8 万平方公里 ⊖。日本是一个岛国，由本州、四国、九州、北海道四大岛及 6800 多个小岛组成，由于自然环境恶劣，日本国民常常有生存的危机意识，这种危机意识造就了日本人顽强拼搏的一面。1946年美国人类学家鲁思·本尼迪克特出版了《菊与刀》，被公认为了解日本的必读书。《菊与刀》的名字意味着日本民族的双重性，菊花是日本皇室的标志，刀象征着日本的武士道精神，作者用这个题目意图表现出日本人本身存在的矛盾——好斗而和善、尚武而爱美、野蛮而文雅、顺从而富于抗争。**现代社会日本人做事情总是有"狠、忍"的特点，重视细节，能够把事情做到极致。**

日本人讲究礼貌，总是给人彬彬有礼的印象。日本与中国一样拥有自谦而敬人的文化，见面的致意礼节是鞠躬，鞠躬的度数与尊敬程度相关。日本人讲究面子，说话非常委婉。在工作和生活中如果不同意也不会直截了当地拒绝别人，如果日本人说："请让我们考虑考虑""我理解您的要求""我

⊖ 本章节各国国土面积与人口数量均采用了外交部网站的数据，如个别外交部网站人口数没有标示年份，本书会引用其他数据并加注释。

将把贵方的意思尽快向领导汇报"……很可能是委婉的拒绝。日本人非常喜欢送礼，礼品对日本人非常重要。日本人送礼的意义不在于礼物的价值，而在于送礼物时的行为。因此，日本人通常选择小巧可爱的礼物。日本人非常重视礼物的外包装，礼物没有包装是不能送人的，外部的包装才是礼物的象征。在日本有两个法定的送礼节日：中元节与岁末节。不要给日本人送梳子与梨，因为它们的发音与"死""没有"相近。关于数字，日本人喜欢单数，最喜欢 7，不喜欢 4 和 9，因为它们是"死"和"苦"的谐音。随着日本国际化程度的提高，一些人也讨厌 13。日本人喜欢的颜色是白色与黄色，讨厌绿色，不喜欢紫色，认为有不祥之意。花卉他们最喜欢国花樱花，菊花是日本皇室的标志，被誉为高贵的象征，但一般人不要随便使用，荷花也不能随便用，因为荷花意味着祭奠。日本人不喜欢食用鸡爪、皮蛋、蛇、动物内脏。接受日本人宴请，最好将碗内的饭菜吃完，不要剩菜剩饭，再添一次饭主人会非常高兴。**日本人喜欢喝酒，招待宾客喝几顿酒是很正常的事情。日本人彬彬有礼自律性较强，与他们打交道大声喧哗、不排队、不守时都是不受欢迎的。**

2. 韩国

韩国的人口总数约为 5100 万（截至 2024 年 4 月），其中 99% 以上为朝鲜族。**韩国的主要宗教是佛教与基督教，韩国受到儒家文化的熏陶与影响，等级观念、长幼意识、男女差别观点特别明显，位尊者、长辈、老人及男性的地位较高。**位卑者见到位尊者，要使用敬语；长者进屋，其余人要起立；用餐时要按照尊卑等级就座；吃饭时应长辈先动筷子，其他人才能吃；晚辈与长辈一起喝酒时，一定要侧过身去喝；乘车时要给老人让座；路遇尊者，晚辈应该向长辈问候并让路；家庭中尊卑有序，年轻一辈人每天应该给长辈请安。

国民见面致意的礼节是鞠躬礼，现代还会使用握手礼，但妇女一般不与男士握手，而代以鞠躬或点头。不少场合韩国人会同时采用先鞠躬、后握手的方式。

韩国人的饮食习惯是喜爱酸辣口味，爱吃牛肉、狗肉、泡菜、辣椒、烤肉、冷面、泡菜饼、海鲜饼、骨髓汤、酱汤。韩国人爱用金属筷子，因为"红色"的酱菜比较多，金属筷不容易被染色。受人敬菜时要礼貌地推让两次，第三次才接受。敬酒时要按照年龄、辈分、地位的顺序依次由高而低进行。韩国人喜爱白色，他们自认为是"白衣民族"。数字方面喜爱单数，偏爱 3，不喜欢双数，尤其是 4，因为 4 与"死"同音。

韩国人聊天都不谈本国政治、经济、妻室等话题，但一些大妈、大婶喜欢询问一些个人情况，比如结婚与否、有孩子与否、收入等。

二、新加坡

新加坡总人口数约为 592 万（截至 2023 年），国土面积约 735.2 平方公里（2023）。新加坡别名狮城，是东南亚的一个岛国，又称为"花园之国"。新加坡是一个宗教与文化多元的国家，人口中最多的是华人，其次是马来人与印度人，这三个种族的民风习俗构成了新加坡的习俗。新加坡宗教众多，不仅有世界三大宗教还有道教、印度教、犹太教、锡克教以及天理教等。各宗教和谐相处，

各族人民团结相处成为新加坡的一道美景。

新加坡是法治国家，拥有世界上最先进的政府管理与治理经验。新加坡人的见面礼通常是握手。如果当事人是马来男士，见面礼是举起右手放在胸前，深深地鞠躬。马来女士的见面礼是双膝微微弯曲、鞠躬。也有按照伊斯兰教习惯问候的。印度人见面礼是合十问候。

新加坡饮食主要有中国菜、马来菜、印度菜和泰国菜。最具代表性的是一种叫作"娘惹"的食物，是传统中国菜烹饪法与马来香料完美结合的产物，融合了甜酸、辛香、微辣等多种风味，口味浓重，所用的酱料由十种以上的香料调配而成。

新加坡被称为"花园之国"，整个国家非常干净整洁，乱扔垃圾、破坏卫生会遭人厌恶。 在新加坡，不喜欢男子蓄长发、留胡须，许多地方明文规定，长发男子不受欢迎。马来人的宗教信仰是伊斯兰教，所以遇到马来人应该按照伊斯兰教的宗教习俗与之交往。

新加坡人喜欢的颜色是红色、绿色、蓝色，不喜欢黑色、紫色、白色，认为黑色不吉利。新加坡人禁忌的数字是 4 与 13，喜欢的数字是 6 和 8。

新加坡是全世界最廉洁的国家之一，政府倡导高薪养廉。"透明国际"（也称"国际透明组织"）每年的全球清廉指数排名，新加坡都排在非常靠前的位置，2022 年排名第 5 位，2021 年排名第 4 位，2020 年排名第 3 位。给新加坡人送礼，尤其是给政府官员送礼要特别谨慎，因为礼物过重可能有贿赂之嫌，对方需要申报，这会给对方造成麻烦。在新加坡是无须给小费的。

总之，新加坡是法治国家，也是多民族多信仰杂居的国家，遵守新加坡国家的法制，尊重不同民族不同信仰者的宗教信仰与风俗习惯就会一切顺利。

三、越南、泰国

1. 越南

越南国土面积约 33 万平方公里，人口约 1.03 亿（截至 2020 年），是亚洲的一个社会主义国家。主要宗教是佛教、天主教、和好教和高台教。越南民族较多，是以越族为主，和尚族、占婆族、高棉族等少数民族杂居的多民族国家，文化核心是越族。历史上，越南中北部长期为中国领土，968年正式脱离中国独立建国。越南历朝历代均为中国的藩属国，之后沦为法国殖民地，如今越南是东南亚国家联盟成员之一。

越南人与中国人一样也崇拜"龙"，自称"龙子仙孙"。 越南使用的历法与中国的农历相同，越南人重视的节日是春节、清明节、中秋节、端午节，这些节日与中国的节日基本相似。城隍是受到普遍欢迎和崇拜的地方神灵。在越南境内的大小村落中，均可以看到城隍庙的踪迹。越南人喜欢吃槟榔，喜欢嚼新鲜未经腌制的槟榔。他们认为槟榔有使人兴奋、提高情趣及驱除瘴气的作用。所以越南人常常用槟榔待客接物、沟通感情。

越南人喜欢桃花与竹子，认为桃花是吉祥之花，越南盛产竹子，有"与竹子为伴的民族"之称。越南人喜欢红色不太喜欢白色，认为白色不吉利。越南海岸线长，食物多海产品。越南的湖泊、河港、水塘也很多，所以鱼在人民生活中占有重要位置，尤其喜欢食用鲜鱼加工而成的"鱼露"。鱼露是鱼肉和盐溶化而成的汁液，是佐餐必不可少的调味品，故有"看鱼露下饭"之说。

在越南，不要随意摸别人的头部，包括小孩。当村寨路口悬挂有绿色树枝时，意为正在祭寨，是禁入的标志，外人不得进入。南部高棉人忌用左手行礼、进食、送物和接物。越南人忌讳三人合影，不能用一根火柴或打火机连续给三个人点烟，认为不吉利。

2. 泰国

泰国的国名是泰王国，面积约 51.3 万平方公里，人口约 6790 万（截至 2023 年）。佛教为泰国的国教，90% 以上的民众信仰佛教。受佛教的影响，泰国人胸襟开阔、脾气和顺、遇事善于忍让，对人对事不斤斤计较，说话语速较慢。

泰国人见面行合十礼，双手抬得越高表达的尊重程度越高。握手礼只在商务场合、公务场合、较西化的群体之间使用，异性之间是不握手的。**泰国人是按名或者小名称呼对方的，在泰国不要按姓称呼对方，不然会被视为不礼貌。**可以称呼名加上先生、女士，如称呼张锡兰为锡兰女士、称呼王子豪为子豪先生。泰国人最重视人与人之间的关系，在一般情况下若要与陌生人打招呼，一般会称为姐姐或哥哥。

佛祖和国王是泰国人最尊敬的人，在泰国人心目中拥有至高无上的地位，任何对佛祖和国王以及王室不敬的言行都须避免，否则就犯了大忌。

泰国人重视头部，轻视脚部。认为头是通灵之处，别人不能随便触摸，若是不小心碰及别人的头部，应当立即道歉。小孩子的头常人不能触碰，除非是国王、僧侣和孩子的父母。泰国人坐着时忌讳别人从头顶递东西。古代泰国人都习惯光脚行走，所以脚被认为是最脏的，不能把鞋底翘起对人，不能用脚指东西、踢门等。泰国人认为门槛下面住着神灵，进出门时不能踩门槛。参观寺庙和到泰国人家做客时，要先脱鞋子。泰国人认为左手是不洁不净的，凡是需要用到手的地方要多用右手，如递物、挥手、引领等。

泰国的饮食以酸、辣、甜为主，有许多颇具特色的菜肴，如糯米抓饭、油炸香蕉、椰壳冰激凌、菠萝饭、冬阴功汤等。**他们喜欢用酱油和鱼露烹制菜肴，但不喜欢用味精。**泰国人爱吃鱼、虾、鸡、猪、鸡蛋等，一般不爱吃牛肉，不喝酒。

泰国人喜欢红色、黄色和其他鲜艳的颜色，不喜欢褐色、黑色。泰国人喜爱花，很多酒店、会所、高档餐厅能见到泰国人在水容器中注入水，然后让一朵或几朵鲜花漂浮在水面上，美不胜收。在曼谷，能看到河中泛舟卖水果与鲜花的妇人与街边卖花的小姑娘。为客人戴上用一串鲜花编成的花环也是泰国人迎接贵宾的礼节之一。泰国的国花是金链花，生活中泰国人还喜欢兰花。泰国人喜欢数字 9，9 代表了吉祥和顺利，不喜欢 0 和 6。泰国人喜欢大象，视大象为吉祥物，而狗在泰国是禁忌图案。

泰国人性情温和、讲究礼貌，高声大嗓、举止粗俗、言行傲慢都是不受泰国人欢迎的。

四、印度

印度国土面积约 298 万平方公里（不包括中印边境印占区和克什米尔印度实际控制区等），人口数量约 14.4 亿（截至 2023 年）。主要宗教是印度教、伊斯兰教、锡克教。印度是世界上发展最快的国家之一，也是社会财富分配极度不平衡的发展中国家。行车是靠左驾驶。

印度教徒中分为不同等级的社会集团，可以译为"种姓"，即把人分成四个不同等级："波罗门"是第一种姓，为僧侣，地位最高；"刹帝利"是第二种姓，为贵族，地位稍次；"吠舍"是第三种姓，为平民；"首陀罗"是所谓的贱民，为第四种姓，其地位最为低下。各种姓都有自己的道德规范和风俗习惯。在四大种姓之外，还有一种被排除的"不可接触的贱民"，被称为"哈里真"，他们是最受歧视的人。

印度的国花是荷花，国鸟是蓝孔雀，国树是菩提树。它们都被视为纯洁、吉祥、如意、幸福的象征。印度教徒把牛奉为神明，牛在印度的地位很高。

印度人见面的礼仪主要有合掌礼、举手示意礼、拥抱礼、摸脚礼、吻脚礼。其中，摸脚礼和吻脚礼是印度的最高礼节。印度东南部的一些少数民族的人与客人相见时，总把自己的鼻子和嘴紧紧贴在对方的面颊上，并用力地吸气，嘴里还要叨念着"嗅一嗅我"，以示其对客人的崇敬。印度伊斯兰教徒的见面礼节是按其传统宗教方式，用右手按胸，同时点头，口念"真主保佑"。现代在社交场合上的印度男性们，也开始运用握手礼节了，但印度妇女一般与不与男人握手。印度重男轻女。

印度人最喜爱绿色，不喜欢黑白和灰色。不喜玫瑰花，忌讳百合花。数字方面，印度人喜欢单数，5、11、21、51、101 被认为是吉利的数字。印度作为一个多宗教信仰的国家，不同信仰的人会有不同的数字爱好。比如印度人喜爱 3、7、9，印度的穆斯林人更喜欢 6、7、8，而不少印度教徒则不喜欢 6 和 8，因为在印度占星术里，第 6 宫预示疾病，第 8 宫则代表死亡。泰米尔纳德人忌讳某些数字，比如他们认为 1、3、7 是不吉利的，13 则是大部分印度人禁忌的数字。他们忌讳弯月图案。

印度教徒一生有三大夙愿：到圣城朝拜湿婆神；到恒河洗圣浴；死后葬于恒河。进入庙宇、厨房之前，要先脱鞋，穿鞋子进去既不礼貌也不干净。接受或传递食品时，一定要用右手。和印度人交谈，要回避有关宗教矛盾、和巴基斯坦的关系、工资以及两性关系的话题。

印度人的体态语很丰富，但点头与摇头所表达的含义与中国不一样。比如表示同意，总是要先把头稍歪向左边，然后立刻恢复原状；表示不同意，反倒点头示意。

饮食方面，印度南北差别较大，北方以小麦、玉米、豆类等为主，尤其喜欢叫作"恰巴提"的薄面饼。南方以大米为主食，爱吃炒饭。印度吃素的人口比例特别高，差不多达到 70% 以上，因此印度的素菜并不比肉菜便宜。但素菜方面，印度人不爱吃蘑菇、笋、木耳、面筋、烤麸等。印度教徒不吃牛肉，牛在印度是神圣的动物。穆斯林不吃猪肉，不饮酒。正统的锡克教徒头戴包头巾，不抽烟，不吃牛肉。

五、以色列

以色列位于亚洲西部，处在亚洲、非洲、欧洲三大洲结合处。以色列实际管辖面积约 2.57 万平方公里，人口数约为 984 万（截至 2023 年 12 月），主要来自犹太人族群，犹太人约占 73%，也是世界上唯一以犹太人为主体的国家。大部分居民信奉犹太教，其余信奉伊斯兰教、基督教和其他宗教。希伯来语和阿拉伯语均为官方语言，通用英语。尽管以色列是一个世俗国家，但犹太教在该国政治、经济及社会生活等方面都具有重要影响。

犹太人见面行握手礼，如果是老友、好友可以行拥抱礼、贴面礼。以色列人喜欢国旗上的蓝色与白色，不太喜欢红色与黑色。数字以色列人喜欢 6 和 7，喜欢 6 是因为犹太人的象征大卫之星有六个角，喜欢 7 是因为 7 是所有与神相关的数字，代表"圣洁和神圣化"的契约，代表法律的光明，此外，七盏金灯台也一直是犹太教的象征。

犹太教信徒在安息日有规定，安息日是每周的休息日，从周五日落时开始，到周六黄昏时结束。在安息日不能从事任何劳动、娱乐，不得接触金钱、火柴和机器，只能够休息。安息日和犹太人斋日要吃未经发酵制作的面包，不饮啤酒。犹太民族传统节日甚多，有逾越节、岁首节、住棚节等。

饮食方面，犹太教有严格的规定，符合犹太教规的、清洁的、可食的饮食产品被称为"Kosher"。犹太教餐饮规矩多，比如肉类产品，凡属于偶蹄分两瓣和会反刍的动物都是可吃的，如牛、羊等。凡属于反刍不分蹄的或偶蹄不会反刍的动物都是不可吃的，如骆驼、猪、兔子等。对于鸟禽类，凡洁净的鸟都是可吃的，如鹌鹑等。饲养的鸡、鸭、鹅等也是被允许的。不洁净的鸟禽，如鸵鸟、乌鸦、夜鹰等是不能吃的。对于水产品，无论是海里的、河里的，凡是有鳞、有鳍的鱼类都可以吃，如三文鱼、金枪鱼、鲈鱼等；无鳞、无鳍的鱼，如鳗鱼、鲶鱼、虾、螃蟹以及软体的、贝壳类海鲜等都不可以吃。对于昆虫，只要是有翅膀、用四足爬行、有足有腿、在地上蹦跳的，如蝗虫、蚂蚱、蟋蟀等都可以吃。凡地上的爬行的动物，其外形是可憎的、用肚子行走的，或是有许多足的，如鼠类、蜥蜴、壁虎、蛇等，都是不洁净的，都不可以吃。奶和奶制品必须来自符合"Kosher"的动物（主要指牛羊）才能食用，肉和奶制品不能在一起烹调，以色列犹太教饮食教规规定：进食肉类之后，必须等待 6 个小时才能再吃奶制品。此外，动物的血液是绝对不能吃的，非正常死亡、患有疾病的肉类也不能吃。牛羊肉的蹄筋也不能吃。犹太人也不吃外壳坚硬的果子，如核桃和花生。

六、沙特阿拉伯

沙特阿拉伯位于亚洲西南部的阿拉伯半岛，人口数约为 3218 万（截至 2023 年 6 月），面积约 225 万平方公里。沙特阿拉伯的主体民族为阿拉伯人，信仰伊斯兰教，其中逊尼派穆斯林占人口大多数，约占 85%，分布在全国各地，什叶派人数极少，约占 15%。官方语言是阿拉伯语。沙特阿拉伯拥有非常丰富的石油储量，被称为"石油王国"，是世界上最富裕的国家之一，人均 GDP3.15 万美元（2023 年）。

伊斯兰教是沙特阿拉伯的国教，对国家习俗的影响极大。凡违反伊斯兰教的行为都会被严格禁止。国家男性的地位较高，女性居于附属地位。见面的礼节，交情不同表现不同，普通交情可以采用握手礼，表示更亲密的是亲吻礼，亲吻前相互以左手攀在对方右肩并亲吻其面颊，然后相互拥抱。但异性之间不握手，且对于异性之间的接触很忌讳。女士不能开车，同时，与亲人（丈夫、兄弟、儿子）之外的男子同乘一车也是不妥的。与沙特阿拉伯人接触不要用左手递物、挥手，他们还禁忌偶像崇拜，商店禁止出售洋娃娃，赠送的礼物带有雕塑、人物图像、人物造型的会触犯他们的禁忌。**他们最喜欢绿色和蓝色，绿色是国旗的颜色，凡是伊斯兰信仰的国家都钟爱绿色。**

沙特阿拉伯人最典型的服装是民族长袍，男女老幼一年四季都穿这种服装。男士穿着白色长袍头上有薄纱头巾，女士穿着黑色长袍，面部用黑纱遮盖，仅有眼睛与手部露在外面。与沙特人交往，着装应该严谨、保守。女性着性感、暴露的服饰是非常不妥的。合适的服装是长袖与长裤，且上衣能够遮住臀部。

沙特阿拉伯人的饮食习惯受伊斯兰教的影响很大，宗教禁忌的食物他们都不吃。他们用餐是右手抓饭食用，喜欢饮用红茶和咖啡，主食以烙饼、手抓饭为主，喜欢驼奶、椰枣与甜食，肉食主要是吃羊肉、牛肉与鸡肉。

沙特人非常富裕，上层社会的子女都被送到西方国家接受教育。沙特的官方语言是阿拉伯语，但英语在全国通用。

阿拉伯世界的人认为沙特人比较骄傲，其实，沙特的确有一些可以骄傲的资本，如沙特是伊斯兰教的诞生地，麦加和麦地那是伊斯兰教的两个圣地，其中麦加是全世界伊斯兰教徒朝圣的圣地。沙特的石油储量全球第一。沙特对待伊斯兰教是最虔诚的，是现代化与宗教紧密结合的国家。

第二节　欧洲国家的习俗礼仪

一、英国

英国全称是大不列颠及北爱尔兰联合王国，国土面积约 24.41 万平方公里（包括内陆水域），人口数约为 6702.6 万（截至 2021 年）。英国人不愿意他国人把其国家称呼为"England"，而愿意称呼为"United Kingdom"或者"Britain"，简称"UK"。同样，称呼英国人也不要用"English"，而应称呼"British people"。英国的主要宗教是基督教、伊斯兰教、印度教、锡克教，犹太教也有大量信徒，人数最多的还是基督新教。英国是行车靠左的国家。

英国的政治体制是君主立宪政体，但王室没有实权。英国的王室关注度非常高，王室极强的存在感与英国的历史不无关系，英国是第一个完成工业革命的国家，也曾经是世界上最发达的国家，被称为"日不落帝国"，堪比今日的美国。王室无疑成了那个时代的标志，英国人能够在王室身上找到对那个时代的自豪感。**由于还保留王室，英国还保留世袭头衔，英国人特别喜欢别人称呼他们的荣誉头衔。**

英国人被认为是世界上最有教养的民族，他们彬彬有礼、严谨保守。他们善于克制自身的情绪，不轻易外露感情，很少发脾气。英国人见面一般行握手礼，好友才会拥抱贴脸。英国人不喜欢别人拍他们的肩膀。与英国人交往保持一定的距离感与客套性是必要的。推崇绅士风度与淑女风范，出门讲究穿戴，说话时"请""谢谢""不好意思"不离口。英国非常讲究尊重女士，无论是进门、走路、乘公车、上下小汽车等，男士都要遵循"女士优先"的原则为女士服务。

英国人对新鲜事物保持谨慎态度，喜爱古典传统的物品，如旧家具、配饰、摆件等。如去英国人家中做客，他们可能会很自豪地介绍自家某一把椅子"这是 18 世纪的"。

英国人非常喜爱喝茶，对茶有着无与伦比的酷爱与尊重。英式下午茶已经成为一种英国文化的标志传遍全球。英国人最青睐的是红茶，茶具为印花白瓷带把茶杯和高茶壶。喝茶时间一般为下午四点钟，"当下午钟敲四下，世上的一切瞬间为茶停止"这是在英国流行的一句话。**正统下午茶不仅有茶水还有点心，点心用三层点心瓷盘装盛，最下面一层放三明治，第二层放传统英式点心，最上面一层则放蛋糕及生果塔，食用的顺序是先吃下面的再往上吃、先咸后甜。**

与中国人不同，英国人把乌鸦看成吉祥之鸟。英国人讨厌数字 13 和星期五，颜色他们喜欢蓝色、红色和白色，不喜欢墨绿色，因为那是纳粹的颜色，让人产生不好的联想。英国人非常喜欢侍弄花草，英国有"花痴之国"的名声，喜欢的花有很多种，英格兰人喜欢玫瑰，北爱尔兰人喜欢酢浆草，苏格兰人喜欢蓟花，威尔士人喜欢水仙花。他们把看足球和侍弄花草当成人生的两件惬意之事。据英国花园快递网的随机调查显示，迷恋栽种花草的英国成年人平均每人一生在园艺上花费约 3 万英镑，但英国人不喜欢菊花和百合花，在英国百合花代表死亡，菊花在任何欧洲国家都只能用于万圣节或葬礼。

在英国 V 形是胜利的手势，但如果手势调转 180°，变成手心向内则是不好的动作。在英国、澳大利亚和新西兰均有"Up yours"（叫人闭嘴或者叫人滚开）的意思。与英国人交谈，涉及对方的个人隐私、英国王室的花边新闻、北爱尔兰独立等问题要尽量回避。另外，交谈中要多用礼貌用语及句式，如"请（Please）""谢谢（Thank you）""我有这个荣幸请您……（May I have the honor……）"等，否则会被视没有礼貌。

案例：她很"粗鲁"

中国女孩小新在英国留学，之后在英国一家培训公司工作。刚入职领导安排她做行政方面的工作，一次领导让她为前来拜访的客人预约一辆的士去机场。小新刚到公司对一切都不太熟，加之手头上的事情很多，情急之下电话预约时没有对司机先生使用礼貌句式 May I……和礼貌用词 please。之后，出租车来了，小新与司机接洽时，司机先生并不搭理她。后来，司机告诉公司客人这个姑娘说话很"粗鲁（Rude）"。小新很郁闷，原来与英国人交流要时时不能忽视礼貌用语，否则自己得罪了人都不知道！

二、德国

德国的全名是德意志联邦共和国。领土面积约 35.8 万平方公里（2024 年 4 月），人口数约 8470 万（截至 2021 年 4 月）。1990 年 10 月 3 日东德和西德统一。德国居民信奉基督教新教、罗马天主教，此外还有少数人信奉伊斯兰教和犹太教。德意志民族产生了很多举世闻名的人物，如爱因斯坦、马克思、尼采、康德、贝多芬、门德尔松、巴赫等。

德国人以严谨著称，飞机、火车、汽车以安全正点闻名于世。德国生产的商品质量过硬，汽车拥有保时捷、奔驰、宝马等世界知名的品牌。德国商品让人信赖。

称呼德国人可以称呼其全名或者姓，直呼德国人的名是不礼貌的。与德国人握手一定要眼睛注视着对方，同时时间略长、力度略大一些。拥抱礼只有老友与好友之间才会行，亲吻仅仅适用于夫妻和情侣之间，吻手礼不常用但在正式场合偶尔能够看到男子对女士使用。**德国人不喜欢别人不加遮挡地打哈欠、打喷嚏、咳嗽，特别反感有人吐痰**。德国人做事严谨，时间观念很强，与德国人见面需要提前预约，有时甚至提前半年。一旦预定如果没有极特殊的情况，取消、迟到是非常失礼的，会给对方留下行为散漫、拖拉、自我管理差的印象。有一个笑话是形容德国人的严谨的，"半夜12点开车，看见红灯还停车的，全世界只有德国人"。

德国人最爱吃猪肉，还经常吃羊肉、鸡肉、鸭肉、鱼肉，钟爱各种香肠。德国人口味较重，喜欢油腻食物，奶酪是他们的钟爱之物，品种多达600多种，他们还喜欢吃马铃薯，超爱喝啤酒。德国人将喝酒视为每天的必修课，德国啤酒是世界有名的，有世界上规模最大的啤酒节，他们还喜欢喝红茶和咖啡。德国人吃东西不喜欢浪费，孩子们从小就听父母说"吃光了，明天是好天气"。

德国人喜欢蓝色、绿色、白色、灰色，认为蓝色是严谨、绿色是希望、白色是喜庆、灰色是信任，德国国旗上的黑、红、黄三色德国人都很熟悉，对于红色没有中国人这么喜爱，但也谈不上讨厌，他们喜爱偏深的红色。黑色代表正式也含有悲哀的含义。德国国旗上的黄色偏金，实际上是金黄色。黑色、灰色、白色在德国人眼里是正式的颜色。而所有的有彩色中，德国人更喜欢纯度偏低，即不那么鲜艳的彩色，德国的民族服装和礼服是黑色的。德国人穿着倾向庄重、朴素、整洁。数字喜欢单数，认为双数不吉利。德国的国花是矢车菊，到德国人家里做客送上一束花是不错的主意，但可以不送葡萄酒，主人有好酒招待客人，如送葡萄酒有可能让主人感觉自己选酒的品位不够好。

德国人对住所非常讲究，西欧有一种说法是"吃在法国、穿在英国、住在德国"。德国人不爱高楼爱乡居，楼前房后有别致的小花园，充满着诗情画意。

与德国人交谈不要问对方的年龄、收入，不要议论女士的胖瘦，话题不要涉及纳粹、宗教与党派之争。穿西服的男士在和别人握手之前，要把外套的纽扣扣起来，否则会被认为是不尊重对方。在公共场所大声喧哗或高声喊叫会受到周围人的鄙视。

三、法国

法国被誉为最浪漫的国家，时尚、艺术、美食、葡萄酒是外界对法国的印象。法国的国土面积约63万平方公里（其中本土面积55万平方公里），人口约为6837万（截至2024年1月，含海外领地）。主要信仰的宗教是天主教。

法国人生性浪漫，喜欢社交。称呼法国人一律称"先生""女士"或"小姐"，且不必再加姓氏。法国人行的礼节主要有握手礼、拥抱礼和亲吻礼，男士对女士行吻手礼已经不常见了，但偶尔在非常正式的场合还能见到。初次见面一般行握手礼，法国人最习惯和喜欢行的是贴面礼。法国北部与南部贴面的次数并不一致，北方一般是两次，南方贴面的次数更多贴四次。**法国人幽默风趣，爱开玩笑，喜爱享受生活。法国人公共生活与私人生活区分得很清楚，法国人很少关注别人的隐私也很讨厌别人直接询问**，他们认为私生活只要未危及国家安全、没有影响他人就可以去做。因此，他们能够宽容地接受总统有私生女、总统有情人等，国家元首离异再婚也不会影响他们的形象。法国人聊天喜欢选择艺术、文化、历史、饮食等话题，法国人对本国的历史文化很骄傲，他们能说英文却喜欢讲法文，与对方交往如果能说一两句法文他们会很高兴。法国人善于赞美他人，听者要及时感谢。法国人喜爱享受生活，周末商店、商场一律不营业。

法国巴黎是时尚之都，法国女士被评为全球最优雅的女人。世界奢侈品品牌很多都是来自法国的，如路易威登（Louis Vuitton）、香奈尔（Chanel）、爱马仕（Hermes）、迪奥（Dior）、卡地亚（Cartier）、兰蔻（Lancome）、纪梵希（Givenchy）等。法国人的着装引领着世界时装的潮流。**法国也是一个非常讲究"女士优先"的国家，男士在很多方面应该为女士服务，如为女士提物、开门、拉椅子、让座等，有人说"法国女人的优雅是被法国男人宠出来的"不无道理。**

法国是艺术胜地，有众多世界著名的博物馆、文化遗址与古典建筑，如卢浮宫、埃菲尔铁塔、凯旋门、奥赛美术馆、蓬皮杜现代艺术博物馆、罗丹博物馆、毕加索美术馆等，让人流连忘返，收获精神大餐。

法国还是美食之都，法国的美食与美酒是世界闻名的。法国人很讲究吃，认为吃是人生一大快事。正式晚宴非常讲究，就餐者穿着华丽的服装，使用精美的器皿，品尝可口的菜肴，畅谈人生的乐事，一顿饭吃上 5 ～ 6 个小时不算稀奇。法国葡萄酒是世界闻名的，全球最知名的葡萄酒产自法国，晚宴中品尝葡萄酒也是不可缺少的。法国有句谚语"酒已取出就得喝"。法国人还喜欢吃奶酪，法国前总统戴高乐曾说"一年有 365 天，我们法国就有 365 种奶酪"。

法国人好客但讲究提前预约，突然拜访是不受欢迎的。到法国人家里做客晚到 5 ～ 10 分钟是合适的，相反，提前到或者准点到反而不需要。

法国人看重礼物，但不习惯初次见面就送礼。不要给法国人送刀、剑、剪或餐具做礼物，这些物品被视为是不吉利的。香水、玫瑰和化妆品只能在恋人、夫妻之间相送。法国人喜欢单数，不喜欢双数。颜色喜欢蓝色、红色、白色，不喜欢黄色与墨绿色。忌讳黑桃图案和仙鹤图案，忌讳数字13 和星期五。法国人不喜欢丹顶鹤，认为它是淫妇的化身；不喜欢孔雀，视其为祸鸟；把黑猫视为能够带来厄运的魔鬼；把大象视为笨重的象征。法国是盛产鲜花的国家，国花是鸢尾花。在法国玫瑰表示爱情，菊花是在葬礼、康乃馨是在看望病人时使用的。

四、意大利

意大利位于欧洲南部，国土占面积约为30.1万平方公里，人口数约5885万（截至2023年1月）。意大利的国教是天主教，有宗教信仰者中天主教徒约占90%，其他 10% 包含新教、犹太教及伊斯兰教等宗教的信仰者。意大利语为官方语言，还有地区讲德语、法语和斯洛文尼亚语。全世界天主教的中心教皇及教廷就在罗马老城西北角的梵蒂冈，天主教教会在意大利人的生活中扮演了重要的角色。意大利历史上有过古罗马文明，所以意大利人骨子里有一股贵族意识，对本民族的历史感到骄傲。

意大利人性格豪放、感情丰富，见面就行握手礼，对于很熟悉的朋友，他们会行亲吻礼，亲吻时要发出声音，次数是 2 ~ 3 次，次数越多越隆重。一般来说异性之间才行亲吻礼，在意大利男士之间也行亲吻礼，这在西方是比较少见的。意大利人的肢体语言很丰富，体态语比较夸张，交谈时的距离也比较近。在日常生活中，意大利人常用的手势有以下几种：用拇指和食指围成圆圈，其余指头向上竖立，表示"一切顺利，事事如意"；用食指按在腮帮子上转两下，是赞美某位女性漂亮；伸出食指，来回摆动，说明"不能这样办"；伸出两手，手掌向上，耸耸肩膀，表示"我不知道这件事"；五指并拢，手心向下，对着腹部来回转动，表明"我饿极了，想吃点东西"；用食指放在脸颊上来回转动，表明"我真爱吃这种食物，味道好极了"；五指并拢，用食指敲击自己的额头表明"你简直笨得可以"。另外，不要用食指对着意大利人，这是非常粗鲁的。

饮食上意大利最知名的是意大利面（Pasta）。意大利面条的种类繁多，在巴库斯西餐厅美食黄页中展示了差不多 500 种意大利面，而酱汁的种类更是不计其数，据说有超过 1000 种。意大利人喜欢喝咖啡和水，不喜欢喝碳酸饮料。他们还钟爱葡萄酒，看到意大利商店门口插葡萄枝不要奇怪，这是流传下来的风俗，意大利是盛产葡萄酒的国家，许多小城镇甚至乡村农户也会酿酒。如果农家酿了酒有富余打算出售一些，便将葡萄枝挂在自家门口，过路人一看便知这家有酒卖。一旦酒已售完，绿枝就被取下。这一风俗一直延续至今，有些商店门口依然挂起葡萄枝。意大利人不喜欢吃海参。

意大利人喜欢绿、蓝、黄、白色，不喜欢紫色和黑色。喜欢单数不喜欢双数，但不喜欢 13 与星期五。送礼不要送手帕，不要送菊花，菊花是祭奠的花。意大利假期很多，全年有 122 天节假日，如果有商贸往来要尽量避开对方休假的时间。

意大利人讲究穿着打扮，人人都有较高的审美素养，在穿衣打扮、服饰搭配方面具有天分。意大利拥有好些全球知名的奢侈品品牌，如普拉达（Prada）、范思哲（Versace）、芬迪（Fendi）、阿玛尼（Giorgio Armani）、古驰（Gucci）等。**意大利人具有较强的场合意识，在歌剧院男女会穿着较为隆重的礼服或者至少西服领带与小礼服。在罗马大街上，来往的人群也是一道美丽的风景。**

五、俄罗斯

俄罗斯联邦简称俄罗斯或俄联邦，是世界上面积最大的国家，约有 1709.82 万平方公里，占原苏联领土面积的 76.3%，占地球陆地面积的 11.4%，人口总数约 1.46 亿（截至 2024 年）。俄领土跨越欧亚两洲，融合了东西方两种文化。博物馆很多，俄罗斯文学源远流长，出现了普希金、托尔斯泰、契诃夫、高尔基等世界级的大文豪。

俄罗斯人主要信仰的宗教是东正教，2001 年俄权威社会调查机构抽样调查结果显示，俄居民

55% 信奉宗教，其中 91% 信奉东正教，5% 信奉伊斯兰教，信奉天主教和犹太教的均为 1%，0.8% 信奉佛教，其余信奉其他宗教。

俄罗斯人最隆重的见面礼是为客人献上面包与盐，致意礼节是握手礼、拥抱礼和亲吻礼。握手时要脱下手套，好友与老友常用拥抱亲吻礼。俄罗斯也讲究"女士优先"，在公共场所男士照顾女士是绅士应具有的素养，在寒冷的冬天，男士为女士披上大衣也是很常见的礼仪。英美流行的"OK"手势对俄罗斯人来说是一种不好的姿势，不要对俄罗斯人做这个动作。在俄罗斯，隔着门槛不能打招呼、不能交谈，一定要进门之后再打招呼和交谈，否则会不吉利。交谈时不要恭维俄罗斯人的身体状况，在俄罗斯人的习惯中，这类话会产生相反的效果。妇女进教堂必须带上头巾。

俄罗斯人饮食喜欢酸辣口味，偏爱油炸的食物，喜欢吃冷菜。俄罗斯人的食物以面食为主，面包是主要食物，爱吃黑面包。特色食品有鱼子酱、酸黄瓜、酸牛奶等。他们吃水果不爱削皮。参加俄罗斯的招待活动，尽量多吃一些，如果吃饱把手放在喉部，意为吃饱。俄罗斯人一般不吃乌贼、海蜇、海参和木耳等食品。酒水偏爱伏特加，饮料最爱格瓦斯。水果最爱吃苹果，干果最爱葡萄干。俄罗斯人喜欢交谈时边吃边聊，频频干杯，气氛十分活跃。

俄罗斯人喜欢单数，尤其喜爱 7，有些新婚夫妇在婚礼后乘坐彩车要经过 7 座桥才心满意足。不喜欢 13 和 666，周一和周五，医生不愿意周一上手术台，船长不愿意周一出海，认为周一和周五是沉重的日子。双数他们只有在丧事送礼时才会用到。俄罗斯的国花是向日葵，被视为"光明的象征"。俄罗斯人喜欢红色、绿色、蓝色、紫色，认为红色象征吉祥和喜庆，绿色象征和平和希望，蓝色象征信任和忠诚，紫色象征高贵。他们不喜欢黄色，认为黄色是忧伤、别离、背叛的象征，所以，送花不要送黄色的花。赠礼不要给俄罗斯人送刀和手帕，刀意味着断交，手帕意味着离别。俄罗斯人不喜欢黑猫，认为它不会带来好运气。俄罗斯人喜欢马，认为马能够驱除邪恶，公鸡的叫声能够驱赶恶魔和幽灵，熊是吉祥物，不喜欢布谷鸟和兔子，布谷鸟象征忧伤的女人，是不祥之兆，兔子是胆小的动物，看见兔子从面前跑过是不祥之兆。俄罗斯人认为镜子是神圣的物品，打碎镜子意味着灵魂的毁灭。如果家中有人去世，亡者房间里的镜子要蒙上布，据说是为了让死去的人不能照镜子，从而使其亡灵得到安宁。在列宁去世的房间里，镜子至今还蒙着一层布。但打碎杯、碟、盘则认为是好事，俄罗斯有句俗语"碟子打碎了，别伤心，器皿摔了是好兆头"。俄罗斯人认为新年不能借债，否则一年欠债累累。俄罗斯人也不过 40 岁生日，要静悄悄地度过，否则对下半生不利。

第三节　美洲国家的习俗礼仪

一、美国

美国的全称是美利坚合众国，主体位于北美洲中部，国土面积约 937 万平方公里，人口约 3.36 亿（截至 2024 年），是世界上最强大的国家。主要宗教是基督教新教与天主教。

在接人待物方面有四个主要特点：第一，随和友善，容易接近。第二，热情开朗，不拘小节。第三，自由烂漫，喜欢幽默。第四，自尊心强，好胜心重 ⊖。

这些特点与美国独特的国情有很大关系，美国地理条件非常优越，两面临海，远离欧亚大陆且土地肥沃、资源丰富、气候宜人。在美国立国之后相当长久的一个历史时期中，美国外交政策所奉行的是由国父华盛顿所确立的孤立主义原则，一战后逐渐改变这种外交政策。得天独厚的地理位置使美国本土避免了两次世界大战的战火。一跃成为世界上政治、经济、文化各个方面最强大的国家。

美国是一个建国才两百多年的新移民国家，移民最初主要来自欧洲，后来遍及世界各地，他们带来了世界各地的先进文化，又摒弃了原国家的一些弊端，思想更加开放，受到的禁锢更少。他们富有冒险精神、独立意识、法制精神、平等意识，最喜欢说的一句话是"Let's try"（让我们试试）。美国人比较独立，父子吃饭也可能各付各账。在美国，年轻人不时兴啃老，也不会认为有了好爸爸、好家族就可以放弃打拼。他们认为个人能力是个人的，一旦年满18岁就不能向父母伸手要钱了，父母也没有义务再给钱，必须想办法养活自己，或者去打工或者向父母"借"钱。所以，在美国可以见到总统的儿子打工、贵族的后代借钱创业。美国比较年轻，没有悠久的历史，美国人不像欧洲人那么重视历史和传统，他们非常看重未来。由于美国由移民组成，导致其包容性非常强，任何一种文化都可以找到一块生根发芽的土壤，美国也有"大熔炉"（The Melting Pot）之称。

美国属于低语境文化国家，美国人比较直率，见面喜欢直话直说，不喜欢绕弯子。但是对于个人隐私比较看重，非常强调个人的隐私权和私有权。美国土地可自由买卖，一旦获得将永远拥有所有权，在美国很多私人土地上可以看到"私人领土，严禁入内"（Private Property, No Trespassing）的标志。美国公民持枪是合法的，他们认为私人财产神圣不可侵犯，一旦有外人闯入私人领地并侵害当事人的权益，他们可以用枪自卫。此外，谈话涉及个人隐私话题，如收入、婚姻、健康、家庭住址是不礼貌的。美国人对年龄的看法同中国大不相同，中国人认为老年人应该受到尊敬，而在美国却是"人老珠黄不值钱"。因此在美国，老年人绝不喜欢别人恭维他们的年龄。美国人什么事情都喜欢自己动手，不像欧洲、亚洲国家的有钱人为了显示气派常常雇佣保姆、厨师和司机，美国人中这种情形不太多见。他们干家务不认为会降低他们的体面身份，美国人自己下厨做饭、修剪草坪、油漆屋子是很正常的事情。

美国人见面一般使用握手、拥抱和亲吻礼，但首次见面不会拥抱和亲吻。美国人很幽默，对人友善、真诚，见面一般会主动问好"Hello"，对方有急事也愿意伸出援手，但不包括借钱，他们认为借钱应该到银行去借。与美国人交往，最好诚实相待，一旦发现自己遭受欺骗，他们会很生气。美国人与人交往的前提是相信别人。在美国说某人坏话最厉害的一句话是"你不能相信他"。与美国人交谈，不看着对方的眼睛会令对方感觉不好。美国人还十分讲究"个人空间"。和美国人谈话时，不可站得太近，普通关系交谈时保持在 1～1.2m 之外为宜。

⊖ 联合国贸易网络上海中心. 如何与外国人打交道海外商务文化礼仪习俗指南［M］. 北京：中国出版集团公司，2009:22.

对美国人最重要的节日是圣诞节,这一天也是送礼佳节,美国人认为单数吉利,不喜欢双数。到美国人家里做客带些小礼品,如葡萄酒、鲜花、给孩子的巧克力及中国民族特色的礼品是很好的。数字他们不喜欢 13 和星期五,花朵喜欢玫瑰花和山楂花,动物喜欢狗、鹰,驴和象是美国两党的标志,共和党的标志是象,民主党的标志是驴,所以两党之争也会说"驴象之争"。美国人不喜欢蝙蝠。美国人喜欢国旗上面的颜色,如白色、蓝色、红色,还有黄色。**黑色一般是葬礼上穿的颜色。彩虹在美国是同性恋的标志。**

美国人不吃宠物的肉,如狗肉、猫肉,不吃动物的头脚、内脏、舌头,不吃海蜇、也不吃一切奇奇怪怪的动物的肉。南部人有些吃肠子,其他地方的不吃。有宗教信仰者饮食符合每种宗教的饮食规范。

中国人与美国人交往还有两点容易引起歧义:第一是逗孩子。中国人见到母亲带着小婴儿、小孩子,逗一逗孩子,如说其漂亮、摸一摸或者给食品吃,母亲会很高兴,觉得这是孩子遭人喜爱。但如果这样逗美国的小孩子,美国母亲会不高兴。第二,中国同性之间如果是好朋友往往很亲密,如走路挽手、搭肩,认为这是友谊的表示,但美国人会认为这是同性恋的象征。

二、加拿大

加拿大是北美洲最北的国家,人口数约 4000 万(截至 2023 年 6 月),面积约为 998 万平方公里,国土面积居世界第二,是一个地广人稀的国家。加拿大的主要宗教是天主教、基督教新教。

加拿大是一个移民国家,人口主体是英国人与法国人的后代,还有一小部分土著印第安人和因纽特人,官方语言是英语和法语。17 世纪,法国人最早来到加拿大,后来英国人也来到加拿大建立殖民地。美国独立战争后,一大批反对美国独立、拥护英国统治的"忠诚派"大举北迁到加拿大,他们带去了财富、技能和求稳定、爱和平的老传统。从很大意义上讲,这个历史背景造就了加拿大人温和、宽厚的国民性格。目前加拿大的民族早已不仅是英裔和法裔。半个多世纪以来,加拿大的人口构成已发生了重大的变化。早期加拿大的移民主要来自英法,后来加拿大成为全球各个国家人民钟爱的移民地,近几十年,华人是加拿大第一大移民来源,印度是加拿大第二大移民来源。

加拿大素有"枫叶之国"的美誉,枫叶俨然已成为一种特有的文化。2001 年 6 月,加拿大被联合国评为最适合人类居住的国家之一。不仅风景宜人而且社会秩序良好。加拿大是法治国家,人人遵纪守法。白种人、黑种人、黄种人、土著人、黑白混血,各种肤色的人及 80 多种文化和语言汇成这个多民族、多元文化的国家。

加拿大人与美国人相近,但不像美国人那么随便。人们见面讲究预约,约好时间必须要守时。在法语地区,时间观念相对来说宽松一些,但见面准时是受人欢迎的习惯。加拿大人总是坚持保守的言行举止和良好的礼仪准则,如果在公共场所大声说话、随地吐痰会遭人白眼。在公共场合也不要边走边吃。与他们交谈不要问个人隐私问题。见面的主要礼节是握手,好友、老友、亲人才会拥抱和亲吻。需要注意的是:个人空间和肢体动作在加拿大的英语省份和法语省份有很大差别。在英语地区秉承了英国人严谨、保守的传统，肢体动作幅度小，见面的礼节主要是握手，交谈时的个人空间距离偏远一些。在法语地区，人与人交谈的个人空间距离偏近一些，有更多的肢体动作和眼神接触，握手的力度更大。

加拿大人以自己的国家而自豪，与他们谈话，像历史、文化以及肯定加拿大成绩的话题都是不错的选择，不过，**加拿大人不喜欢别人把自己的国家与美国过分地比较。**不喜欢谈论法语区与英语区的渊源。长期以来，白求恩在中国几乎是加拿大的代名词，如今加拿大的"大山"在中国也是一个家喻户晓的名人。

饮食方面，加拿大人喜欢甜酸、清淡、不辣的食品，主食一般以米饭为主，菜肴喜欢吃牛肉、鸡、鸡蛋、沙丁鱼等。爱吃烤制的食品，爱喝原汁原味的清汤。他们不吃动物内脏，不吃肥肉和有怪味、腥味的食品，如虾酱、鱼露、腐乳和臭豆腐他们都不喜爱。晚餐是加拿大人最为重视的正餐，此外他们还喜欢喝酒和下午茶。

数字方面他们不喜欢 13 和星期五，讨厌 666，不喜欢黑色和紫色，喜欢红色和白色。百合花认为是在葬礼上使用的，平时不能送人。

三、巴西、阿根廷

1. 巴西

巴西的全称是巴西联邦共和国，位于南美洲的东部。巴西是整个拉丁美洲国土面积最大的国家，国土总面积约为 851.04 万平方公里（来源：巴西地理统计局），首都是巴西利亚。巴西是拉丁美洲人口最多的国家，总人口数约为 2.03 亿（截至 2024 年 1 月），宗教信仰主要是天主教。

提起巴西首先映入脑海的是巴西狂欢节、巴西烤肉、巴西足球、巴西咖啡还有巴西人的热情奔放。

巴西人热情、奔放、幽默，喜欢开玩笑。巴西人初次见面主要行握手礼，好友和老友之间才爱行拥抱礼、亲吻礼，女性之间常常行亲吻礼。巴西人还有一些独特的见面礼：其一，握拳礼。在相见时，先握紧拳头，然后向上空伸出拇指。其二，贴面礼，双臂扶住对方，双方的脸部贴在一起，有时还伴有亲吻对方的脸颊，但不会直接接触对方的皮肤，实质是亲吻对方脸颊旁边的空气，并发出亲吻的声音。其三，沐浴礼。这是土著人的传统礼节，当客人到主人家做客时，主人要邀请客人沐浴，客人沐浴的时间越久主人越高兴。

巴西人奔放、肢体语言丰富。与人交谈时神采飞扬，喜欢跟对方拍拍打打。他们钟爱的话题有足球、笑话、趣闻，但尽量不要涉及国内政治、经济、民族等问题。英美人所采用的表示"OK"的手势，在巴西人看来是非常下流的。竖起大拇指的手势表示"一切都好"或者"美丽"的意思。巴西人时间观念不太强。

受天主教和葡萄牙文化的影响，巴西人的姓氏通常由三个部分组成，前面是本人的名字，然后是母亲的姓氏，最后则是父亲的姓氏。姓名的全称只在非常正式的场合使用，平时巴西人之间喜欢直呼其名。

巴西人饮食很有特点。他们大多口味较重，喜欢吃辣椒。巴西的菜肴主食是米、黑豆和树薯粉，搭配牛、鸡或鱼肉。他们最爱吃的菜是"脍豆"，就是用黑豆、红豆、猪蹄、熏肉以及橘子片等混合在砂锅内一起炖制，是宴请时不可缺少的主角，脍豆也被称为国菜。巴西烤肉也非常知名，巴西烤全牲是一道巴西的大众消遣菜肴，是在一堆旺火上烤大块的肉和鱼，通常和一种辛辣的沙司一起食用。巴西人喜欢咖啡、红茶和葡萄酒。巴西人与咖啡有着不解之缘。他们不仅自己天天离不开咖啡，而且还喜欢以之待客。巴西人在饮咖啡时，能够一杯又一杯地接着喝。在巴西，人们喜欢饮酒但提倡饮而不醉，醉酒在巴西是不受人欢迎的。

巴西的国花是毛蟹爪兰，属于兰花科，巴西曾经将此花馈赠中国，丰富了中国的兰花品种。巴西人十分偏爱蝴蝶，他们认为蝴蝶不仅美丽，而且还是吉祥之物。出于宗教方面的原因，巴西人忌讳"13"这个数字。色彩他们讨厌的是紫色、棕黄色和深咖啡色，有悲伤和不吉的含义。跟巴西人打交道时，不宜向其赠送手帕或刀子。他们特别喜爱孩子，交谈中尤为喜欢别人夸耀他们的孩子。巴西绝大多数人信奉天主教。教会对离婚者嗤之以鼻，不准离异者参加圣礼，因此夫妻离异现象很少，为了防止离婚他们同居者或者未婚生子者数量在增加。

2. 阿根廷

阿根廷与智利、玻利维亚、巴拉圭、巴西、乌拉圭等国相接壤，东南面向大西洋。国土面积约278万平方公里，为拉美第二大国，仅次于巴西。人口约4665万（截至2023年）。 国教是天主教，官方语言是西班牙语。阿根廷人主要为西班牙人和意大利人的后裔，在一定程度上受天主教和欧洲文化的影响，阿根廷人既有南欧人热情好动、直率豪爽的性格特点，也有西欧人彬彬有礼和温文尔雅的风度。

阿根廷人见面一般行握手礼，握手的次数较多。好友老友之间会拥抱和亲吻脸颊。男性久别重逢时会相互紧紧拥抱，女性喜欢互吻脸颊。在阿根廷，拜访一定要事先预约，到阿根廷人家里做客，应准备给女主人送鲜花或糖果。按门铃一下足矣，反复按响门铃被认为是粗鲁的行为。阿根廷人喜欢人们赞美他们的饭菜、孩子、家庭和探戈舞蹈。"探戈"是阿根廷的国舞，阿根廷人为之骄傲。大多数阿根廷人喜欢夜生活，晚饭要到晚上八九点才开始，晚上九十点开始出门活动，一些娱乐场合大都深夜才开始营业。

阿根廷人的饮食不能没有肉，他们喜欢吃牛肉、羊肉和猪肉，烤全羊、烤乳猪是招待贵宾的传统食品。**阿根廷有一种称为"马黛茶"的饮料，非常具有特色，饮用时用银制的吸管吸，客人喝完后要咂咂嘴，表示感谢主人。**虽然阿根廷的海岸线长达4千余公里，但海鲜却不是他们最钟爱和擅长烹饪的食物。

阿根廷人热情奔放，交谈时不喜欢沉默寡言。见面的称谓与问候较讲究，通常需在姓氏前冠以先生、小姐、夫人和头衔等尊称，而在亲密的朋友之间则用名字或昵称相称。与阿根廷人交谈，主题可以涉及足球、文化、当地的风景，不宜涉及个人隐私、宗教、政治、马岛战争等话题。阿根廷和英国在马尔维纳斯群岛（英称福克兰群岛）存在主权争议，而此岛属英国实际控制。**阿根廷人有强烈的"马岛情结"，尽管1982年那场历时7天的战争以阿根廷的失败告终，但阿根廷人从未放弃**

在马岛问题上的立场，坚称马岛是属于阿根廷的。在阿根廷任何一个飞机场和空军基地，都可以在醒目的位置看到一幅招贴画，上面印着 55 位青年军官的照片，他们是 1982 年在马岛战争中牺牲的阿根廷飞行员，画面上还有一句口号：马尔维纳斯属于阿根廷！

在阿根廷，人与人打交道时喜欢略微靠近一点。他们体态语较丰富，当他们用手指轻轻地敲脑袋时，表示"我正在动脑筋"。当阿根廷人吻自己的指尖时，表示"哇，好漂亮"。阿根廷人性格较散漫，守时观念不强，无论商务还是私人约会，他们总会姗姗来迟。阿根廷的国花是赛波花，国树是奥布树。阿根廷人不喜欢灰色。送礼忌送菊花、手帕、领带、衬衫等物品。

第四节　大洋洲国家的习俗礼仪

一、澳大利亚

澳大利亚地处太平洋和印度洋之间，四面环海，是世界上唯一一个国土覆盖整个大陆的国家。国土面积约 768.82 万平方公里，人口总数约 2682 万（截至 2023 年 9 月）。澳大利亚 1788～1900 年曾是英国的殖民地。1901 年殖民统治结束，成为一个独立的联邦国家。澳大利亚的主要宗教是基督教。人口主要是外国移民的后裔，尤其是以英国的后裔为主，后来移民的成分多元化了。

澳大利亚人真诚直率、热情好客。他们的文化介于英美之间，以前偏英，现在偏美。澳大利亚是地广人稀的国家，人口相对少。澳大利亚人并不戒备陌生人，他们会同陌生人打招呼，在酒吧他们愿意同陌生人聊谈，还邀请别人到家里做客。澳大利亚人见面行握手礼，熟人朋友行贴面礼和亲吻礼。澳大利亚人的时间观念比较强，那里的公共交通工具非常准时，公共汽车依据时间表行驶，前后最多相差两三分钟。澳大利亚人约会准时，做事情守信用。插队和高声喧哗都会受到他们的鄙视。

澳大利亚曾经是英国的殖民地，最初是英国流放犯人的地方。对这段渊源澳大利亚人很介意，因此，涉及澳大利亚的过去、英国对澳的殖民、澳大利亚人的祖辈等问题都是比较敏感的，对于个人隐私性问题澳大利亚人也很介意。此外，他们也不太愿意别人将澳大利亚与英国美国相比。

澳大利亚人饮食口味偏淡、偏酸甜，不喜欢油腻、太咸、辛辣的食物，喜欢鱼类、鸡鸭、牛肉、蛋类。他们喜欢啤酒、葡萄酒、咖啡和茶。用餐时刀叉采用"欧洲大陆式"。他们不喜欢味精，认为味精对人体无益。

澳大利亚是一个移民国家，奉行多元文化。澳大利亚也是社会福利国家，不推崇精英文化，奉行平均主义，人民生活水平普通较高，社会贫富差距不大。澳大利亚人酷爱赛马、冲浪、网球等运动。澳大利亚风景优美，拥有很多特有的动植物和自然景观。他们喜欢金合欢花、桉树、考拉和袋鼠，考拉被誉为澳大利亚的国宝。但他们非常讨厌海蟾蜍（俗称甘蔗蟾蜍），1935 年政府为了对付甘蔗田里的害虫引进海蟾蜍，但却因为其有毒性且繁殖极快，将一些当地物种赶尽杀绝，引发了生态系统波动，现在成为澳大利亚的公害。同样，兔子因为繁殖过快，也让有些澳大利亚人不太喜欢。

二、新西兰

新西兰位于太平洋西南部，是英联邦成员国之一。国土面积约27万平方公里，人口总数约530.6万（截至2023年12月）。

新西兰是世界上最年轻的移民国家之一，新西兰一共有300个不同族裔，其中欧洲移民后裔占70%，毛利人是最大的少数族裔，占17%，亚裔占15%，太平洋岛国裔占8%(部分为多元族裔认同)。居民主要信奉基督教。

由于主体是英国人的后裔，英国的习俗对新西兰影响较大。新西兰人性格比较拘谨、保守，不太习惯和陌生人接触。见面一般行握手礼和鞠躬礼，异性之间握手最好等女士先伸手。鞠躬与中国不同，他们弯下腰的时候眼睛和头部不低下去，而是抬着头。**新西兰的原始居民是波利尼西亚毛利人，毛利人相互问候的方式是"碰鼻礼"。双方用鼻子尖互碰对方两三次，碰鼻时间越长、次数越多越隆重。**毛利人对拍照、摄像十分忌讳。如果要给毛利人拍照一定要征得对方的同意。他们还忌讳让老年人或病重垂危的人住进医院，他们认为只有罪人或奴隶才死于家外。

新西兰人心态较平和，就像新西兰的天气一样，春夏秋冬没有太大的变化，有人曾描述"新西兰的生活没有兴奋点"[一]，他们不会为某事激动万分，也不会因悲伤而痛苦万分。很多文献都说新西兰人在男女交往方面较为拘谨保守，即使观看电影，也往往男女分场观看。但实际情况并非如此，像歌剧院、俱乐部等场所的活动，都没有男女分场的情况。

新西兰人的饮食习惯偏英式，口味较清淡。他们吃饭时比较安静，不爱讲话。食物主要有牛肉、羊肉、鸡肉、鸭肉等。新西兰人继承了英国人爱喝茶的习惯，他们每日喝好几次茶。新西兰对酒的限制很严，餐厅拥有售酒资质才能卖酒，即使卖酒也只能售葡萄酒，烈性酒则严格限制数量。使用刀叉则与澳大利亚一样，采用"欧洲大陆式"。

新西兰的国花是银蕨，国树是四翅槐。动物最喜欢几维鸟和狗。新西兰崇尚平等，高官并非高高在上无法接近，普通公民要见到市长、总理都不是难事。新西兰是不用给小费的国家。

第五节　非洲国家的习俗礼仪

一、南非

南非被誉为"非洲明珠"，有"彩虹之国"的美誉，位于非洲大陆的最南端，陆地面积约为121.9万平方公里，人口数约为6200万（2022年南非人口普查数据）。南非人有黑人、有色人、白人和亚裔四大种族，分别占总人口的81%、8.8%、7.6%和2.6%。约80%的南非人是基督徒[二]，基督教是伴随着西方殖民主义入侵而在南非传播的。非洲原住民占到79.4%，是南非的主体。南非是行车靠左的国家。

㊀ 李晶. 一位学者眼中的新西兰. 中国名族 [J].2007（6）：65.

㊁ 联合国贸易网络上海中心. 如何与外国人打交道：海外商务文化礼仪习俗指南 [M]. 北京：中国出版集团公司，2009：221.

南非曾经是荷兰与英国的殖民地，英国人职掌南非政权有很长时间，英国对南非影响比较大。南非的白人与黑人有一些不同的特点，白人受英国文化的影响，讲究绅士风度，女士优先等原则，见面主要行握手礼，握手要稍微用力，否则显得没有诚意。黑人热情奔放，能歌善舞，见面时会行拥抱礼和亲吻礼。流行的打招呼方式是举起右手，手掌向着对方，表示"我的手里并没有握石头"。与南非人交谈，话题最好不要涉及种族问题，历史上南非白人当政时期，长期在国内以立法和行政手段推行

图 8-1　2002 年笔者在南非

种族歧视和种族隔离政策，先后颁布了几百种种族隔离法律和法令。种族隔离遭到南非人民的反抗和国际社会的谴责，1994 年曼德拉出任南非第一任黑人总统，他废弃了种族隔离制度，为种族平等奠定了法律基础。此外，不要称呼非洲黑人"Negro"和"Black"，尤其是"Negro"，是黑奴的意思，他们听了会非常生气。

南非风景如画、矿产丰富。有知名的大西洋与印度洋交汇处的好望角；有全世界最大的产金中心约翰里斯堡，亦被誉为"黄金之都"；有产值居世界前列的钻石，世界上首次发现原生钻石矿床是在南非，出产了世界最大的钻石——库利南钻石（重 3106 克拉）。南非的钻石产量目前排世界第五。

饮食方面不同的族裔习惯不一样。南非的白人以吃西餐为主，爱喝咖啡和茶。当地人主要吃玉米、高粱、小麦、薯类和瓜类。饮料主要是牛奶、羊奶和啤酒。一般不喜欢生食，爱吃烤肉，周末南非人最喜欢的活动就是烧烤，如猪肉、牛肉、鸡肉等。南非人喜欢喝以高粱发酵而成的"Maheu"，它是常见的一种啤酒。南非的葡萄酒也相当不错，南非的葡萄种植与葡萄酒酿造由荷兰总督引进，在南非传延了几个世纪，天然美景、良好的气候创造了南非种植葡萄和酿造葡萄酒的条件。他们有大片的葡萄种植庄园，可不要小看南非的葡萄酒，甚至可以与法国的葡萄酒媲美。

南非最大的黑人部族是祖鲁族，祖鲁人习俗很有特点，他们将牛视为财富的象征，娶亲用牛做聘礼。祖鲁人盛行一夫多妻制，拥有众多的妻子是一个祖鲁男人地位的象征。现任南非总统祖马就是祖鲁族人，他是知名的一夫多妻主义者，他一共结了六次婚，前后共迎娶了六名妻子。

南非人的体态语比较丰富。举起和挥动右手并竖起大拇指，双目注视，表示尊敬；五指握拳不停地挥动表示诅咒和谩骂；用手指头迅速地刮自己的耳朵表示话不投机或不赞同对方的观点；一只手摸另一只手的手背，表示此事与己无关；用手指指某人，然后张开手掌，举起手左右转动，表示骂对方是傻瓜；伸出手并张开五指，或是用手指刮别人的鼻子，是挑衅的动作，容易引起打斗。如果要搭车，路人举起一根大拇指朝上表示要去较远的城市，大拇指朝下就表示要进入最近的城市，一根食指朝上则表示这是仅在附近的短途搭乘。

二、埃及

埃及的全称是阿拉伯埃及共和国，人口约为 1.04 亿万（截至 2024 年 4 月），面积约为 100.145 万平方公里，地跨非、亚两洲。国教为伊斯兰教，信徒主要是逊尼派，占总人口的 84%，科普特基督徒和其他信徒约占 16%。官方语言为阿拉伯语。埃及是世界四大文明古国之一，有着"文明古国""金字塔之国"和"棉花之国"的美称。

由于国民大部分是伊斯兰教信仰者，因此各个方面均受到伊斯兰教的影响。见面一般行握手礼、拥抱礼和亲吻礼。异性之间不握手。见面常称呼对方"阿凡提"，是"先生""阁下"的意思。妇女着装忌讳暴露，不穿无袖衣衫和短裤。

埃及人一般口味偏浓重，喜麻辣味道。爱吃牛肉、羊肉、鸡肉、鸭肉，喜欢吃蚕豆，忌吃猪、狗、虾、蟹、动物内脏（肝脏除外）、鳝鱼、甲鱼等，特别喜爱吃甜食。埃及伊斯兰信徒不喝酒，饮品选择白水或者其他不带酒精的饮料。埃及人喜欢喝茶，尤爱喝稠密醇烈的红茶，他们不喜爱在茶汤中加牛奶，而喜爱加蔗糖。一杯茶要放 1/2 容积的糖，茶水入嘴后有黏黏糊糊的感觉，可知糖的浓度有多高了，中国人会觉得过甜。到埃及人家做客不要把盘子里的东西都吃光，这被认为是不礼貌的。埃及人在正式用餐时，忌讳交谈，否则会被认为是对神的亵渎。埃及人社交活动开始较晚，晚宴一般在晚上 10 点半才开始。**埃及伊斯兰教徒一天之内要祈祷数次。通常在众人面前不要打哈欠和打喷嚏，如果实在控制不住，应转脸捂嘴，并说声"对不起"。**

与埃及人交谈，话题不要涉及中东的政治问题，话题有关埃及的文明、成就、棉花是非常好的选择。埃及人认为左手是不洁的，不要用左手递物、挥手等。埃及人的时间观念不是非常强。

埃及人喜欢运动和旅游，将足球视为国球。埃及人有很多与中国人相似的地方，比如都重视面子，都重视家庭，都喜欢上餐厅就餐。

埃及人喜欢金字塔型莲花图案，禁穿有星星图案的衣服，除了衣服，有星星图案的包装纸也不受欢迎。埃及人喜欢绿色和白色，不喜欢黑色、蓝色和黄色，这被认为是不祥之色。他们在表示美好的一天时会说"白色的一天"，而称不好的一天 "黑色或蓝色的一天"。数字讨厌 13，喜欢 5 和 7。他们喜欢猫和仙鹤，讨厌猪、熊。针是缝衣的工具，几乎是家家必备的日常用品，但在埃及人的心目中却有几分神秘的色彩。每天下午 3～5 点，埃及人决不买卖针，这已成为他们生活中一条不成文的戒律。埃及人非常慷慨大方，到埃及人家做客，不要一直赞美或者盯着主人的某件东西，否则主人就会把它送给你。

后记

一本书的诞生并不容易，这本书的完成要感谢太多的人。正是有这么多人的帮助，这本书才能在五年后完成，心中充满暖暖的感动，请允许我表达谢意。

首先是我的工作单位外交学院。这本书是外交学院"涉外礼仪"课程的教学研究成果。外交学院是外交部直属的专门培养外交外事复合型人才的院校，学校历来非常重视学生的综合能力和素质的培养。学校是中国最早开设礼仪课程的大学院校之一，从最早的宋长美老师到之前讲授这门课的文泉老师，他们的努力为这门课奠定了坚实的基础。同时，本书前期研究获得了"外交学院外交学国家重点学科建设专项经费"资助，正是有了这笔资助，本人才可以没有那么多顾虑地去国外一些国家做实地探访与考察，这些收获与体验是闭门研究无法替代的，感谢我的学校与我所在院系——外交学与外事管理系对我的支持。

还要特别感谢的是我的礼仪老师及老领导文泉老师。在我接手"涉外礼仪"这门课之前，一直是文泉老师在外交学院讲授这门课，文老师深厚的积累与风趣的授课方式使这门课成为外交学院最受欢迎的课程之一。后因文老师出国深造，我在仓促之中接手了这门课程，感恩的是文泉老师毫无保留地分享了课程的所有资料，并且毫不厌烦地对我的各种琐碎问题进行答疑，这些帮助使我获益匪浅。尽管这些年的研究与授课积累了一些经验，但文泉老师对于涉外礼仪的积累与理解是我望尘莫及的。

这本书的出版还要感谢纺织出版社的姜冰编辑。2010年秋天姜编辑约我撰写一本有关涉外礼仪的书，因为书籍撰写得非常缓慢，2015年年初截稿时，姜编辑已经因病提前退休了，人事变动使出版遭遇障碍，我不得不另外寻找出版社。非常幸运的是稿子受到了机械工业出版社的青睐，与马晋编辑的缘分始于我的美国朋友——礼仪专家杰奎琳·惠特摩尔。我与杰奎琳相识于国际形象顾问协会（AICI）2013年美国凤凰城年会上，她为我演讲的"中国商务礼仪"担任课程的协调人。后因邀请她来北京进行学术交流，我认识了她书籍《优雅的力量：让你脱颖而出的4种特质修炼》的中方出版社编辑马晋，于是有了后来的缘分。马晋编辑温柔而细致，与她合作是一件很愉快的事情。人和人之间的相识相遇很有意思，我们不知道什么时候会遇到一份美好，但这份美好一定与自己播种的善良和努力有关。正如礼仪可以有很多完美和严苛的外在表现，但我觉得内心的善良和一颗慈悲的心是绚丽的外在表现无法替代的。只要我们心存善念并不懈努力就一定会有好的福报。

此外，在撰写的过程中我得到了很多人的帮助，也要向他们表示深深的感谢。外交部礼宾司的前代司长鲁培新大使、曾在外交部礼宾司工作的总领事吴德广先生、中国原驻法国斯特拉斯堡与留尼汪总领事张国斌先生、外交部礼宾司原参赞马保奉先生与樊剑先生、礼仪专家杨金波老师和黄彩子老师都是我请教的对象，他们对我的问题给予了无私的回答。另外，书中葡萄酒的部分请教了北京美酒金樽国际文化发展有限公司的陈昕老师，宗教礼仪的部分请教了外交学院的赵铁生老师，剧场礼仪的部分请教了中央民族乐团党委书记孙毅老师，德国习俗礼仪请教了德国学者

Martin Woesler 博士，法国礼仪部分请教了外交部办公厅副主任朱立英先生，以色列习俗礼仪请教了 Barry Swersky 博士，泰国习俗礼仪咨询了我课程的泰国留学生张秋文和徐位妮。特别令我感动的是外交学院的赵铁生老师，宗教礼仪部分由于范围较广、加之内容相对复杂，对我来说是本书最难的一个部分，请教赵老师时他身体有疾，赵老师抱病帮我润色了宗教礼仪部分，非常感谢赵老师的无私帮助。

顺道一提，还要感谢这本书的绘图师汪梦阳女士，这已经是她为我绘制插图的第三本书了，提出邀请时她刚去美国攻读硕士学位，初到异国繁忙程度可想而知，但她还是爽快地接受了邀请，在百忙之中为本书绘制插图。

需要特别指出的是，本书因涉及宗教内容，按照《出版管理条例》规定，送至国家新闻出版广电总局备案，前后一年多时间。感谢国家宗教事务局宗教研究中心的专家为本书提出的宝贵意见与建议。

最后，还要感谢鲁培新大使为本书作序，鲁大使善良、热心，在学术上严谨、细致，是我的榜样与楷模。还要特别感谢四位专家无私地为我的书籍撰写推荐信，他们是外交学院秦亚青院长、国际形象大师卡拉·麦丝老师、美国知名礼仪专家杰奎琳·惠特摩尔女士、中国资深礼仪专家文泉先生。这些前辈杰出、友善、谦逊，他们的鼓励与帮助深深激励着我。

当然，还要感谢我的家人，感谢先生罗军以及父母与公婆的鼓励与支持。这本书的出版要感谢的人太多，遗漏之处请多多包涵。另，文中一定有很多不足之处，本人文责自负，同时也期待朋友们多提意见与我交流（我的电子邮箱：158577636@qq.com），我深深地感恩并为大家送上祝福！

参考文献

[1] 文泉 . 国际商务礼仪 [M]. 北京：中国商务出版社，2003.

[2] 联合国贸易网络上海中心 . 如何与外国人打交道 海外商务文化礼仪习俗指南 [M]. 北京：中国出版集团公司，2009.

[3] 金正昆 . 涉外礼仪 [M]. 北京：中国人民大学出版社，1999.

[4] 张国斌 . 外交官说礼仪 [M]. 北京：华文出版社，2009.

[5] 羽西 . 中国绅士 [M]. 北京：中信出版社，2006.

[6] 杨金波 . 政务礼仪 [M]. 北京：中华工商联合出版社，2012.

[7] 吕艳芝 . 公务礼仪 [M]. 北京：中国纺织出版社，2012.

[8] 纪亚飞 . 优雅得体中西餐礼仪 [M]. 北京：中国纺织出版社，2014.

[9] 乔治·华盛顿 . 华盛顿礼仪规则 [M]. 李超群，译 . 北京：中国商业出版社，2005.

[10] 张晓梅 . 晓梅说礼仪 [M]. 北京：中国青年出版社，2008.

[11] 万里红 . 最实战商务礼仪 [M]. 北京：机械工业出版社，2012.

[12] 韩欲 . 张彦 . 涉外礼仪 [M]. 北京：译林出版社，1993.

[13] 对外经济合作部交际司 . 涉外礼仪 ABC[M]. 北京：中国人民大学出版社，1997.

[14] 刘宗仁，胡凤云 . 握手、拥抱、接吻：各国礼俗与禁忌 [M]. 北京：外文出版社，2002.

[15] 宋长美 . 对外交往中的礼仪礼节 [M]. 哈尔滨 ：黑龙江人民出版社，1996.

[16] 李斌 . 国际礼仪与交际礼节 [M]. 北京：世界知识出版社，1982.

[17] 陈弘美 . 用刀叉吃出高雅——西餐礼仪 [M]. 北京：生活·读书·新知三联书店，2012.

[18] 周君怡 . 清心泡壶中国茶 [M]. 北京：中国轻工业出版社，2002.

[19] 刘家宇 . 享受葡萄酒的诱惑 [M]. 北京：中国建材工业出版社，2002.

[20] 沈宇辉 . 葡萄酒鉴 [M]. 北京：金城出版社，2008.

[21] 赵朴初 . 佛教常识问答 [M]. 北京：北京出版社，2009.

[22] 朱越利 . 神奇之由——探究雪域佛教 [M]. 厦门：鹭江出版社，2004.

[23] 佩吉·波斯特 . 礼仪圣经 21 世纪现代社交与商务礼仪指南 [M]. 李明媚，译 . 北京：群言出版社，2008.

[24] 罗杰·E·阿克斯特尔 . 礼仪与禁忌 [M]. 吕佩英，译 . 上海：上海译文出版社，1998.

[25] 杰奎琳·惠特摩尔 . 商务礼仪：成功人士的基本礼节 [M]. 姜岩，译 . 北京：中央编译出版社，2011.

[26] 杰奎琳·惠特摩尔 . 优雅的力量：让你脱颖而出的 4 种特质修炼 [M]. 高艳芳，译 . 北京：机械工业出版社，2013.

[27] 哈利·艾利斯 . 侃葡萄酒 [M]. 赵志强，谢婷，译 . 北京：世界图书出版公司，2000 年 .

[28] 路易斯·迪索 . 礼仪——交际的工具 [M]. 高叶，译 . 北京：外语教学与研究出版社，2005.

[29] Emily Post. Emily Post's Etiquette[M].16th ed. New York: Harper Collins Publishers,1997.

[30] John Morgan.Debrett's New Guide to Etiquette and Modern Manners[M].New York: St. Martin's Press, 2001.

[31] Sister Mary Mercedes, O.P. A book of Courtesy: The Art of Living with Yourself and Others[M].New York: Harper One, 2001.

[32] Baldrige,*Letitia.Letitia Baldrige's New Complete Guide to Executive Manners*[M].New York:Simon & Schuster, 1993.

[33] Nancy Tuckerman.*The Amy Vanderbilt Complete Book of Etiquette* [M].New York: Doubleday, 1995.

[34] Patrick Montague-Smith. *Debrett's Correct Form: Standard Styles of Address for Everyone from Peers to Presidents*[M].London: Headline Book Publishing, 1999.

[35] Charlotte Ford, Jacqueline de Montravel.21st-Century Etiquette[M].New York: Lyons Press ,2001.

[36] Judith Martin.*Miss Manner's Guide for the Turn-Of-The-Millennium*[M].New York: Simon & Schuster Inc, 1990.

[37] David M.kennedy Center for International Studies.Citzen Diplomacy: Responding to Questions About America[M].New York: Brigham Young University Provo, 1995.

[38] Mary Mel French.*United States Protocol: The Guide to Official Diplomatic Etiquette*[M]. Maryland: Rowman & Littlefield, 2010.

[39] Bruce Gjovig. Pardon Me, Your Manners are Showing![M].Center Forks: Center for Innovation & Business Development, 1995.

[40] Carol Bennett.business Etiuette & Protocol[M]. Mason: South-Western Cenage Learning, 2001.

[41] Gilbert Monod de Froideville, Mark Verheul. An Expert's Guide to International Protocl[M].Amsterdam: Amsterdam University Press, 2016.

[42] M.J.Mccaffree,P.Innis.Protocol: The Complete Handbook of Diplomatic, Official and Social Usage[M]. Upper Saddie River: Pentice-Hall, Inc., 1977.

[43] Vera Tanger, Sandra Amaro. Diplomatic Life: A Rose with Thorns[M]. Bioomington: iUniverse, Inc., 2013.